To my friends in Greater China —

This book will help you understand the cyclical world we live in, and help get the odds on your side.

Best wishes,

Howard Marks

致我大中華區的好朋友：

這本書可以幫助您了解我們身處的這個依週期運行的世界·且將籌碼掌握在自己手中。

真摯祝福

霍華·馬克斯

Howard Marks

暢銷冠軍《投資最重要的事》續作

掌握
市場週期

價值投資大師霍華・馬克斯教你
看對市場時機，提高投資勝算

MASTERING THE MARKET CYCLE

Getting the Odds on Your Side

橡樹資本董事長暨共同創辦人 霍華・馬克斯——著

蘇鵬元、陳儀——譯

BY

HOWARD MARKS

《華爾街日報》商業類暢銷榜 | 《紐約時報》指南類暢銷榜 | 《今日美國》商業類暢銷榜 | 亞馬遜書店商業理財類暢銷榜

把我所有的愛

獻給南西

珍、賈斯汀和羅西

安德魯和瑞秋

各界讚譽

「本書是必讀之作，原因不僅是書中討論的每種週期都非常重要，更因為霍華是他的世代最頂尖的投資大師之一。」

——瑞・達利歐（Ray Dalio），橋水避險基金創辦人、《原則》作者

「我總是說，決定你的未來，沒有比歷史更好的老師了。霍華的書告訴我們如何以歷史為師……從而更了解未來的發展方向。」

——查理・蒙格（Charlie Munger），巴菲特合夥人、《窮查理的普通常識》作者

「本書揭示了週期不僅與金融市場風險及機會同步發生，也是引發風險和機會的導因。文風平易近人，霍華・馬克斯得來不易的智慧將幫助讀者放大獲利。」

——傑佛瑞・岡拉克（Jeffrey Gundlach），雙線資本（DoubleLine Capital）創辦人

「如果你不確定市場是否會出現修正，或者你認為因為『這次不一樣』，沒什麼好擔心，那麼，在採取行動以前，請務必閱讀這本書！」

——卡爾・伊坎（Carl Icahn），伊坎公司（Icahn Enterprises）創辦人

「雖然多數投資專業人士都秉持『市場時機無法掌握』的標準觀點，但傳奇投資人霍華・馬克斯卻透過本書表達逆向觀點，他認為市場時機不僅能掌握，身為投資人，更絕對必須試著掌握市場時機。」

——比爾・柯利（Bill Gurley），標竿公司（Benchmark）無限責任合夥人

推薦序　剖析市場週期的祕密

富邦集團董事長　蔡明忠
富邦金控董事長　蔡明興

欣聞霍華・馬克斯繼《投資最重要的事》後，再度集結其投資備忘錄出書，對於投資人來說，將是一大福音。《掌握市場週期》深入淺出剖析市場週期的祕密，書中的嶄新觀點想必能令投資人有所啟發。

從人類近代社會的歷史光譜來看，得以發現有許多指標性的金融事件呼應著市場的經濟週期（Economic cycle）。八〇年代末、九〇年代初，美國經濟陷入衰退，聯準會採取降息救市策略，同時也帶動亞洲新興市場榮景，但一九九四年聯準會開始升息，引發大量資金撤離，加上部分國家體質脆弱，進而爆發一九九七年亞洲金融風暴；緊接著二〇〇〇年「達康泡沫」，科技股泡沫破滅，造成全球股市崩盤；二〇〇七年次級房貸危機爆發，二〇〇八年金融海嘯襲來，全球經濟大衰退，投資市場哀鴻遍野。二〇〇九年全球興起了一波長達十年的牛市，其中歷經川普當選、英國脫歐等國際局勢變化，直到二〇一八年因中美貿易戰火延燒，引發金融市場劇烈波動，投資人的風險意識也再度提升。

綜觀總體經濟之背景脈絡，或是市場上大小週期循環，相信投資人不難理解霍華・馬克斯在本書中一再論述精通、掌握投資週期的重要性。如他在書中所述：「週期是不可避免的，且其影響力會因人們無法記住過去發生的事而加大。」也因此，了解週期、知道歷史週期是否正在重演、進而知道自身處於什麼位置是非常重要的關鍵，因為這將影響投資人如何在所處的週期位置做出有利之判斷，選擇積極性或防禦性立場，進而提高或降低對市場波動的曝險程度。

富邦集團長期以來的投資策略亦是因應市場的變化動態來調整資產配置，從過去經驗中，我們也深刻了解掌握經濟週期的重要性，並能在積極型投資與防禦型投資之間做出平衡，確保投資資產規模穩定成長。

近幾年，富邦集團與橡樹資本多有互動，橡樹資本為國際知名的投資管理公司，董事長暨共同創辦人霍華・馬克斯是華爾街的投資巨擘，旗下管理的資產規模逾千億美元。他在華爾街能占有重要一席之地，除了他的專業，也歸功於他對經濟趨勢的掌握，以及金融市場的精闢洞見，例如他曾預測達康泡沫與金融海嘯，而深獲投資人推崇。

我們與霍華・馬克斯這幾年也有過不少交流，對於他的談吐與獨到見解更是印象深刻。特別是他長年以來孜孜不倦撰寫投資備忘錄，連股神巴菲特（Warren Buffett）也都曾肯定，「當我在信箱裡看到來自霍華・馬克斯的投資備忘錄，它們總是我第一個打開並閱讀的郵件，我總是能從中學習。」

霍華・馬克斯的不吝分享，讓全球投資者得以一窺其獨門投資心法。站在巨人的肩膀上可以看得更高更遠，本書的問世更是讓讀者們得以擁有再次登高望遠的機會，也將是幫助眾多投資人研究、奠定市場週期觀念的重要推手。

推薦序　堅持企業的價值

南山人壽董事長　杜英宗

投資是一門專業又迷人的學問，然而，要能長期在投資市場獲利，並非易事。橡樹資本共同創辦人霍華．馬克斯專注投資近半個世紀，擅長探究企業價值，危機入市，為投資人創造獲利。本書由他現身說法，詳述如何掌握週期，提高勝算，相信台灣的投資人也能從本書中受益，找到投資成功之道。

我任職的南山人壽有許多海外投資部位，長期與國際專業投資機構接觸，近年來，我也和霍華．馬克斯多次會面，交換對市場的看法。我們都是戰後嬰兒潮的第一代，共同見證過去五十年來資本市場的起飛與變化，加上都曾在花旗銀行任職，等於是前後期同事，每次見面都倍感親切。

本書從各種面向說明不同的市場週期，並以大篇幅說明信貸循環泡沫造成二〇〇八年全球金融海嘯的始末，娓娓道來，引人入勝。在全球金融海嘯屆滿十週年、美股也在寬鬆貨幣政策帶動下，走了史上最長的十年大多頭之際，更加發人深省。

霍華．馬克斯說，市場價格並不是一條直線，而是圍繞企業價值上下波動的曲線，人類非理性的心理與情緒作用，會讓市場趨於極端、超漲超跌，但無論市場如何變化，週期的鐘擺效應終將回歸基本面，市場價格忠實反映企業的公允價值。

霍華．馬克斯認為，偉大而罕見的投資人，就是能以與眾不同的方式思考、洞察企業內在價值，並透過週期定位積極布局贏家型資產，力抗同儕和客戶壓力，在市場一片看好時堅持出場，並在市場心如槁灰時，大膽進場。

當然，這一切說來輕描淡寫，但若沒有長期對企業所屬的產業、企業本身的競爭優勢，和企業因應未來變局的能力，進行深入而札實的研究、形成堅定的信念，幾乎不可能辦到。

我從事投資購併多年，目前也是企業經營者，對企業價值的堅持，也深有所感。市場與外界的評價往往是一時的，容易受到群眾非理性情緒影響，並不能代表企業的真正價值。而優秀的領導人，必須專注在增進企業的長期基本價值上，擘劃願景、設定目標，並且與時俱進，以具體行動增進公司、員工、客戶與股東的利益。

當然，在實現願景的過程中，往往會有雜音和壓力，但就如同優秀的投資人一樣，優秀的經營者也要有強大的信念，頂住外界的風雨，拒絕短視近利，考驗的是貫徹長期願景的決心，堅持訴說成功故事的能力，以及過人的執行力，才能在歷經淬鍊之後，彰顯價值。

期盼讀者們也能從本書中得到啟發，追隨優秀投資人的足跡，成為最後的贏家！

推薦序

欣讀霍華・馬克斯的「投資週期觀」

台灣科技大學財務金融所教授　謝劍平

前一陣子，我又重讀一遍哈佛大學商學院創新理論大師克雷頓・克里斯汀生（Clayton M. Christensen）的經典著作，重新體會其所提出的破壞式創新理論。書中提到會發展出破壞式創新的理論，主因是要探討「一家企業的成長為什麼沒辦法持續」。這就告訴我們，企業經營到最後，通常會因為競爭者的加入而邁入成熟或衰退的階段，悲觀、保守的企業可能會直接退出市場，積極、創新的企業則會另尋生存之道，再創企業成長的契機。

以大家都熟悉的美國蘋果公司為例，其在一九九〇年代也曾經歷業績衰退、市占大幅下滑的時期，當時為了挽回頹勢，賈伯斯回歸蘋果，積極改革公司並創新產品，於二〇〇〇年代接連推出許多令市場驚豔的新產品，其中最讓人津津樂道的則是iPod數位音樂播放器，iPod雖非當時首款的mp3播放器，但由於搭配創新的iTunes網路付費音樂下載系統，反而一舉擊敗所有競爭者，獲得空前的成功。賈伯斯並未因此滿足，為了追求更高的企業成長，二〇〇七年推出首款智慧型手機iPhone，雖然iPhone的推出會直接影響iPod的銷售，但此破壞式創新卻讓蘋果公司脫胎換骨，成為全球市值首屈一指的科技公司。然而，隨著賈伯斯過世以及智慧型手機市場日趨成熟，近幾年蘋果公司所推出的新款iPhone已無法再讓市場驚豔，從近期（二〇一八年）疲弱的蘋果股價即可見一斑，代表蘋果公司再度進入成長趨緩的成熟時期。為避免衰退，蘋果公司也策略性的提高軟體服務收入的占比，同時積極開發下一代的產品與服務，如人工智慧、自動駕駛等，期待重回高度成長的軌道。從蘋果公司的例子可知企業經營都有一個循環或週期存在，就像一個人的一生，會經歷高峰與低谷。重點是企業經營者是否清楚了解自己的公司位於哪個循環階段，從而做出正確的決策讓企業持續成長。

當然除了企業外，總體經濟及產業也都會有週期的現象。例如當總體經濟成長到有通貨膨脹疑慮時，一國的中央銀行通常會緊縮貨幣政策（如調升利率），以防止經濟過熱，當經濟泡沫破裂或危機出現時，總體經濟將由高峰走向衰退；為挽救經濟，中央銀行又會以寬鬆的貨幣政策（如調降利率）出手救市，刺激總體經濟走向復甦、成長的軌道，如此不斷循環而產生週期。而無論是企業、產業或總體經濟的週期變化，最終都會反映到資本市場，使資本市場也有週期的現象。我本身在實務界也經歷過好幾個循環，每個循環都是經過一個高峰、危機、然後再從谷底爬升，如一九九七年的亞洲金融風暴、二〇〇一年網路泡沫化、二〇〇八年金融海嘯及後來的歐債危機。既然基本面與資本市場都會有週期的現象，是否代表只要投資人能掌握住高峰或谷底轉折的時間點，就能在市場上賺得豐厚的利潤？答案當然是肯定的，但要「如何掌握週期轉折點」以及「如何確認目前處在週期哪個位置」才是最困難的問題，即便是投資專家也不一定有十足的把握，更不用說是一般投資人了，而這兩個困難的課題正是本書所要探討的重點。

本書作者霍華．馬克斯與股神巴菲特齊名，是一位非常具有洞察力的投資大師，其寫給客戶的「投資備忘錄」亦是投資界矚目的焦點，甚至連巴菲特也不會錯過。在本書中也會摘錄許多投資備忘錄的內容，讀者從中可以學習到許多實用的投資哲學。霍華．馬克斯在本書一再強調，優秀投資人與一般投資人均無法明確知道未來會發生什麼事，但差別在於：優秀投資人對未來趨勢的了解比一般投資人要多，因為優秀投資人擁有知識上的優勢，會隨時注意市場的變化。因此一般投資人應以學習的心，加強對總體經濟及產業的了解，來提升自己的洞察力，雖然無法確切知道週期轉折點以及目前處在週期哪個位置，但有經驗的投資人總是可以捕捉一些蛛絲馬跡，從而做出正確的決策，以避免追高殺低，而這也是一般散戶投資人常會犯的錯誤。在本書中，霍華．馬克斯也用了不少的篇幅剖析「行為投資學」的課題，以人類心理面分析股市為什麼常有超漲、超跌的現象，讀者從中可學習到如何克服恐懼與貪婪的心理障礙，以及如何正確解讀市場資訊，提高在股市的勝率。

本書非常適合企業經營者以及一般投資人閱讀。企業經營者可學習如何判斷市場及產業週期，進而做出正確的經營策略；一般投資人則可藉此提升自己的洞察力，增加週期轉折點的掌握程度，在股海揚帆。

推薦序　有比屠龍刀更好的武器？

財經作家　安納金

在我二十多年的投資生涯當中，研讀過許多位國際級投資大師的著作，若要說這些大師們普遍認同或強調的共通點，那麼我會說，「順應市場的週期」肯定會是最大的交集之一。尤其是在主動式管理的基金領域，以及以全球總體策略（Global Macro Strategy）為主的避險基金，依據市場週期來調整資產配置策略，可謂重中之重。

為什麼市場週期如此重要？因為在明顯漲潮的時候，再怎麼迷糊的船也會被推回岸邊，就像大多頭市場當中所有的類股會輪流上漲，只要不逆勢做空，傻瓜也能賺到錢；反之，在快速退潮的時候，如果你沒有做好防護措施，裸泳是很危險的！

學術界和實務業界一再證實，資產配置貢獻了絕大多數成敗績效歸因的來源，而在主動式管理的領域當中，所謂資產配置並不單純是分散風險而已，而是有更深一層的積極作為：辨別出目前所處的週期位置、並且適切地擘劃出合於此一週期狀態的配置決策，就足以降低風險。這與股市玩家們單憑猜測市場漲跌而押注的方式大異其趣，因為散戶往往根據自我主觀的判斷去下注，而優異的基金經理人則是透過客觀的數據來衡量目前景氣的狀態，研擬出未來一段時間（通常是以年度進行規劃、每季檢視調整）

的資產配置決策；前者是週期短且主觀而善變的，後者是週期長且客觀而穩定的。散戶往往不是失敗在操作速度不夠快，而是決策過於草率。

如何掌握市場的週期？在投資學或經濟學領域當中，絕大多數的教科書都明確定義出市場週期的各個階段，然而實際在市場上運用時卻難以上手，究其原由，在於理論上每個週期的特徵明顯而且依序發生，而市場實務上則不然，即便在景氣擴張週期內也會遇到小週期的下滑交錯其間，使得人們難以判斷究竟是市場週期已經改變了呢？還是僅屬短暫的波動？此外，在二〇〇八年金融海嘯之後，政府干預市場的頻率和力道都遠遠超過了教科書中的描述，例如歐洲央行以及日本央行的「負利率政策」就不曾在過去的經濟學或投資學教科書中探討。可見，當今錯綜複雜的金融市場相較於過去，更需借助來自實務業界成功的資產管理者經驗分享，來指導我們關於市場週期的判斷，否則帶著經濟學所賜予的屠龍刀，進入名為「現實市場」的世界裡，卻發覺根本沒有「龍」可以有所作為！

此書為霍華·馬克斯在《投資最重要的事》之後又一巨作，對市場週期做更專精且深入的剖析、分享他在實務上所使用的方法，堪稱是目前市場上探討此一領域最深且廣的一本代表作。此書應為每一位新手在進入市場之前都必備的基本啟蒙書籍之一，也是老手們重新檢視自己的認知、幫助自己進化的好工具，就以此書，替換手上的屠龍刀吧！

願紀律、智慧與你我同在！

推薦序 懂週期，才能面對無法預知的未來

台灣最大的基本面資訊平台與社群 財報狗

如果你有在投資，卻不知道如何看待市場週期，或是不知道在不同的週期下，如何調配你的投資部位，這是一本非常好的入門書。

身為一個價值投資人，我過去對總體經濟學並沒有太多著墨，市面上也很少有大師級的價值投資人出來說明他們看待總經的方法。然而這不代表總經對價值投資人不重要，不管是巴菲特或賽斯．卡拉曼，從他們的訪談或股東信中，都可以看出他們會因應不同的市場環境，做出不同的投資配置。

問題是——如果你是一位自學的投資人，要從哪裡開始？

當過去的我嘗試學習市場週期時，這是當時面臨到的最大難題。幸好現在有霍華．馬克斯寫的這本書。

霍華．馬克斯身為高收益債的專家，對市場週期有相當深入的研究和見解。今天由他來來寫一本說明市場週期的書，再適合不過了。

在閱讀這本書之前，要先有個正確認知。許多人覺得判斷市場，就是在預測股市高低點什麼時候到，他們在乎的是現在到高點了沒？什麼時候市場要反轉？以上這些問題的答案，霍華．馬克斯在一開

始就說得很明白——我們不可能知道。

也許有人會好奇，如果不能知道股市高低點，那麼研究市場週期還有什麼用？雖然我們無法明確知道未來會發生什麼事，但透過研究週期，我們可以知道有哪些事情可能發生、應該發生，以及發生的可能性。

我很喜歡霍華・馬克斯在這本書裡所用的比喻——假設在一個罐子裡有一百顆球，其中有黑的球，也有白的球。現在要從這個罐子裡拿出一顆球，你應該賭哪個顏色的球會出現？

如果你對於罐子裡有什麼一無所知，那麼這場賭局就只是個單純的猜測問題；但如果你知道罐子裡有七十顆黑球與三十顆白球，你就會知道黑球與白球出現的機率。這便是研究市場週期能創造出的差異，你雖然無法百分之百知道接下來會發生的事情，但你會知道不同事情發生的機率，欲進行投資決策時，這將成為你判斷的優勢。

看完這本書後，你對許多事件將會有更深入的看法。當新聞出現房地產價格變動，或是企業在擴廠時，除了事件本身，你會更在意他們在不同週期中所扮演的角色。這是屬於哪一個領域的循環？是獲利循環、信貸循環，還是房地產週期？週期中的每個事件，都是下個事件的導因。建構出這樣的思維，你會發現自己更清楚整個事件的來龍去脈，對於未來將發生的諸多可能，也會有一套自己的觀點。

作者多次引用他過去所寫的備忘錄，我建議大家上網找該篇備忘錄的原文。對照當時的經濟情勢，了解作者是在什麼樣的環境及氣氛下，引導出這些判斷和想法。藉由對照當年的時空背景，相信在閱讀中會有更深刻的體悟。

藉由更了解市場週期，投資人更能調適好自己的心理狀態，避免做出可能虧錢的決策。事實上，有許多會導致投資人虧錢的都是心理因素，例如在應該降低預期報酬的環境下，堅持要有高報酬率的投資；無法承擔做出與他人不同行為的壓力；容易受到外在一致正面或負面觀點的影響。

透過了解市場週期和自己心理的鐘擺，我們才更有機會能夠做出適當的資產配置，以面對未來無法預知的各種可能性。這也正是這本書能帶給我們的最大收穫。

推薦序　為下一次循環做好準備

價值投資者　雷浩斯

霍華・馬克思這本新書談的是週期，週期就是循環，而對成功的投資人士來說，了解循環異常重要。

了解循環意味著要對股市產生未來的看法，聽到這裡，很多人會告訴你：「無法預測股市」；的確，沒有人能精準的預測股市的漲跌時間和價位，但是了解歷史、擁有經驗的投資人能夠判斷週期的模式。

所有的模式必有徵兆，而具有洞見的優秀投資者能夠辨別模式，看出改變進而調整行為，如果你太過死板，不順著情況調整，那麼你的優勢將會減少，勝算也會降低。

簡單的說，你必須要靈活的應用投資策略，不要太過死板。

股市由兩點所構成：企業獲利的基本面和投資人的心態。如果一個投資人長期持有整個股市，那麼投資人的獲利會等於股市的基本面成長，在台股來說，大約是年化報酬率八至九％（包含股息，從二〇〇三年持有到二〇一七年底），這個數字可以稱為內在價值線，或者霍華・馬克斯說的「中點」。

但是股市除了基本面之外，還會隨著投資人的心態變化起伏，因此台股很少處在九％這個報酬率，就像霍華・馬克斯說的：「週期不會停留在中點，而是會往極端值擺盪。」

以下表格顯示了從二〇〇三至二〇一七年買進台股，持有一年含息的報酬率數量統計，我們以五％為一個區間，並且將報酬率為負和超過二〇％以上當作極端正負報酬率。

從表格可以看到，台股的中點是九％，但是竟然沒有一年是剛好報酬率介於五％至一〇％之間。而代表極端正報酬的有三年，分別是：

二〇〇三年，報酬率三三・〇八％；

二〇〇六年，報酬率二六・一〇％；

二〇〇九年，報酬率七九・一七％。

極端負報酬率的三年，分別是：

二〇〇八年，報酬率負四一・八二％；

二〇一一年，報酬率負一八・四六％；

二〇一五年，報酬率負六・五四％。

2003—2017 年買進「加權報酬指數」持有一年報酬率

報酬率區間	數量	占比	備註
報酬率為負	3	20.00%	極端負報酬
報酬率介於 0%-5%	1	6.67%	
報酬率介於 5% 低於 10%	0	0.00%	快樂的中點
報酬率介於 10% 低於 15%	6	40.00%	
報酬率介於 15% 低於 20%	2	13.33%	
報酬率高過 20% 以上	3	20.00%	極端正報酬

資料來源：證交所，合計 15 個統計區間（雷浩斯整理）

這樣的數字讓我們看到強大的鐘擺迴盪，這種迴盪也被稱為「回歸平均值」。既然回歸平均值是這樣的激烈，那麼身處其中的投資人，必定會因此而受到情緒上的影響。但是優秀的投資人會對抗情緒所帶來的不良影響，他們是天生理性的冷靜人物，能在充滿不確定的狀況下做出正確判斷。

優秀的投資人如同棋手，除了精通「布局、調整、收手」三個階段之外，還要能夠在面臨出乎意料的情況下臨危不亂，甚至要提早為意想不到的危機布局。

巴菲特曾經說過：「長久下來，市場會出現離奇、甚至怪異的現象。一個大錯很可能會磨滅長期累積的成就，因此我們需要本能上即可識別重大風險的人，包括從未遭遇的風險。」

如果你是從未見過如同金融海嘯般離奇現象的人，那麼霍華・馬克斯這本書，將能幫助你了解週期的循環，為下一次的循環做好準備。

中文版作者序

十餘載以來，我一再關注的重點是每年一度的亞洲行，尤其是大中華區。在到訪期間，我有幸與大中華區最明智、最具影響力的專業投資人交流意見，其中許多位現在已是我的老朋友暨商業夥伴。我一直驚豔於大中華區人士對投資知識的熱情和永不饜足的求知欲，我對此主題的分享與交流總是有最高水準。

八年前，我在前作《投資最重要的事》曾談及，於二十世紀六〇年代大學求學時對亞洲文化的研習，幫助我形塑了投資哲學。今日，我在大中華區的重要對話和交流，強調了經濟面、政治面和細緻的文化差異，持續助我精煉、調整投資哲學。實際上，亞洲文化對這本新書貢獻卓著，特別是關於我稱之為「週期定位」的部分。

因此，我非常樂意與您分享這本書的中文版，本書奠基於前作《投資最重要的事》和備忘錄中的關鍵主題，即在《投資最重要的事》中曾探討的：接受事物本無常和週期的必然性。現今世界與八年前截然不同，投資人對市場週期、其影響因素、關鍵時刻的適當因應行為能有健全的理解，是前所未有的切身要務。因此，我希望《掌握市場週期》能助您形成自身的投資哲學。

霍華・馬克斯

感謝在大中華區的所有朋友一直以來分享的豐富經驗，我期待著未來持續合作。我還要感謝我的同仁——亞太區領軍者巢瀚婷（Rachel Chao），在橡樹資本與我來此與大家共聚的旅程，她厥功甚偉。

目錄

前言

七年前我寫了《投資最重要的事》（*The Most Important Thing: Uncommon Sense for the Thoughtful Investor*），談到投資人最需要注意的事。在書裡我提到「最重要的事是注意經濟週期」。但實際上，我也將其他十九件事當作「最重要的事」。在投資裡，沒有單獨一件最重要的事。我在《投資最重要的事》裡討論二十個要素，對於希望變身成功投資者的人來說，每個要素都是絕對必要的。

美式足球綠灣包裝工隊（Green Bay Packers）傳奇教練文斯・隆巴迪（Vince Lombardi）說過一句很有名的話：「贏得比賽並不是一切，卻是唯一重要的事。」我從沒弄清楚隆巴迪這句話的真正意思，但是無庸置疑，他認為勝利是最重要的事。同樣的，我不能說在投資裡，了解週期就是一切，或是唯一重要的事，但是對我來說，在成功投資的要素中，週期肯定數一數二。

多年來，在我知道的偉大投資人中，大多數都對週期一般的運作方式與目前正處於哪個階段有卓越的判斷力，這樣的判斷力使得他們可以優異的針對未來進行資產組合配置。在我的公司橡樹資本（Oaktree Capital）中，大多數的成功投資都是來自很好的週期時機，加上有效的投資方法，以及傑出人士參與操盤。

因為這個理由，加上我發現一些特別有趣的週期波動，還有客戶問到最多的就是我們正處於週期的哪個位置，最後還因為少有人寫到週期的本質，所以我決定在出版《投資最重要的事》之後寫一本書，完全投入對週期的研究，我希望你會發現這本書很有用處。

注意週期就能獲利

在我們周遭，有些模式和事件會固定出現，影響我們的行為和生活。冬天比夏天寒冷，雪也更多，而且晝短夜長，因此，我們在冬天會計畫去滑雪，夏天會去玩帆船，而且會在白天的時候工作與玩樂，晚上則是睡覺。我們會在接近傍晚的時候開燈，而且在上床睡覺的時候關燈。隨著冬天接近，我們會拿出溫暖的外套，夏天則會穿上泳衣。雖然有些人冬天會因為興奮而到海裡游泳，有些人會選擇在晚上工作，騰出白天的時間，但是我們大多數都是按照正常的晝夜模式，使得日常生活更為輕鬆。

我們人類使用自己的能力來辨認與理解模式，使決策更為容易，還能增加收益，避免痛苦。重要的是，我們依賴對反覆出現模式的了解，因此不必從頭考量每個決定。我們知道颶風很可能在九月發生，所以每年會避免在那個時間去加勒比海。當溫差變化比較大，而不是比較小的時候，我們紐約人會在冬季去邁阿密和鳳凰城遊玩，不必在一月每天醒來的時候，為了天氣暖和或涼爽而重新決定穿著。

經濟、公司和市場也是根據模式來運作。其中有些模式被通稱為週期。它們起源於自然發生的現象，但重要的是，也來自人類心理的起伏與因此產生的人類行為。因為人類心理與行為在創造週期上扮演非常重要的作用，這些週期並不像時鐘或日曆的週期那麼規律，但是仍然會對特定行為產生更好或更壞的時刻，而且會深深影響投資人。如果我們注意週期，就有利可圖。如果我們研究過去的週期，了解它們的緣起與意涵，而且對下一次的週期保持警戒，就不必白費力氣去重新理解每個投資環境，也比較不會被事件蒙蔽。我們可以掌握這些反覆出現的模式來改善自身的情況。

傾聽週期

我要傳達的訊息是，我們應該注意週期。也許我該說「傾聽週期」。字典網站Dictionary.com對「傾聽」（listen）這個字提供兩個密切相關、但截然不同的定義。第一個是「為了聽到東西而密切關注」（to attend closely for the purpose of hearing），第二個是「聽從」（to heed）。這兩個定義都跟我正在寫的內容有關。

為了因應周遭發生的事，以及與未來市場有關的情況，藉此適當配置投資組合，投資人必須保持高度關注。每個在特定環境中執行任務的人都會碰到相同的事情，但並不是每個人都用相同的關注來傾聽它們、意識它們，進而有可能理解它們的重要性。

可以肯定的是，每個人聽從週期的程度並不相同，所謂「聽從」，我的意思是「遵守、牢記、被指導或認真對待」。或是換個方式說，「吸取教訓並遵從它的規定」。或許藉由列出反義詞，我可以更清楚傳達這種「聽從」的意思，像是忽視、漠視、不理會、拒絕、沒注意、疏忽、避開、藐視、反抗、置之不理、充耳不聞、漫不經心。無論如何，忽視目前處於週期哪個位置的投資人必然會承受嚴重後果。

為了充分利用這本書，而且做好應對週期的工作，一個投資人必須學習辨認出週期、評估週期、尋找週期隱含的指示，而且做它們告訴你要做的事（請見接下來我用男性代名詞〔he〕為主詞的作者聲明）。如果一個投資人傾聽週期在說什麼，就能將週期從一種瘋狂、無法控制的強烈破壞力量，轉變成一種可以被理解與利用的現象，這是能挖掘出明顯優異投資績效的特質。

學習永無止境

只有結合多種基本要素才能創造出一項成功的投資理念：

- 會計、金融和經濟上的技能教育提供基礎，雖有必要，但遠遠不夠。
- 對於市場如何運作有個看法很重要，在開始布局以前，你應該要有個觀點，但在投資的過程中，這個觀點必須可以增加、質疑、修正與改變。
- 你的有些初步看法會來自你讀過的東西，所以閱讀是不可或缺的重要基石，保持閱讀習慣，會增加你投資方法的效益，你可以擁抱那些你覺得吸引人的想法，也可以拋棄那些你不喜歡的想法。重要的是，閱讀投資以外的內容是件好事，傳奇投資人查理・蒙格（Charlie Munger）常常提到廣泛閱讀的效益，歷史和其他領域的發展能夠大幅提升投資方法與決策的有效性。
- 與同業的投資人交換意見也是成長的寶貴來源。因為投資的本質並非科學，你的學習並不會結束，而且沒有任何洞見是可獨占的。投資可以獨自完成，但我認為，那些獨自投資的人在知識上和人際關係上都少了很多東西。
- 最後，經驗確實無法取代。每年我都會用不同的觀點來看待投資，而且我經歷過的每個週期都教我一些應對下一個週期的方法。在長期的職業生涯中我都在提供建議，而且沒有理由在近期喊停。

寫書給了我一個好方法去認識那些對我的投資洞見與工作生活品質有所貢獻的人。

- 我從閱讀彼得・伯恩斯坦（Peter Bernstein）、約翰・肯尼斯・高伯瑞（John Kenneth Galbraith）、納西姆・尼可拉斯・塔雷伯（Nassim Nicholas Taleb）和查理・艾利斯（Charlie Ellis）的作品中得到很大的收穫。
- 我持續從《投資最重要的事》中提到的人與其他人得到建議，包括賽斯・卡拉曼（Seth Klarman）、查理・蒙格、華倫・巴菲特（Warren Buffett）、布魯斯・紐伯格（Bruce Newberg）、麥可・米爾肯（Michael Milken）、雅各・羅斯柴爾德（Jacob Rothschild）、托德・庫姆斯（Todd Combs）、羅格・奧爾特曼（Roger Altman）、喬爾・葛林布萊特（Joel Greenblatt）、彼得・考夫曼（Peter Kaufman）和道格・卡斯（Doug Kass）。自從二〇一三年南西（Nancy）和我跟著孩子搬到紐約之後，我很幸運把奧斯卡・雪佛（Oscar Schafer）、吉姆・提許（Jim Tisch）、阿吉特・嘉安（Ajit Jain）也劃入這個圈子，這些人看待事情的方式也融入在我的看法中。
- 最後，我想要繼續感謝最重要的合作夥伴，橡樹資本的共同創辦人：布魯斯・卡許（Bruce Karsh）、薛爾登・史東（Sheldon Stone）、理查・曼森（Richard Masson）和拉里・基爾（Larry Keele）。他們採用我的投資理念，作為橡樹資本投資策略的基礎；而且熟練的將這些理念應用在市場上（因此獲得認可）；並在三十多年來幫助我增加相關的理念，我感到很榮幸。就像接下來會提到的，布魯斯和我在這段期間，每天都會交換想法、互相支持，而且我與他的思想交流，對於這本書提到判斷週期的方法發展扮演不可或缺的角色，尤其是在景氣最不好的時候。

我也很想感謝在這本書的創作中扮演重要角色的人：我的天才編輯ＨＭＨ的瑞克・沃夫（Rick Wolff）；我足智多謀的經紀人吉姆・列文（Jim Levine），他帶我認識瑞克；我最好的朋友凱倫・梅克・哥德史密斯（Karen Mack Goldsmith），她總是督促我讓書變得更具吸引力；以及長期給我很多幫助的助理卡洛琳・希爾德（Caroline Heald）。我還特別想要感謝芝加哥大學布斯學院（Booth School）的藍迪・克羅斯納教授（Prof. Randy Kroszner），他幫忙審閱經濟週期與政府干預章節的內容。

因為知識會累積，但是我們永遠不會全都知道，所以我期望在未來幾年會學到更多。在投資上，沒有什麼是永遠有效，因為環境總是在改變，而且投資人努力對環境做出回應，會使得環境進一步改變。因此我希望了解現在不知道的未來，而且我期待可以在未來的備忘錄與書籍中與大家分享。

作者聲明

1. 正如我在《投資最重要的事》所做的，我想要先致歉一直在使用男性代名詞，對於一個寫作超過六十年的人來說，這已經是個習慣。我發現寫下「他」（he），比寫下「他或她」（he/she）更容易，也更具吸引力。似乎要被強迫，才有辦法把「他」或「她」交替使用。我不喜歡在主詞是單一人稱的時候使用「他們」。在我的職業生涯中，我一直很榮幸能與傑出的女性合作，我絕對認為她們和男性同業的專業人士與投資人一樣多。

2. 與《投資最重要的事》一樣，為了在這裡表達我的觀點，我有時會借用一九九〇年開始寫給客戶的備忘錄，我也會引用前一本書的內容。我可以刻意重複去寫這些主題，但是我不打算這麼做。相反的，我會從之前的備忘錄中找出能讓這些觀點更清楚的重要段落*。我希望這麼做不會讓讀者感覺不值得花錢買這本書。

為了這本書的閱讀順暢，我偶爾會在引用的段落中增加或刪除一些文字，或是按照與原文不同的順序來呈現。既然它們都是我寫的文字，我想這樣做是沒問題的，在任何情況下都沒有引用不實的困擾。但是這只是為了增加理解，並沒有以後見之明來改變它們、使它們更正確的意思。

3. 最後，就跟《投資最重要的事》一樣，我會在這裡處理一個複雜、有多種要素重疊的主題，而且就像一般談到投資一樣，無法一刀分割成一個獨立的章節。因為有些要素已經在多個地方談到，你同樣會發現一些重複的例子，包括我忍不住不只一次的從其他人與我的書或備忘錄中引用值得注意的段落。

4. 請注意，當我談到「投資」時，我假設投資人正在買進、持有，或是我們說的「做多」，期望特定資產會增值，這與放空證券，期望證券會下跌而不去持有相反。投資人不會只「做多」，不「放空」，但是大多數時候他們都會做多。放空股票、甚至保持「淨空頭」的人，也就是空頭部

* 為便於閱讀與考查，擷取自備忘錄的段落開頭以小圖（✉）標示。

位的價值超過擁有股票市值的人數相對較少。因此在這本書裡，專門討論投資在某個標的是因為預期它們會上漲，而不是放空資產，期望它們下跌。

5. 最後，我一開始認為這本書只與週期有關，但是就像我寫的，我想出很多主題，像是資產選擇和「接落下來的刀子」。我已經把這些主題納入討論，而不是摒除在外。我希望你會很高興這裡有討論這些主題：認為這是提供額外的好處，而非偏離本書的主旨。

第1章

為什麼要研究週期？

隨著我們在週期裡的位置改變，勝算也跟著改變。如果不隨著事情改變，進而改變投資立場，我們就是消極的在看待週期。換句話說，我們對提高成功機率的機會視而不見。但是如果我們應用對週期的一些洞察，就能在成功機率較高時加碼到更積極的投資標的上，而且可以在成功機率較低的時候減碼，增加防禦性投資。

投資重要的是對未來的金融做好準備，定義這個任務很簡單：我們今天配置投資組合，希望能從未來幾年發生的事件中受益。

對專業投資人來說，成功是指比一般投資人做得更好，或是績效超越指定的市場基準（績效是由所有投資人的行為決定）。但是取得這樣的成功是不小的挑戰：雖然產生平均投資績效非常容易，但是要高於平均績效卻相當困難。

我的投資理念中，最重要的基本元素是一個信念：我們無法知道等待我們的「未來總體局勢」，像是經濟、市場和地緣政治等等的事情。或是更準確的說，很少有人能比其他人更了解未來的總體局勢；而且，只有我們知道的比其他人更多的時候（不論是有更好的數據；對於擁有的數據有更好的解釋，根據我們的解釋，知道可以採取什麼行動；或是擁有需要採取這些行動的情緒韌性），我們的預測才會帶來優異的績效。

簡而言之，如果我們跟其他人一樣擁有相同的資訊，用同樣的方式分析，得到相同的結論，而且用同樣的方式去執行，那就不該預期會產生優異的績效，而且要在相關的總體局勢中持續有優越的看法是非常困難的事。

所以在我看來，試著預期未來的總體局勢不可能幫助投資人達到優異的投資績效，很少有投資人是因總體預測帶來的出色績效而聞名。

巴菲特有次告訴我，他想要的訊息要符合兩個標準：必須是重要的，而且必須是可以理解的。雖然這些日子以來，「每個人都知道」總體經濟發展在決定行情上扮演主導的角色，但是「總經投資人」（macro investors）整體的績效表現卻差強人意。這不是說總體經濟無關緊要，而是非常少人能夠精通總體經濟。對大多數人來說，這是不可知的（或者是無法熟稔且持續掌握總體經濟，進而產生優異的績效）。

因此，我不認為絕大多數投資人可以因為預測總體經濟而成功投資，而且我肯定自己是其中之一。如果是這樣，那剩下哪些因素會產生成功的投資？雖然有很多細節與細微的差別，不過我認為把時間花在三大領域會最有成效：

- 試著比其他人更知道所謂「可知的東西」，也就是產業、公司和證券的基本面，
- 根據這些基本面要素，有紀律的付出適當的價格，以及
- 了解我們所處的環境，而且策略性配置投資組合。

前兩個主題已經有很多文獻資料，組合在一起就成為「證券分析」和「價值投資」的關鍵要素：判斷一項資產未來可以創造出什麼東西，通常是獲利或現金流，以及這些前景在當下賦予這個資產多少價值。

價值投資人在做些什麼？他們致力利用「價格」與「價值」間的差異。為了成功做到這點，他們必須（1）量化一項資產的實質價值（intrinsic value，或稱為內在價值），及其可能如何隨時間改變，以及（2）拿目前的市場價格與資產的實質價值、資產的歷史價格、其他資產的價格，以及資產一般而言「理論上的公允」價格進行評估。

然後，他們會使用這個訊息來配置投資組合。大多數時候，他們短期的目標是去持有可以提供最佳價值主張的投資標的：有最具上漲潛力，以及／或上漲潛力相對於下跌風險比例較高的資產。你也許會質疑，配置的投資組合裡應該只要納入確定擁有最高價值的資產，而且價格相對於價值低估最多的投資標的。一般情況與長期來看，這也許是對的，但是我認為在這個流程納入另一個要素會有益處，那就是為未來幾年內市場可能發生的事適當配置一個投資組合。

在我看來，在特定時間點配置最佳投資組合的最好方法，是決定該如何在積極型與防禦型投資上做出平衡。而且我相信，隨著投資環境的狀態改變，以及一些要素在週期中的位置變化，積極型與防禦型

投資的平衡應該要做出調整。

☒關鍵是如何「調整」（calibrate），你應該對投資的金額、在各種投資機會中的資產配置，以及所承擔的投資風險都進行規劃，不斷在積極型與防禦型投資間進行調整……當價值被低估時，我們應該更加積極；當價值被高估時，我們應該放慢腳步。（〈歷史還在不斷重演？〉〔Yet Again?〕，二〇一七年九月）

調整投資組合配置正是這本書最主要的內容。

什麼是趨勢？

倘若要知道研究週期理由，有一個關鍵詞，那就是「趨勢」。

如果影響投資的要素有規律，而且可以預測（舉例來說，如果總體經濟預測有效），我們就能夠談論哪些事情「將會發生」。但事實並非如此，這並不意味著我們對於預測未來束手無策，相反的，我們可以討論哪些事情可能發生，或是應該發生，以及發生的可能性。這些事情就是我所謂的「趨勢」。

投資圈總是在談論風險，但是對於投資人的行為來說，風險是什麼，或是意味著什麼，並沒有普遍一致的看法。有些人認為風險是虧損的可能性，其他人（包括很多金融學者）認為風險是資產價格或報酬的波動，而且還有很多其他類型的風險，多到這裡無法完全提到。

我的看法偏重第一個定義：在我看來，風險主要是永久損失資本的可能性。但是也有一種機會風險，那就是錯失潛在獲利的可能性。把兩者結合在一起可以看到，風險是指事情不能按照我們想要的情況發展的可能性。

風險是怎麼產生的？我最喜歡的投資哲學家、已逝的彼得‧伯恩斯坦，在二〇〇七年六月發出的《經濟與投資組合策略》（*Economics and Portfolio Strategy*）時事通訊中的標題是〈我們能用一個數字來衡量風險嗎？〉（Can We Measure Risk with a Number?）

> 基本上風險說的是我們不知道會發生什麼事……我們每一刻都走在未知的路上。有各式各樣的結果，而我們並不知道（實際結果）會落到哪個範圍。通常我們都不知道那個範圍是什麼。

你可以在下面找到一些想法（簡短摘要於我在二〇一五年六月的備忘錄〈重新再談風險〉〔Risk Revisited Again〕的完整論述），我想直接從伯恩斯坦提供的論點開始談起。這也許可以幫助你了解風險，並應對風險。

正如倫敦商學院（London Business School）的退休教授艾洛伊‧迪姆森（Elroy Dimson）所言：「風險是指總有意料之外的事情會發生。」對於經濟學、商業界和市場（以及其他領域）的每件事，如果只有一件事會發生，如果只會產生一種結果，如果這個結果可以預測，當然就沒有不確定性或是風險。對於將要發生的事沒有不確定性，理論上就可以確實知道如何配置投資組合去避開損失，而且獲得最大收益。但是在生活與投資上，由於可能有很多不同的結果，不可避免會有不確定性和風險。

由於上述的原因，未來不應該被視為一個注定會發生、還能被預測的單一固定結果，但可以被視為一種機率分布，有某種範圍的可能性，而且希望是基於洞悉事件各自發生的可能性。機率分布反映某個人對趨勢的看法。

投資人，或是任何希望能夠成功應對未來的人，都必須推論出一些機率分布，不論是明確或粗略的。如果這點做得好，這些機率就有助於決定出適當的行動方案。但是仍然必須要記住，即使知道機率，並不意味著知道將發生什麼事。

某件事情的結果可能會受到長期的機率分布所影響，但單一事件的結果還是可能有很大的不確定性。在一個機率分布裡，任何結果都有可能發生，儘管機率各不相同。因為選擇的過程不僅受到各種結果的優點所影響，還會受到隨機性的影響。把迪姆森的話反過來說，即使很多事情可能會發生，也只會發生一件事。我們可能知道「一般來說」可以期待什麼，但那可能跟實際將會發生的事沒有關係。

在我來看，投資成功就像簽樂透贏家，都是從一堆彩券（所有可能的結果）抽出一張（真正的結果）。每個情況都是從眾多可能性選擇出一個結果。

優秀的投資人，就是能夠對於缸裡的彩券有很好的判斷力的人，因此能夠判斷參加這場樂透是否值得。換句話說，優秀的投資人就跟其他人一樣，無法確切知道未來究竟會發生什麼事，但是他們對未來趨勢的了解比一般人要多。

另外，我想要在此增加一個想法。大多數人認為，應對未來的方式是提出對將要發生的事的看法，或許是由機率分布來構想。我認為實際上有兩個必要條件，而非單一。除了對於將要發生的事有某種看法，還應該要知道這個看法被證實為正確的可能性。對事件的預測有些可以很有把握（例如，一個投資等級的債券會按照承諾付出利息嗎？），有些則不確定（亞馬遜〔Amazon〕十年後還是網路零售業的領導廠商嗎？），還有些是完全無法確定（股票市場下個月會上漲還是下跌？）。這裡我的重點是，不該認為所有預測都有相同的正確性，因此不該指望這些預測都一樣可靠。我不認為大多數的人意識到這件應該要知道的事。

優秀投資人的特質

有個好方法可以判斷上面描述的優秀投資人，就是看他對趨勢的洞察，是否提升他的投資成功機率。

假設在一個罐子裡有一百顆球，有些是黑色的球，有些是白色的球，那你應該賭哪個顏色的球會出現？

- 如果你對於罐子裡有什麼一無所知，那麼這場賭局就只是個猜測問題：無知的投機。這跟你知道裡面有五十顆黑球與五十顆白球的狀況相同。你可以聰明地賭黑球會出現，就像賭白球會出現一樣，但是不論哪一種情況，正確的機率都是一半一半，因此投注很蠢，除非提出的賠率一樣，而且免付入場費（在投資上，就是佣金或買賣價差）就能夠下注。除非你很幸運，不然下注在相同出現機率的黑球或白球上並不會有利可圖，而且你完全無法指望運氣。在對罐子裡有什麼東西缺乏理解優勢的情況下，不會有可靠的獲利。

- 但是，如果你對罐子裡的東西特別有洞見會怎樣呢？假如你知道有七十顆黑球與三十顆白球，這樣就能幫助你贏多輸少。如果有人提供你相同的賠率，而你在下注十美元猜測黑球會出現，你一次贏得十美元的機率是七〇％，而輸掉十美元的機率是三〇％，下注十次的預期獲利是四十美元（注意：這是大量試驗後出來的平均結果，由於黑球與白球是隨機出現，所以短期可能會有明顯變化）。
- 當然，你的對手讓你用一半的賠率下注在黑球，必須（1）你的對家不知道有七〇％的機率會出現黑球，三〇％的機率會出現白球，而且（2）他不知道你曉得黑球與白球出現的機率。如果他對罐子裡裝了什麼東西所知跟你一樣多，那麼這個賭注就會回到無利可圖的情況。
- 換句話說，為了在比賽中贏得多輸得少，你必須有知識上的優勢，這就是優秀投資人擁有的特質：他比其他人知道更多未來的趨勢。
- 然而，重要的是要記住我之前說的話：即使你知道發生的機率，也就是說，即使你對趨勢有卓越的洞察力，你仍然不知道會發生什麼事。即使在罐子裡的黑球與白球比例是七十比三十，你仍然不知道下一次被抽出來的是哪個顏色的球。沒錯，黑球比白球更有可能出現，但是仍然有三〇％的機會出現白球。當罐子裡有白球、也有黑球，在選下顆球時，隨機與外部的力量尤其會發揮作用，結果仍無法確定。
- 但是這一切都說明，這場賭局如果要值得玩，不一定所有事情都要很確定。長期來看，對趨勢變化的了解比別人多，就足以創造成功。

了解週期的好處

而且這就讓我們談到從了解週期中可以獲得的回報，一般投資人對這點所知不多：

- 他完全不了解週期的性質與重要性。
- 他沒有夠長的時間經歷很多週期。
- 他沒有讀過金融史，因此未從過去的週期學到教訓。
- 他主要是從單一事件的角度來看待環境，而不是注意到反覆出現的模式和模式背後發生的原因。
- 最重要的是，他並不了解週期的重要性，以及這些週期告訴他該採取的行動。

優秀的投資人會關注週期。他會注意到過去的週期是否在重演，理解人們身處在形形色色週期的哪個位置很重要，以及知道這些事對他採取的行動有何影響。這讓他能夠對週期與人們所處的週期位置做出有用的判斷。特別是在：

- 我們正接近上漲行情的開始階段，還是處於後期階段？
- 如果一個特定的週期已經上漲一段時間，我們現在是否已經處於危險範圍？
- 投資人的行為是否顯示出他們被貪婪或恐懼所驅動？
- 他們看來能適當地規避風險，或是只能愚蠢地承擔風險？

- 市場過熱（而且價格過高）或急凍（因此價格便宜）是否是因為週期而發生？
- 整體來看，目前我們在週期中的位置是否意味著應該要著重在防禦上，或是該積極採取行動？

注意這些要素會給傑出的投資人帶來優勢，讓贏的機會比輸的機會多。他了解趨勢或成功的可能性；因此他知道罐子裡黑球與白球的一些底細，而其他人不知道。他對於贏的機會是否會比輸的機會高有些了解；因此當趨勢對他有利的時候，他會投資更多；趨勢不利的時候，會投資更少。重要的是，這些事都可以根據目前的狀態觀察來評估。我們會在後面的章節看到，這些事可以告訴我們如何為未來做好準備，而且我們不需要會預測未來。

請記住，我們處於形形色色週期的位置會對賠率有很大的影響。例如，我們會在後面的章節看到，當下面的情況發生的時候，投資獲利的機會會增加：

- 經濟和公司的獲利很可能上漲，而非下跌，
- 投資人的心態冷靜，而不是看多，
- 投資人意識到風險，甚至過度關注風險，以及
- 市場價格沒有變得太高。

這些事件（還有更多）都有週期，而且知道我們處於週期的哪個位置，可以有助於提高成功的機率。簡而言之，透過週期的變動，對影響未來事件的機率分布重新配置。或許我應該就投資報酬做說

明：

在各種週期裡，當我們的位置在中間的時候，預期的報酬是「正常的」。（參見圖1-1）

當週期處於有利的位置時，機率分布會往右移，使得現在預期的報酬對我們有利，我們處於週期裡的有利位置，因此更有可能獲利，虧損機會很小。（參見圖1-2）

但是當週期達到危險的極端時，我們成功的機會很小，這意味著出現的結果可能不太好，獲利的機會很小，而且虧損的機會更大。（參見圖1-3）

即使只在單一週期裡的位置改變，也是如此。例如，無論經濟和公司的獲利怎麼變動（也就是說，如同學者說的「其他條件不變」），當投資人沮喪與害怕的時候（因此導致資產價格下跌），報酬的前景會更好，而且當他們狂喜和貪婪的時候（因此帶領價格上漲），報酬的前景就很糟。

隨著我們在週期裡的位置改變，勝算也跟著改變。如果不順應時勢，進而改變投資立場，就是消

圖 1-1

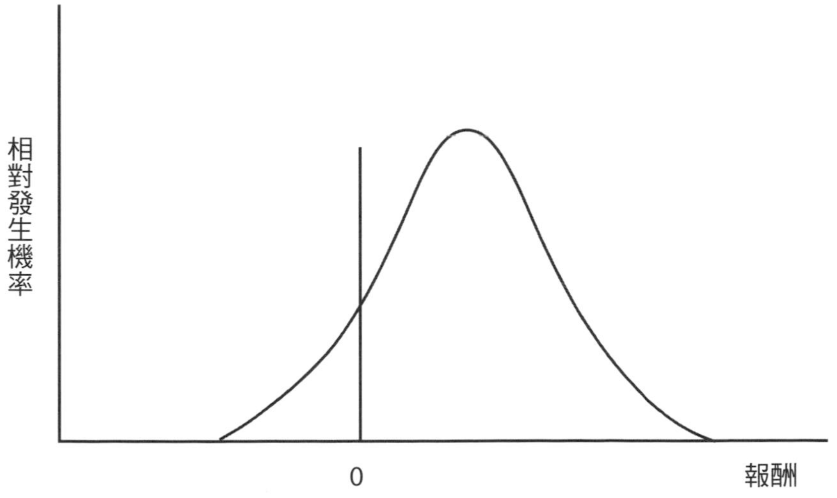

圖 1-2

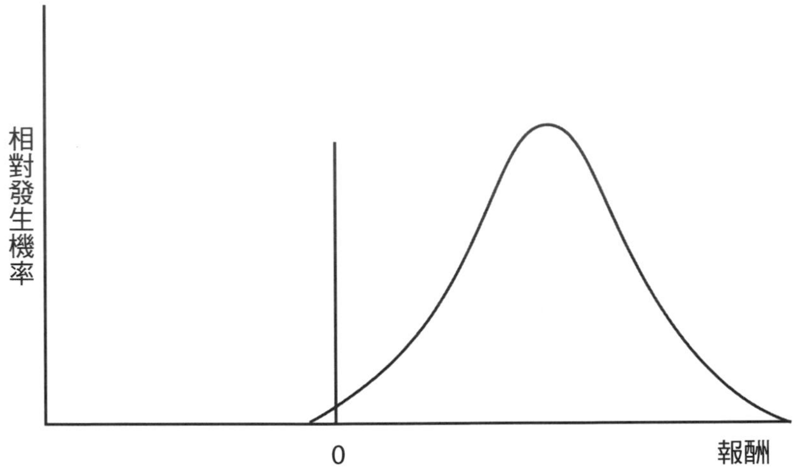

圖 1-3

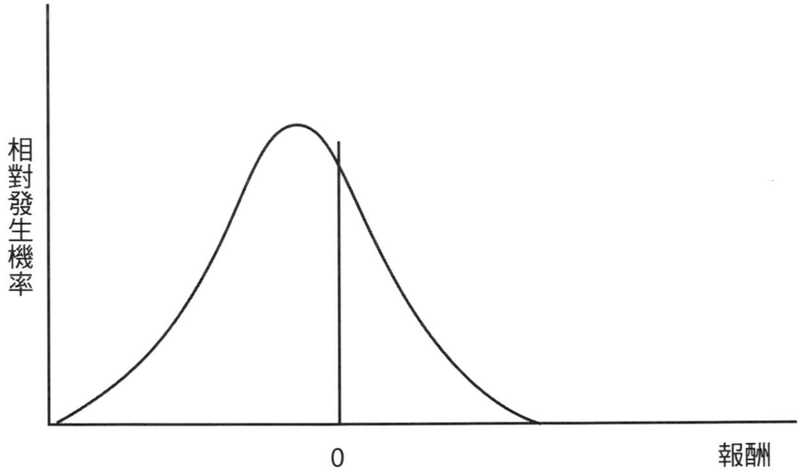

極的在看待週期。換句話說，我們對提高成功機率的機會視而不見。但是如果我們應用對週期的一些洞察，就能在成功機率較高時加碼到更積極的投資標的上，而且可以在成功機率較低的時候減碼，增加防禦性投資。

週期的研究者並不知道接下來會發生什麼事，就像洞悉罐子裡的球的人不知道接下來將會出現哪個顏色的球一樣。這兩種人對於可能會發生什麼事都有知識優勢。研究者擁有對週期的知識，而且即時知道我們所在的週期位置，對一個想要達到優異績效的投資人所具備的優勢能夠提供很大的幫助。知道黑球與白球比例是七十比三十的選球者擁有優勢，比其他人更了解我們處於週期的哪個位置的投資人一樣也有優勢。這本書的目的就是要幫助你成為這樣的人。

由於這些好處，我會描述很多我看過實際發生的週期過程，震盪看來劇烈，事實上它們確實如此，因為這些週期都是從半個世紀的經驗中挑選出來、用來證明我的論點。而且也許給人一種印象，認為這些討論的事件都被壓縮在很短的時間裡發生，不過實際上它們都花了幾個月和幾年發展。但這些週期真實發生，而且我希望可以讓我的訊息更加清楚。

— 第2章 —

週期的本質

大多數人都把週期視為是一系列的事件。而且大多數的人都了解，這些事件通常會以一種常見的順序、一個接一個的定期出現：上漲之後接著是下跌，最後又會出現新的上漲：但要充分了解週期，這樣的理解還不夠。一個完整週期裡的事件不該只是被視為一個接著一個的出現，更重要的是，一個事件會**導致**下一個事件出現。

當我與橡樹資本的客戶開會時，他們幾乎都要我解說世界或市場上發生的事，他們通常想知道某個特定的週期，以及我們正處於週期的哪個位置。我一定會抽出一張紙，在上面畫個圖來幫助討論。

這個圖通常是一條由左下方畫到右上方的線，還有另一條線會沿著這條線上下波動，這兩條線看起來像是圖 2-1：

我開始規劃這本書的寫作時，仔細檢查我的橡樹公事包，發現很多這樣的圖稿。我在描述幾個不同現象的過程中畫了這些圖，而且上面還有不同的註解。但是每個都與一個值得討論的週期相關。在這本書的各章會廣泛討論這些週期性的現象。

在繼續討論週期之前，我想回到《投資最重要的事》中提到的東西。我承認我把週期的上下起伏與鐘擺的左右擺動交替討論，把某些現象貼上週期的標籤，而且（如第七章提到）把其他現象貼上鐘擺的標籤（通常與人的心態有關）。有時候我會把某個特定現象當成週期來討論，有時候則會當成鐘擺討論。但被追問為什麼的時候，我發現很難區分這兩件事，或是說，為什麼一個要稱作週期，而不是鐘擺。

我傾向用視覺思考事情，所以或許可以使用一幅圖像來描述週期和鐘擺的關係。正如我後面會詳述的，週期會圍繞一個中點（或長期趨勢）擺動。同樣地，鐘擺會垂在一個中點（或基準），從那裡開始反覆來回擺動。但是，如果你拿起鐘擺的鐘錘，轉個方向往側邊擺，然後放掉它，讓它從左到右擺動，會得到什麼？一個週期。

這兩者真的沒有根本上的區別。我甚至會承認，鐘擺只不過是一個週期的特殊案例，或是說，只是用

圖 2-1

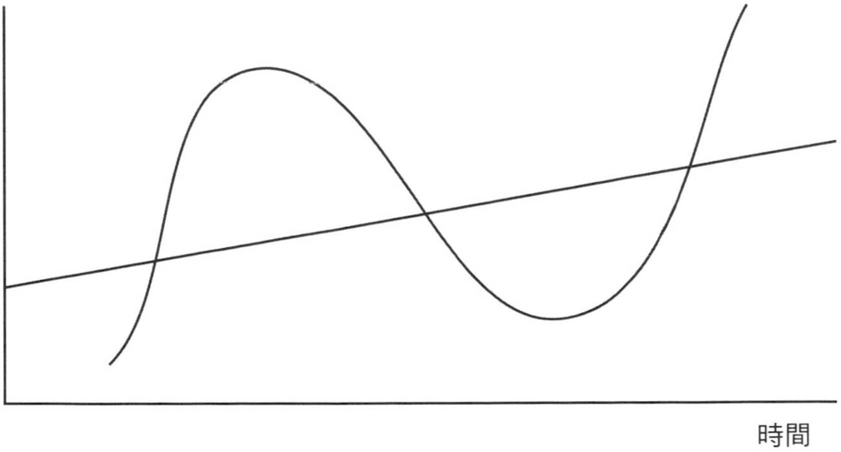

來參照特定週期的不同方式。把一些事情視為是週期、其他事情視為是鐘擺的理由，我很清楚，我希望你也會很清楚。或者，至少我希望我使用這兩個術語，不會影響你從本書中得到的收穫。

重點是，在投資人所處的世界裡，週期有起有落，鐘擺會來回擺盪。週期和鐘擺會用很多形式擺盪，而且與各式各樣的現象相關，但是它們發生的潛在原因，以及它們創造的模式，有很多相同的地方，而且隨著時間流逝，它們往往有些一致。或許就像盛傳馬克・吐溫（Mark Twain）說過的話（雖然沒有證據顯示他確實有說）：「歷史不會重演，但總有相同的地方。」

不管馬克・吐溫有沒有說過這句話，這句話都把這本書談到的很多東西做了很好的總結。週期會因為原因與細節、時機與範圍而改變，但是上下起伏（以及它們產生的原因）永遠都會發生，會對投資環境造成改變，因此會產生預期的行為。

在我畫的圖中，中心線是一個中點，週期圍繞這條線擺盪。它有時有個潛在的方向或長期趨勢（在《韋氏大學辭典》〔*Webster's New Collegiate Dictionary*〕中，「長期」〔secular〕的定義是「一段沒有明確期限的長時間」），而且通常會往上。所以，隨著時間過去，長期來看，經濟往往會成長，公司獲利往往會增加，而且（主要因為這些事）市場往往會上漲。如果這些發展是科學的，或完全自然的物理過程，那麼經濟、公司和市場可能會以一種固定的速度（至少在一段時間內）直線發展。當然它們不是這樣發展，所以也不會出現這樣的情況。

不變的事實是，這些事情的表現在短期受到其他事情、參與的人，以及極不穩定的人強烈影響。相反的，他們有時往往會因為一些事情波動，我們常把這些事情都歸類在「心理學」這個廣泛的標題下。因此人們的行為會變化……毫無疑問會隨著環境變化，但就算環境沒有改變，也會變化。

這本書主要談的是圍繞著中點或長期趨勢的擺盪，對於不了解這些擺盪的人來說，會覺得很困惑，也會很驚訝，甚至更糟的情況是會成為其中的一分子，還助長擺盪形成。但是就像我之前說的，它往往會帶給那些了解、認識，而且可以利用這些週期現象的人獲利的機會。

八個明顯的階段

只要花幾秒鐘看我畫的圖2-2，就會很清楚，週期性現象的變動，可以理解成有許多明顯的階段：

(a) 從一個過於壓低的極端或「低點」往中點回復，

(b) 通過中點，繼續往一個較高的極端或「高點」擺盪，

(c) 達到高點，

(d) 從高點往中點或平均值向下修正，

(e) 通過中點，繼續往下擺盪到新低點，

圖 2-2

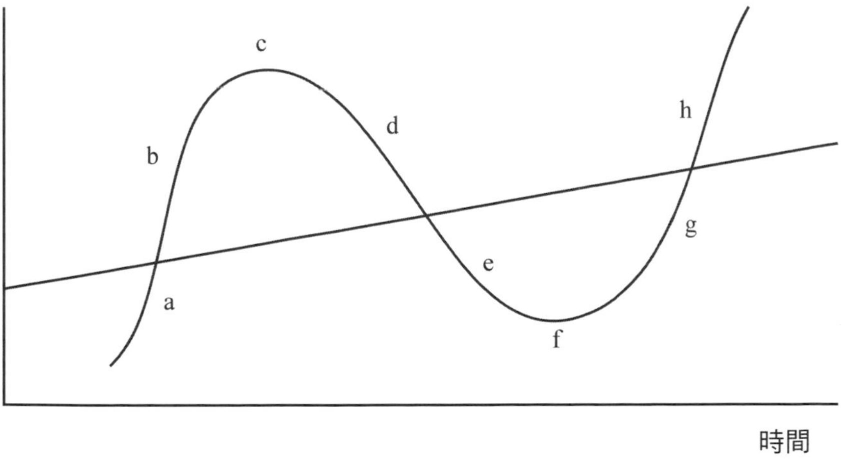

(f) 達到低點，

(g) 再一次從低點回復到中點，

(h) 然後再一次通過中點，繼續往另一個高點擺盪。

上面的說明必須注意的是，不能說一個週期有個單一的「起點」或「終點」。上面列出的任何階段，都可以用來描述一個週期的開始……或是結束……或是其中的任何階段。

喜愛簡化敘述的人也許可以很容易談論一個週期的開始，但是更懂深思的人會覺得這非常困難。這裡有一段話是我二〇〇七年九月在〈現在一切都很糟？〉（Now It's All Bad?）為這個主題寫下的內容：

✉當我在TCW集團工作時，亨利・季辛吉（Henry Kissinger）是那裡的董事，每年我都有幸聽到他對國際事務發表長篇大論。有人會問：「亨利，你能解釋昨天在波士尼亞（Bosnia）發生的事嗎？」他會說：「嗯，在一七二二年……」重點是，連鎖反應類的事件，只能在以前發生過的事為背景才能夠了解。

如果有人問：「我們直接講重點如何？」或「是什麼導致我們達到那個高點（或低點）？」必然要根據之前的事件來解釋，但是話雖如此，光是弄清楚要從多久以前的事當作起點來描述，可能就不容易。

經常有人問我：「是什麼事導致週期開始？」或是「我們已經接近週期的末端嗎？」我認為這些都是不適當的問題，因為週期既沒有開始，也沒有結束。更好的問題也許是：「是什麼導致目前的上漲行情開始？」或是「我們是否已經接近下跌行情的末端？」你甚至可能會問，我們是否已經接近一個週期的末端，只要你定義一個週期是指從一個高點到下一個高點，或是從一個低點到另一個低點。但是如果沒有這樣的定義，週期就沒有明確的開始，而且我相信它們永遠不會結束。

不會停留在中點

就像我提到的，週期會圍繞中點擺盪。一個週期的中點通常會被認為是長期趨勢、基準、平均值、平均或快樂的中點（happy medium），而且通常在某種意義上被認為是「正確而適當的」。另一方面，週期的極端被認為是「偏差或過度的」，未來會回歸正常，而且一般會如此。雖然週期變化往往會有很多時間在上方或下方，但通常的規則是最終會往中點的方向移動。不論是從極端高點或極端低點往中點移動，這樣的變動常常被說是回歸平均值（regression toward the mean），在大多數產業中，這是一個強而有力、並且非常合理的趨勢。但回想上面列出的週期階段，也能看出週期的模式通常包括從合理的中點往一個可能輕率的極端變動（上圖的b、e和h階段），就像從一個極端回到中點一樣（a、d和g）。

合理的中點一般會產生一種磁吸力，使得週期性的事物從一個極端往「正常」的方向返回。但是它通常不會長久留在正常的位置，因為往中點擺盪的力量必定繼續施力，因此造成週期從一個極端回頭通過中點，然後繼續進一步地往另一端擺盪。

認識並接受這種可靠的模式很重要。細節會改變，像是擺動的時機、期間、速度和威力，還有更重要的是，它們發生的理由也會改變，這可能就是馬克・吐溫說到歷史不會重演的背後原因。但是基本的動態通常很相似。特別是，這意味著從一個高點或低點回頭擺盪時，幾乎從不會停在中點……不論中點如何「正確」或「適當」。你可以高度信賴它會通過中點，繼續往相反的極端變動。舉例來說，市場很少會從「低估」（underpriced）到「公平價格」（fairly priced），然後停下來。通常的情況是，讓市場從不景氣的水準復甦的基本面改善與上漲的樂觀情緒依然會繼續施力，導致它們通過「公平價格」，繼續達到「高估」的狀態。**這未必會發生，但通常會出現這種情況**。

表現愈極端，破壞力愈大

從中點開始，週期有很大的潛力對進一步的發展造成嚴重破壞，也就是說導致更大的偏差或過度。如果朝一個極端擺盪得愈高，盪回來的力量很可能更猛烈，而且很可能會產生更多損害，因為週期運行至極端時所激發的動作，已經證明不適合出現在週期的其他地方。

換句話說，隨著週期移動到離中點愈來愈遠，潛在的破壞力量會增加——隨著經濟和公司做得「太好」，而且股價漲得「太高」。上漲之後接下來只會修正，而且多頭市場接下來是空頭市場，但是繁榮和泡沫之後接下來是傷害更大的蕭條、崩潰與恐慌。

長期趨勢很難即時檢測

圍繞這些事件的週期中點是什麼？就像我說的，這往往是橫跨長期趨勢的一個點。舉例來說，一個經濟體的國內生產毛額（gross domestic product, GDP）也許顯示一個幾十年來年成長率二%的長期趨勢，但是在某幾年成長很快，而在其他幾年的成長很慢，甚至負成長。個別年份的表現通常是圍繞潛在長期趨勢的週期的一部分。

重要的是，長期的成長率可能也會隨著週期而變化，但這是一個長期、更為漸進的週期，你必須再退遠一點才看得出來。例如，社會往往會依循長期的興衰模式（可以想想羅馬帝國的例子），而且我們討論的短期起伏都圍繞著長期趨勢走。（參見72至74頁）

對許多產業來說也是如此，但是由於長期的週期橫跨幾十、幾百年，而非幾季或幾年，因此它們需要的時間長過所有觀察者的壽命，很難即時檢測到，而且很難納入決策過程考量。

下面是我在二〇〇九年一月備忘錄〈長期觀點〉（The Long View）為這主題寫下的內容：

✉有個古老的故事，在印度，一群盲人走在路上，碰到了一頭大象。每個人都碰觸大象的不同部位：象鼻、象腿、尾巴或耳朵，而且根據碰觸到的部分，對大象做出不同的解釋。我們就是那些盲人。即使對於親眼看到的事情有很好的了解，也無法很容易把這些見解整合起來，得到整體的看法。到看見整體的行動為止，我們的知識僅限於我們接觸到的部分……

……一些最重要的教訓需要（1）研究和記錄過去的事件，以及（2）意識到事物的週期性。如果靠近一點，盲人也許會把象腿誤認為一棵樹，而短視的投資人也許會認為一個上漲趨勢（或下跌趨勢）會永遠持續下去。但是如果我們退遠一點，檢視漫長的歷史，我們應該會牢記，長期週期也會重複，而且會了解我們處於週期的哪個位置。

一個事件會導致另一個事件出現

對我來說這是個好時機，可以點出週期最重要的一個性質。大多數人會根據上面列出的階段來思考週期，而且把它們視為是一系列的事件。而且大多數的人都了解，這些事件通常會以一個常見的順序一個接一個的定期出現：上漲之後接著是下跌，最後又會出現新的上漲。

但要充分了解週期，這樣的理解並不夠。一個完整週期裡的事件不該只是被視為是一個接著一個的出現，更重要的是，一個事件會導致下一個事件出現。舉例來說：

- 隨著這種現象往一個極端擺盪，這樣的運動會提供能量，而且會把能量儲存起來。最終會增加重量，更難繼續從中點往外進一步擺盪出去，而且會達到最大值，無法再往前進。
- 最後會停止往那個方向的移動，而一旦如此，重力就會把它拉回集中趨勢（central tendency）或中點，並釋放蓄積的能量，回復正常。
- 而且隨著討論中的現象從極端回到中點，擺盪賦予它動能，使它超過中點，而且繼續往相反的極端前進。

以這種方式，經濟或投資界的週期包含一系列會引起後續事件的事件。上面三點所描述的過程聽起來很像物理學，受重力和動量等力量控制。但是就像我在上面提到，而且稍後也會提到的，一般趨勢最重要的偏差，以及這些偏差的時機、速度和範圍的變化，主要是由心理學的波動所產生。

如果你認為心態是大多數能量或動能的來源，而不是生理特徵，那麼這三點巧妙地解釋投資人面臨這種擺動與震盪的挑戰。在接下來的章節中，一些最重要的內容還包括描述在每個週期中引發下一個事件的方法。

因為把週期視為一系列有起因的事件，所以這本書會談到曾發生的幾個週期如何逐步的進展。說明每個進展的目的是要證明進展中每個事件的起因、進展中的意義，以及它對接下來事件的影響。描述這些進展可能會覺得重複，而且有些實際上會談到不只一次（雖然討論的是不同的面向），我仍希望這些實例可以達到目的，幫助讀者了解週期，以及找出週期的位置。

不同週期會相互影響

注意這種因果關係非常重要：我談到的週期包括一系列會引發後續事件的事件。但同樣重要的是要注意到，由於這些連續事件，使得週期會發生在各個領域，而且一個領域裡的週期性發展，也會影響另一個領域的週期。因此，經濟週期（economic cycle）會影響獲利循環（profit cycle），由獲利循環決定的企業財報發布會影響投資人的心態。投資人的心態會影響市場，而且市場的發展會影響信貸供給的循環……這會影響經濟、公司與市場。

週期性事件會受到內生發展（包括之前的週期性事件），以及外生發展（其他領域的事件）所影響。很多外生事件是其他週期的一部分，雖然不盡然如此。了解這些因果關係並不容易，但這是了解和應對投資環境很大的關鍵。

必須了解的是，雖然我把週期描述成單獨而離散的，但是實際情況不完全如此。我會用和緩的語氣來個別描述每個類型的週期運作。我會讓你感覺每個週期都有自己獨立的存在期間，我也會讓你感覺到，一種類型的週期在某個給定的方向擺動，會結束在另一個週期相關或之後產生的擺動開始之前。換句話說，我會試圖單獨討論每種類型的週期……儘管事實上它們並未單獨運作。

我的描述可能暗示不同的週期會各自獨立，而且是完整的，看起來似乎是說，在週期A發生的某件事會影響週期B，而週期B會影響週期C，而這一路會反過來影響週期A。這看起來會像週期A在影響週期B，以及週期B影響週期C發生的時候，週期A會停留在那裡不動。但並不是這樣。

各種週期之間的相互關係遠遠不如我所描述的那麼工整，各個週期會獨立運作，但是也會不斷互相影響。我試著整理腦海中的各種線索，並分開處理，而這就是本書的章節安排。但是我描述那些走勢明顯而獨立的週期只是一個分析概念，在它們存在的期間，實際上是相互有關的混雜現象，而且無法完全區分。A影響B（和C），而且B影響A（和C），然後它們都會影響D，D也會影響A、B和C，它們會互相牽扯在一起。但是如果我們要了解週期和它們的影響，就必須依序去思考。

雜記：週期的性質

最後，也許以「雜記」為標題，我要指出更多與週期性質有關的事情，這些事情對於徹底了解週期必不可少（從我二〇〇一年十一月的備忘錄〈你不能預測，但可以做好準備〉〔You Can't Predict. You Can Prepare〕的幾點觀察開始）：

✉
- **週期是不可避免的**。每隔一段時間，當上升趨勢和下降趨勢持續很長一段時間，以及（或是）達到極端時，就會有人開始說「這次不一樣」。他們引用地緣政治、制度、技術或行為的改變，認為這已經使得「舊規則」失效。他們推斷近期的趨勢，做出投資決定。然而結果卻顯示舊規則仍舊有效，週期重新開始。最終，樹不會長到直達天際，很少東西的價值會降到零，大部分的現象都有週期變化。
- **週期的影響力會因為投資人無法記住過去發生的事而擴大**。就像約翰・肯尼斯・高伯瑞說「極為短暫的金融記憶」促使市場參與者無法確認這些型態會反覆出現，因此不可避免：

　　當相同或近似的情況一再發生，通常年輕、而且總是超級有自信的新一代投資人會大力吹捧，將其視為金融領域乃至整體經濟環境了不起的創新發現，有時這些現象還僅相隔數年。很少有哪個人類文明領域像金融界那樣輕忽歷史。過去的經驗屬於記憶中的一部分，卻受到排斥，被認為只是沒有洞察力去體會當前驚人奇蹟的守舊派的藏身之處。（約翰・

肯尼斯・高伯瑞，《金融狂熱簡史》〔*A Short History of Financial Euphoria, 1990*〕）

- **週期會自我修正，而且不必依賴外部事件就能反轉。**週期會反轉（而不是朝著同個方向永遠前進）是因為趨勢會創造讓週期反轉的原因。因此，我喜歡說，成功本身就是失敗的種子，而失敗為成功之母。
- 從人類認知的角度來看，**週期往往顯得不像它們原本所呈現的那麼對稱。**當價格負向波動的時候常稱為「波動性」，當價格正向波動的時候則稱為「獲利」。崩盤的市場稱為「恐慌性拋售」，而且會用比較溫和的描述來說明價格高漲（但我認為它們也許最好被看作是「恐慌性買進」；舉例來說，可以看看一九九九年的科技股）。評論員在市場週期的底部談論「投資人舉手投降」，而我也在高點看到之前謹慎的投資人認輸，買進股票。

根據我的經驗，雖然可能會被低估或忽略，一般來說，金融週期大都是對稱的，每個週期變動都有「另一面」，這意味著上漲不可避免會接著下降，或許更好的說法是，上漲不可避免會導致下降，反之亦然。

「繁榮與蕭條」是被廣泛討論與了解的現象，這是用來證明週期對稱的好例子。大多數的人都了解蕭條之後會出現繁榮。很少人理解蕭條將引起繁榮的事實，從後面這點來看，可以知道：（1）繁榮過後，接著不會是適度、漸進與沒有痛苦的調整，而且（2）另一方面，如果沒有繁榮，就不太可能出現蕭條。

然而必須注意的是，這樣的對稱性只適用於方向，未必適用於變動的範圍、時機或速度（這是尼克・特雷恩〔Nick Train〕提到的重點，下一章會提到他）。因此，一個上漲行情也許會接著一個更大或更小的下跌行情，只有在達到最高點之後才會開始轉為下跌行情，或是在行情開始修正前，也許會停留在高點一段時間。而且，或許更重要的是，可能要花好幾年的時間才會讓繁榮成長全面發展，但是接下來的蕭條可能看起來像是一台疾駛的貨運車；就像我的長期合夥人薛爾登・史東說的：「氣球洩氣比充氣快很多。」

回到馬克・吐溫盛傳說過的話：「歷史不會重演，但總有相同的地方。」掌握這個概念對於了解週期是絕對關鍵的，如果馬克・吐溫的確這樣說，那這句話必然要表達的是，儘管在某個特定歷史領域（例如政客梟雄的崛起）的細節各有不同，但是根本的原理和機制是一致的。

金融週期就是這樣，而且金融危機絕對是真的。後面你會看到，二〇〇七至二〇〇八年的全球金融危機會發生，主要是因為發行大量有潛在問題的次級房貸，而且在過度樂觀、缺乏風險趨避，以及有個過度樂觀的資本市場下，導致圍繞著次級房貸的不安全行為出現，使得金融危機依序發生。因此，拘泥於文字表面意義的小器之輩者會說：「下次不符合貸款標準的購屋者隨時可以申請到房貸時，我一定會變得謹慎小心。」但是，在全球金融危機中得到教訓，使危機不再重演，從這個角度來看，金融危機有其價值。相反的，在每次繁榮與蕭條所提供的警告訊號卻都很普通：過度樂觀是一件危險的事；風險趨避是市場安全的要素；而且過度慷慨的資本市場最終會導致不智的融資，進而使參與者面臨危險。

簡而言之，週期的細節並不重要，而且可能無關緊要，但是主軸是必要的，而且它們絕對常常反覆出現。了解這種趨勢，而且能夠注意到重演的部分，是傾聽週期最重要的因素之一。

最後我想要談到瘋狂的定義，這是愛因斯坦（Albert Einstein）的說法：瘋狂就是「一次又一次做出相同的事，並期望得到不同的結果」。當人們在投資標的的價格被推高時進場投資，因為「大家都知道」這個投資標的完美無缺，而且價格被低估，所以認為可以在沒有損失風險下得到高報酬，這就是瘋狂。這種信念在每次泡沫後都會原形畢露，但是很多人下一次還是會完全相信這個信念，不論是沒有意識到泡沫之後往往會接著市場崩盤，或是盲目急切的承擔風險，希望快速致富。

會因為幻想增值而得利的證券和市場更有可能受週期性的調整所挫，而不會無限的增值。你可以試著告訴那些相信「這次不一樣」的急切投資人。

分析和直覺同樣重要

這一整章的內容，以及涵蓋的各種主題，都指出週期的多面向與具挑戰性的特質。因為這樣的理由，週期必須以分析與直覺兩方面來了解。就像投資的很多面向一樣，除了擁有分析能力，還能擁有直覺能力的人，會在投資這條路上走得更遠。用直覺的方法了解週期可以教嗎？某個程度上來說，可以，但大多數兼善兩者的人都是一出生就有洞察力的天賦。總之，有些人很容易「得到它」（無論「它」是什麼），有些人則得不到。

會計、金融和證券分析的課程能夠提供投資人成功的必要技術知識，但是在我看來，課程遠遠不夠。主要是缺少對週期現象及其如何發展的了解，就像本書提到的內容。在新創立的行為經濟學和行為金融學可以找到某些線索，而且我建議你多關注。對投資人來說，心理學是了解週期非常重要的要素。

與週期有關的最大教訓是透過經驗學到的……就像有句俗話說：「當你沒有得到，你就學到。」今天，我比四十八年前剛開始在第一國家城市銀行（First National City Bank）擔任年輕證券分析師的時候更了解這點。

但是因為我們通常每十年才會看到一個重要的週期，因此任何人要依靠累積的經驗來獲取進步，最好要有耐心。我希望在這裡讀到的內容可以增加你的理解，而且加速學習。

古希臘歷史學家修昔底德（Thucydides）在《伯羅奔尼撒戰爭史》（*History of the Peloponnesian War*）中提到：「對於那些想要清楚了解過去發生的事件，以及未來這些事件即將在某個時間或以某種方式重演（人性本來就是如此）的人來說，如果我的文字被認為有用」，那他會心滿意足。這段話恰好說明我這本書的目標。

第3章

週期的規律

這種努力透過對模式的認識來解釋生活、從而獲得成功的方程式，在很大的程度上是很複雜的，因為我們生活在充滿隨機性的世界，而且人們從一個情況到下一個情況的行為並不一致，即使他們很想表現一致。過去的事件很大程度上受這些事情影響，而且因為如此，未來的事件無法完全預測得到，認識到這點並不愉快，因為它使得生活更不容易去預期、制定規則並提供安全。

二〇一三年秋天，我收到來自倫敦的基金管理公司林德賽爾特雷恩公司（Lindsell Train）的尼克・特雷恩寄來的電子郵件，回應我在《投資最重要的事》裡寫到的一些內容。尼克認為我用「週期」這個詞來描述這裡討論的現象是有問題的。尼克和我就這個議題進行好幾次理性的電子郵件往來，而且我們也碰面吃了一頓很愉快、充滿活力的午餐。

到了討論主要問題的時候，事情顯得很清楚，促使尼克寫那封信的原因是，他確信會週期變化的事物，發生的時機和變動範圍必須有規律，因此可以被預測。例如，無線電波或正弦波會以規律、可預測的模式上升和下降，每次都擁有相同的振幅、頻率和終點。

字典網站Dictionary.com把物理學上的週期定義為「一個現象達到最大值和最小值，而且返回到最終值等於原始值的完整變化」，而且把數學上的週期定義為「一組要素的排列使要素的原始週期順序不會改變」。換句話說，這些科學與數學的週期依循的模式是如此規律，最後都會回到開始的地方，而這是因為波動的時機和路徑總是一樣。尼克贏了。

但是，經濟、公司和市場，當然還有投資人的心理和行為，並沒有那麼規律。我在午餐時肯定的說，而且我認為尼克最後也同意，事情可以在沒有表現出這種一致性下呈現出週期性。這都與你對「週期」這個詞的定義有關。

下面是我後來寫信給尼克的部分內容：

> 我要說的是，通常事情會上下起伏。大多數自然事物都有生與死的循環，而投資人的心態也有一個非常明確的週期，在樂觀情緒升高（而且股價上漲）之後接著悲觀情緒升高（而且股價下跌）。你也許認為這很簡單，而且沒有用處。但是其中一個重點是，當某個東西上漲時，投資人傾向認為它永遠不會下跌（反之亦然）。不看好這些傾向可能非常有利可圖……世界上很少有足夠的規律，能夠及時應用一套機制來獲利，當然在投資界也一樣。但這並不意味你不能利用上升與下降的週期……
>
> 我不認為波動必須回到開始的地方才能稱為週期，許多週期結束時比開始還要高，也就是說，它們是圍繞一個潛在長期趨勢的週期，但是這不意味它們不是週期性的變動，或是說它們始終會繼

續前進，只有上升週期或避免下降週期。

《劍橋字典》（*Cambridge Dictionary*）對週期的定義是「按照特定順序、一個接著一個，而且往往會反覆出現的一組事件」，這是一般非科技界使用的定義。我很滿意這個定義，它反映出在我的生活中，我認為週期與鐘擺的意義。

人類的角色

雖然我不同意尼克・特雷恩的看法，他認為我討論的這些現象沒有規律，所以不符合週期性的描述，但這可以有助於理解週期的不規律與可以從中學到什麼。

這裡最重要的是要注意，就像上一章我說的，我稱為週期的東西並不完全（有時候根本沒有）來自於機械、科學或物理過程的運作。如果週期是這樣運作，那就會更加可靠，而且可以預測（這是因為最大的獲利來自於能比別人更好的預見事情發生，而且如果週期完全可靠，還能預測，那就沒有能預見這些事情發生的優勢）。有時候有個基本原則（而且有時候沒有），但是這些變化可以歸咎於在創造週期時人類扮演的角色。人類參與這個過程，使得他們的情緒和心態傾向會影響週期性的現象。機運或隨機事件在一些週期上也扮演很大的角色，而且人類行為也有助於它的存在。這些週期，以及它們的不一致與不可靠會存在，除了隨機事件之外，很大一部分的理由是因為人的影響。

隨機性的世界

我們人類必須生活在現實世界。就像先前描述的，我們尋找模式和規則，這可以讓生活更輕鬆，更有利可圖。或許這從早期人類體驗到每天與每年的週期就開始了。他也許得吃些苦頭才學到，在母獅子與小獅子到水坑的時候，去水坑那裡是不安全的，而且他也許會透過實驗學到，春天比秋天更適合種植某個作物。規則愈絕對，生活就會更容易。人腦似乎根深柢固就是要去尋找能夠解釋的模式。

這種努力透過對模式的認識來解釋生活，從而獲得成功的方程式，在很大程度上是很複雜的，因為我們生活在充滿隨機性的世界，而且人們從一個情況到下一個情況的行為並不一致，即使他們很想表現一致。過去的事件很大程度上受到這些事情的影響，而且因為這樣，未來的事件無法完全預測得到，認識到這點並不愉快，因為它使得生活更不容易去預期、制定規則並提供安全。因此人類會尋找讓事情可以理解的解釋……而且往往會超出適當的程度，就跟生活其他層面一樣，在投資上也是如此。

我在《醉漢走路》（*The Drunkard's Walk*）中找到對這個主題很有趣的描述，這是加州理工學院（California Institute of Technology）教授雷納・曼羅迪諾（Leonard Mlodinow）在二〇〇八年討論隨機性的書。這是書中序言的一段話：

> 要抗拒人類直覺的潮流是件困難的事……人的心智生來就是要為每件事情找出確定的原因，因此很難接受無關或隨機因素造成的影響。所以第一步要知道，有時候成功或失敗並不是因為有高超技巧，或是特別的無能，而是像經濟學家阿門・阿爾奇安（Armen Alchian）寫的「偶然的機運」

（fortuitous circumstances）。隨機過程是自然界的基本原理，在我們生活中更是隨處可見，但是大多數人並不了解，或是很少納入考量。

在討論電影產業成功的戰勝不可預測與反覆無常的章節中，曼羅迪諾描述製作人威廉・哥德曼（William Goldman）對於這個主題的看法：

哥德曼並沒有否認有很多理由會影響電影票房表現，但是它確實說過，這些理由如此複雜，而且從許可到首映的過程是如此容易受到不可預見與無法控制的事情影響，因此，根據經驗對一部沒拍完的電影潛力進行猜測，並不比猜硬幣正反面來得好。

曼羅迪諾繼續討論隨機要素如何應用在棒球的打擊者：

當然，擊球的任何具體結果（也就是成功的機會）主要取決於球員的能力。但這也取決於其他因素的交互作用：他的健康狀態；風、太陽或體育場的燈光；他得到的球甜不甜；比賽的情況；他是否正確猜到投手丟的是什麼球；他的手眼協調是否能在揮棒時完美搭配；他在酒吧遇到的黑髮白人女子是否讓他熬夜，或是早餐吃的辣味起司熱狗是否讓他反胃。如果這些都不是不可預測的因素，那麼一名球員在每次擊球不是會擊出全壘打，就是完全沒有擊到球。

我們知道很多因素會在各個領域影響結果，而且其中有很多是隨機或不可預測的。這當然包括經濟和投資上的很多發展。即使一個人的收入很穩定，一個人的消費傾向或許也會受到天氣、戰爭，或是國家是否贏得世界杯（與此相反的，一顆球彈到防守員的脛骨）所影響。一家公司也許會公布一個利多的財報，但股價漲跌的結果將會受到競爭對手的業績表現如何、中央銀行是否選擇這週升息，以及是否在行情很好或很糟那週發布獲利報告的影響。考量這種變化的程度，我關心的週期肯定沒有規律，而且不能簡化成可靠的決策法則。

我可以給你一個來自高收益債券界的例子：我發現有些事很煩人。在我的經驗中，一度出現一個觀點，認為債券往往會在發行滿兩週年左右違約。如果這是真的，那就是非常有用的小知識：為了避免違約，所有人必須在接近發行兩週年的時候賣出手上的債券（當然，這條規則忽略賣方在接近危機日時，要用多少價格賣出債券的問題，因為每個人都知道這有風險，而且它們必須用多少錢贖回債券才划算）。

也許在發行兩週年前後會出現違約的概念會變得很流行，但是巧合與因果關係非常不同。這個現象是否可靠？是什麼原因造成這樣？會反覆出現嗎？你應該要放手一搏嗎？特別的是，高收益債的歷史大概只有二十年左右，讓我懷疑現在的經驗與樣本規模，是否足以證明能夠信賴這個觀察。我比較傾向認為，這個兩年法則是因為更多人渴望追求簡單、有效的規則，因此過於傾向在沒有任何實質基礎上進行推論，而非嚴謹的判斷。

我認為比較好的做法是，認識到債券違約會受到各種影響，就像有助於棒球打擊手成功或失敗有很多影響因素一樣，而且大多數的違約絕對不會跟債券已經發行多少年有關。把盛傳馬克・吐溫說過的話反過來說，歷史可能有相同的地方，但很少完全重演。

投資成功的優勢來源

我堅決相信市場會繼續上漲和下跌，而且我認為我知道（1）為什麼和（2）是什麼使這些變動差不多即將來臨，但是我很確定我永遠不知道它們什麼時候會上漲或下跌，行情確立之後還會走多遠，它們的變動會多快、什麼時候它們會回到中點，或是它們會繼續往相反的方向走多遠。所以必須承認還有很多事情並不確定。

然而，我發現自己對週期的時機了解很少，因此我相信對大多數投資人而言，這相對來說是很大的優勢。他們對週期的了解更少，而且對週期與背後隱含適合採取的行動也沒有多少關注。我談到的優勢每個人都能做到，但對我來說這就夠了。這是我和橡樹資本的同仁在過去二十二年能夠享有明顯優勢的來源，而且我想要透過這本書傳達很多相關的內容。

─ 第4章 ─

經濟週期

一個經濟體的產出是工作時數乘上每小時的產出，因此，一個經濟體的長期成長率，主要是由出生率和生產力成長率等基本要素來決定（但也受到其他社會和環境要素影響）。這些要素每年的變化通常相對較小，而且每十年也只有緩慢的改變，因此平均成長率在很長一段時間相對穩定。因為潛在的長期成長相對穩定，有人可能會預期經濟表現每年都會保持一致。然而，有些因素取決於變異性，這導致經濟成長也會每年出現變化——即使經濟成長遵循著潛在的平均趨勢線。

經濟週期（economic cycle，過去比較熟知的說法是景氣循環〔business cycle〕）為商業界與市場中的週期性事件提供很多基礎。經濟成長愈多，公司增加獲利的可能性就愈大，而且股市就會上漲。我會在這裡簡單談談影響經濟週期的因素。但在這樣做之前，每當我要討論經濟學時，我都要主動坦承（或許這是個值得驕傲的宣言？）我對經濟一竅不通。

我是經濟系與經濟所本科畢業，想起經濟學，就像一個專業投資人來討論經濟學一樣。而且我認為自己基本上是一個「經濟人」（economic man），根據成本與價值、風險和潛在獲利的關係，以合乎邏輯的理由做大部分的決定。但是我對經濟學的思考主要是根據常識與經驗，而且我確信我會在這裡寫下很多經濟學家不會同意的看法（當然，他們對於彼此的意見也不見得認同，經濟學的工作相當不清楚、不精確，顯然被稱為「悲觀科學」〔the dismal science〕是有原因的）。

一個經濟體的產出，主要的衡量工具是GDP，也就是國內生產總值（gross domestic product），這是一個經濟體最終銷售所有產品與服務的總價值，它大致能夠被視為是人們花費的工作時數，乘上每個小時創造的產出價值所算出的結果（在我的職業生涯早期，這被稱為國民生產總值〔gross national product, GNP〕，但是這個詞已經過時了。這兩個詞的區別在於，對一個國家裡的外國製造商產值有不同的看待方式：GDP將它們視為是國家產出，而GNP則沒有）。

大多數的人（當然還有大多數投資人）關心經濟的主要問題是，我們是否會在某一年成長或衰退，以及經濟成長率會是多少。這兩件事我稱為短期經濟週期（我很快會介紹其他考量要點）。

當我們思考美國某一年的經濟成長率時，我們通常會從二%到三%左右的範圍開始假設，然後根據特定情況增加或減少。但是每年一開始對經濟成長率的假設都是不變的樂觀。舉例來說，二〇一五年開始有愈來愈多對經濟成長率的討論，樂觀的人認為經濟成長率會接近三%，悲觀的人則認為不到二%。但是幾乎每個人都認為是正成長。官方定義的經濟衰退是連續兩季出現負成長，而且很少人認為經濟成長會在二〇一五年或之後不久落入負成長。

長期經濟趨勢

許多投資人會關注每年的經濟成長：是高是低、是正成長還是負成長。他們詢問的經濟發展都是短期的考量。這些考量很重要，但並不是一切。長期來看，它們的重要性就會逐漸消失，而長期考量就會變得更為重要。

正如我在前面提到，吸引投資人關注的大多數週期，都會圍繞著一個長期趨勢或集中趨勢來擺盪。雖然短期來看，這些擺盪對公司和市場會有很大的影響，但對於潛在趨勢線本身的改變有更大的整體意義。長期來看，**圍繞著趨勢的擺盪**會互相抵消（不可否認這是在某些年引發興奮或痛苦之後），但是**潛在趨勢的改變**將會對我們的長期經驗產生最大的影響。

二〇〇九年一月，我針對這個主題寫了一篇備忘錄，標題是〈長期觀點〉，我要在這裡大幅引用其中的內容。

首先，我會描述正確市場過去幾十年經歷的一些「頗具參考價值的長期趨勢」。我在下面列出它們，並省略備忘錄中對它們的描述。

- 總體環境
- 企業成長
- 借貸的心態
- 投資的普及

上面列舉的發展，使得過去幾十年來經濟與市場背後颳起強烈的順風，並產生長期的上漲趨勢。（參見圖4-1）

然而，儘管有著潛在的上漲趨勢，這個趨勢並沒有直線發展。經濟和市場每隔幾年就會因為週期性的短期波動中斷成長。圍繞著趨勢線的週期經常上下起伏，大多數的週期相對而言都小而短暫。但是到了一九七〇年代，經濟開始停滯，通貨膨脹率達到一六％，兩年內，股市的市值少了幾乎一半，而且《商業週刊》（*Business Week*）製作一個封面故事，宣告〈股票之死〉（The Death of Equities）（一九七九年八月十三日）。我在市場的四十多年並不是都過著幸福快樂的日子。（參見圖4-2）

我們偶爾會看到景氣變得更好與更糟、成長放緩與繁榮、經濟衰退與復甦。市場也一樣，有上漲和下跌。這些波動可以歸咎於正常的經濟週期和外生變數的發展（例如一九七三年的石油禁運，以及一九九八年的新興市場危機）。標準普爾五百指數（Standard & Poor's 500）從一九七五年到一九九九年間有幾年下跌，但是沒有一年下跌超過七・五％；然而在這二十五年中，有十六年的報酬率超過一五％，而且有七次年報酬超過三〇％。

儘管股市會上下起伏，但投資人整體上有獲利，投資變成全國性的嗜好，而且美國首富華倫・巴菲特就藉著買進股票和整間公司獲利。一種極度普遍的上漲行情正在進行，並在二〇〇七年達到頂峰……

圖 4-1

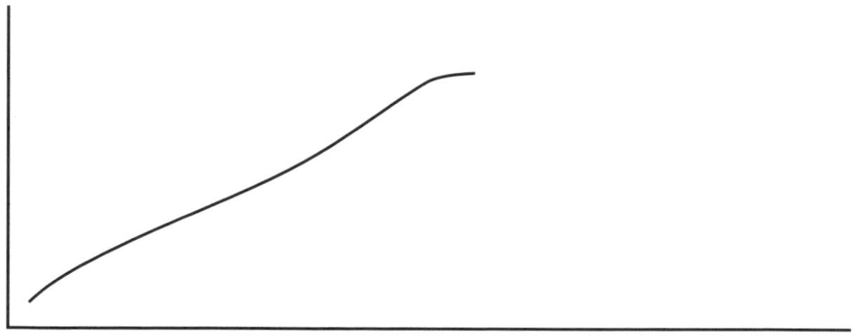

圖 4-2

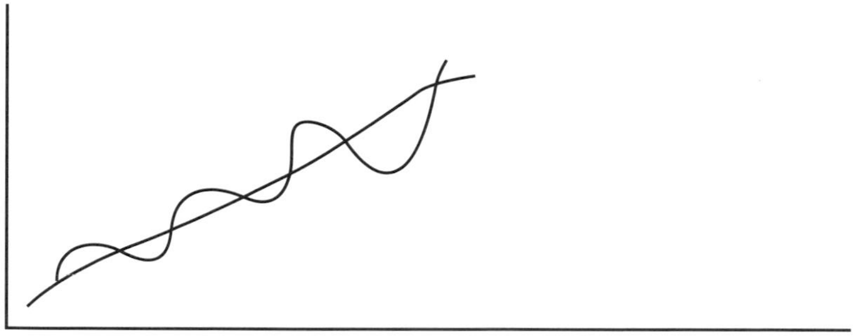

圖 4-3

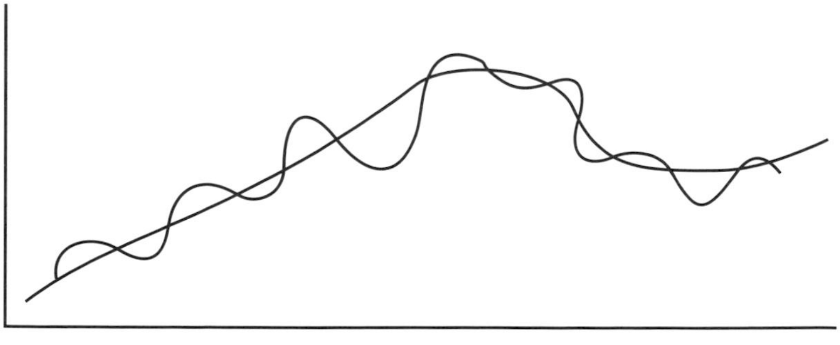

直到二〇〇七年中，我三十九年擔任基金經理人的經驗還是局限在長期故事的一部分，或許看起來潛在長期上漲的趨勢，應該被視為一個包含上升與下跌的長期週期中的上升部分。只有當你退後一步……才能衡量完整的規模。（參見圖4-3）

我想在這裡討論的主要內容是我意識到，在長期趨勢裡有著週期，而且不只是圍繞其中的短期週期，我們其實一直生活在一個較大週期裡的上升階段。

在繼續討論大多數投資人關心的短期經濟週期之前，我會花多一點時間在長期週期上，討論形塑這個週期的因素與目前對這個週期的展望。之後我會轉而討論短期的經濟週期。

我在上面提到，工作時數是決定每年經濟產出的一項主要因素。反過來說，工作時數增加最根本的因素是人口成長。人口成長意味著每年有更多的人在製造與銷售產品（而且有更多人買進和消費產品，鼓勵生產）。生產更多，等於有更多的GDP。如果人口成長，工作時數往往會增加，因此GDP也會增加。所以出生率通常被假定是會使經濟成長往正向發展的主要原因之一。另一方面，如果人口減少，經濟成長就會面臨明顯的阻力。

人口成長每年不會有太大的改變，短期達到生育年齡的人數變化不大，而且他們生孩子的傾向改變也不大。然而這些事情卻會在數十年或更久之後改變，因此它們會導致長期的人口改變。

什麼事情會改變一個國家的出生率（每對夫婦平均擁有的小孩數量）？

- 像中國長期存在、但近期修訂的一胎化政策，

- 戰爭（像第二次世界大戰使出生率降低，但是結束時引發嬰兒潮），
- 經濟條件，除了上面的原因之外，會改變人們覺得能否承擔養育子女的感受，以及
- 社會風氣，像是最近年輕的美國人將成家時間延後。

出生率的改變通常會花很長一段時間才發生，而且當出現這種情況時，需要幾年的時間才會影響經濟成長。拿中國的一胎化政策為例，你也許會說這個政策的轉變很突然，在二〇一五年的某一天一胎化政策仍有效，隔天就宣布廢除。從某個程度來看確實如此。不過已經擁有一個小孩的人，也許在新的一天會忙著生另一個小孩，但大概要二十年才能讓第二個小孩變成一名工人，而且能對中國經濟產出做出貢獻。因此重點是，GDP每年的變化，不太可能明顯歸咎於出生率的變化。

GDP公式的另一個要素是每個小時勞工創造的產出價值，這是由「生產力」決定。生產力的變化會從根本上決定長期經濟成長率的變化。無論人口成長率是多少，如果生產力增加，經濟成長率就會增加，如果生產力減少，經濟成長率就會轉負；而看第二個衍生的指標，如果生產力增加速度提高，經濟成長會加速，如果生產力增加速度下降，經濟成長會減速。這些都只是數學推導而已。

就像出生率的改變一樣，生產力的改變會適度而漸進的發生，而且需要很長的時間才會產生影響。它們主要來自生產流程的進步。第一次大幅進展出現在大約一七六〇至一八三〇年工業革命期間，當時人力被以蒸汽和水力驅動的機器取代，而且大型工廠取代工作效率較差的小作坊和家庭；第二次主要的進展發生在十九世紀末和二十世紀初，當時電力與汽車取代老舊、沒效率的動力與運輸方式；第三次主要的進展發生在二十世紀後半期，當時電腦和其他形式的自動化控制系統開始取代操作生產機器的人

類。當然，在資訊時代的現在正出現第四次浪潮，在資訊取得、儲存和應用的大幅進展下，使得過去沒想過能夠完成的工作得以完成。

要記住，幾十年來的每個改變都是逐漸發生，每個都使GDP產生很大的影響，但即使這樣，每年的經濟成長也沒有出現大幅的加速或減速。生產力成長率多年來往往會保持相對穩定，當然，經濟衰退和復甦的短期週期一般不會歸咎於它的變化。

顯然，結合工作時數的趨勢和每小時的產出，會決定國家產出的長期趨勢，但是什麼因素導致這兩個要素改變？這裡列出部分參考因素：

- **人口移動：**我在這裡要討論的例子是數百萬中國人從農村遷移到城市生活。藉著可用的勞工增加，這樣的遷移刺激中國崛起，成為低成本製造業的重鎮，而且有助於相關的中國消費階層擴大；另一個例子是從拉丁美洲遷移到美國的移民。就像其他已開發國家一樣，美國的出生率正在下降，但是來自南方邊界的人持續移入，其中有些是非法移民，這取代出生率的下降，擴大美國的生產人力供給和消費率。
- **投入的決定因素：**工作時數可能與工作人數不同，當然也可能與有興趣工作的人數不同。
  - 「勞動參與」（Workforce participation）反映達到工作年齡的就業或尋找工作者的數量占總人口的比例。
  - 失業率（沒有工作的勞動力占勞動人口的比例）會隨著消費者和企業支出的改變上升或下降

（而且會因此導致商品的需求與製造商品所需的勞工人數改變）。

▪ 每個有工作的人，工作時數也會隨著經濟條件改變：在商品需求低的時候，企業會縮短每週工時，在需求高的時候會要求加班（直到需求足以需要多雇用勞工，或做出另一種轉變）。

• **渴望的目標**：獲利動機與期望有更好的生活是推動工人（進而推動社會）努力工作並生產更多產品的動力。把這些事情看作普遍現象很吸引人，但事實並非如此。舉例來說，在蘇聯的經濟體制中，獲利動機完全被排除在外，而其他經濟體也會限制做更多工作的意願（就我來看，我看到在美國的歐洲銀行勞工打卡下班並不是要證明有工作到下午五點，而是因為他們必須在五點離開，才不會超過一週三十五個小時的工作時數）。

• **教育**：美國國民教育的惡化很可能會對勞工促成未來經濟發展的能力，以及勞工創造可觀收入來消費的能力產生負面影響。這些負面趨勢很可能抵銷移民流入所帶來的正向效果。

• **技術**：創新會產生新事業，但會使舊事業倒閉。它既創造就業機會，也消除就業機會。簡而言之，它提供一個本質上是達爾文式經濟演變的超級範例：創造贏家和輸家。新科技會超越人類努力與舊科技，但是它們沒有任何「安全」可言，因為它們也可能被取代，或是用今天的說法，它們可能被破壞。科技成為一種模式的典型，會上下起伏、生死攸關……還會重生。

• **自動化**：用機器取代人力的能力是特別有趣的因素。一方面，自動化可以被看作是經濟週期的附加因素，因為它會增加生產力，或是說增加每小時勞動的總產出。舉例來說，農業機械化使得為數少很多的農民可以用比過去低很多的成本來製造更多食物。我們看到三十年前需要一百人工作的工廠，今天只要少數幾個工人就能運作。因此，自動化對GDP的淨效應也許有些模糊，或是正面的，但是它有能力消滅工作機會，因此自動化可能會減少就業，減少所得，進而減少消費。

- **全球化：**各國融入世界經濟也許會增加世界經濟的總產出，部分是因為從專業化受惠，或是如果未能受惠，也會擺脫零和（或負和）賽局。但很顯然的是，全球化會對個別國家的經濟產生不同的影響（而且對各國創造贏家和輸家）。上面描述的中國工廠工人大幅增加，在過去三十年使得中國成為世界其他國家的主要出口國，肯定使得中國經濟加速成長。然而，相同的趨勢導致已開發國家從中國買進很多原本可能可以自己製造的商品，因此使自己的GDP減少。二〇〇〇年以來，估計有數百萬美國的製造業就業機會流向中國，肯定使美國經濟成長低於原本應有的數字，雖然有人可能會考量從中國進口的低價商品帶來的好處，以估計對美國經濟的總體影響。

長期趨勢正在放緩？

美國很幸運在第二次世界大戰結束後還保有完好的基礎建設，而且在戰後嬰兒潮中受益匪淺，創造大幅快速的經濟成長。美國產品往往是世界上最好的產品，而且美國企業經營非常成功。在尚未全球化的世界裡，美國勞工還是能夠保持最好的收入，在其他製造廉價產品的國家競爭下，不受任何損害。管理技術的進步和生產力的快速增加，進一步帶來貢獻。因此美國的長期經濟成長快速，促使消費需求增加，而且創造一個良性循環，使許多人受益……但這不會繼續保持不變。

最近，美國（與其他國家）的經濟成長似乎已經放緩，這是相對於潛在長期趨勢的短期週期改變，還是長期趨勢本身的改變呢？我們要花很多年才能確切知道。但是這產生一個學派，認為原因是「長期停滯」，也就是長期趨勢根本性的放緩。

就像其他國家一樣，美國的人口成長和生產力增加已經減緩。合起來看，這兩起事件顯示，未來幾年，美國的經濟成長會比第二次世界大戰後低很多。這是假定近期生產力的大幅進步無法複製到未來。此外，因為可以取得其他國家更便宜的勞動力，使得美國不可能利用價格競爭，生產所需的製成品，這對低技術、低教育程度的美國人就業、所得不均，以及相對於其他國家人民的生活水準來說，明顯都有負面影響。當然，這些議題在二〇一六年美國總統大選中發揮明顯的作用。

人口成長和生產力成長的改變可能需要幾十年才會產生影響，但它們顯然會影響各國的經濟成長率。在二十世紀時，美國超越歐洲，成為經濟強國；然後日本在一九七〇年代和一九八〇年代急起直追，揚言世界第一，直到一九八〇年代末退回到極低的經濟成長率；新興市場，尤其是中國，在過去幾十年是經濟成長最快的地方，雖然目前的成長速度較慢，但是在未來幾十年仍有可能超越已開發國家；如果印度可以提高效率、減少腐敗的情況，那麼印度就有人力資源可以成為一個快速成長的經濟體；而像奈及利亞與孟加拉等邊境國家（frontier nations）*則是繼新興市場之後快速成長。

各個社會有起有落，而且它們的經濟成長加速與放緩都彼此相關。這種成長的潛在趨勢顯然依循一個長期的週期，然而圍繞在其中的短期起落更能辨別出來，因此也更容易討論。

* 邊境國家是指不是已開發國家市場，也不是新興市場的國家，通常這些國家的經濟體較小，風險較大，有較多的管制，法治也不夠透明。

短期經濟週期

正如前面所言，經濟預測者與使用經濟預測結果的消費者，通常都會專注在接下來一到兩年的經濟成長率，換句話說，他們擔心的是，在短期經濟週期的上升擺動階段與持續期間所呈現出的經濟成長，以及是否會在下降擺動階段出現連續兩季的經濟負成長，因此可以稱為衰退。就像前面幾頁的說明，這些事情代表的是圍繞著長期成長趨勢的短期波動。由於產生長期趨勢改變的因素很少會在每季或每年出現改變，那為什麼短期改變應該要高度關注？事實上，為什麼這些事情還會發生？為什麼每年的成長率不是平均的數字就好，像是二%？

這些問題提供一個很好的機會來介紹本書的主角：心理學、情緒和決策過程。出生率和生產力往往被視為是獨立、而且幾乎是機械化的變數。出生人數是由生育決定的，產生的原因與發生的機率通常會隨著時間而穩定發展。同樣的，生產力水準的改變，也就是單位勞動產出，主要取決於技術進步與傳播。換句話說，雖然經濟是由人組成，經濟成長率卻不被認為是高度反映這些人的心態波動起伏。

但事實上卻是如此。雖然長期趨勢確定潛在經濟成長率，但每年GDP的實際水準卻會相對這個趨勢的影響而改變……很大的程度是因為牽涉到人。

出生率可能會決定工作時數的長期趨勢，但是其他因素可能在短期開始改變。工作意願並不固定，有時候現實狀況會阻礙人們去尋找工作，就像前面強調的，有時候世界大事也會改變消費水準。

最明顯的例子是世界大事有能力創造恐懼，阻礙經濟活動。隨著二〇〇八年九月雷曼兄弟（Lehman Brothers）的破產，刺激房貸危機與金融機構倒閉達到頂峰，使得消費者的購買力、投資人提供資金，以及企業建造廠房與增聘勞工都受到阻礙。這些緊縮行為甚至發生在沒有失業的人上面，導致房子被法拍、投資組合市值下降。這些發展迅速影響整體經濟，結果出現二〇〇七年十二月至二〇〇九年六月的嚴重衰退。

如果工作的勞工數量和他們賺取的薪資都相對穩定，我們可以預期他們的消費支出也會接近不變，但情況並非如此，因為有個稱為「邊際消費傾向」（the marginal propensity to consume）的東西會改變，這是指多賺一元時，會把多少比例的錢用在消費上，而這會使消費波動來得比就業與收入波動更大。因為這個傾向在短期是變動的，所以消費可以不在收入的影響下獨立變化。

受薪階級也許會選擇把高比例的薪水花在消費上，因為：

- 每天的頭條都是利多消息；
- 他們相信選舉的結果預計會有更強的經濟成長、更高的收入或更低的稅負；
- 消費者信貸已經變得更容易取得；
- 資產增值使他們感覺更有錢；或是
- 他們支持的球隊贏得世界棒球大賽。

第四個因素是所謂的「財富效果」（wealth effect），特別值得注意。資產的所有人（1）不太可能藉著賣出自己的股票或房屋來支應消費，而且（2）應該看得出資產價格增加的結果是短暫的，因此沒有一個好理由會改變消費模式。但資產增值往往會使他們產生更多消費。這種現象顯示，消費者行為會促使短期經濟出現變化。

因此，特別重要的是去注意經濟預期能被自我實現的程度，如果人們（和公司）相信未來會很好，他們會消費更多，投資更多……而且未來也會更好，反之亦然。我相信大多數公司的結論是，二〇〇八年的金融危機會像最近幾次衰退所呈現的規則，後面並不會跟著出現V型反轉的復甦。因此他們拒絕擴廠或增加勞動力，而且造成美國緩慢漸進的復甦（其他國家的復甦更是無力）。

短期變化的另一個原因與存貨有關。企業可能高估產品在特定時期的需求，因此增加的產量，導致產品數量超過能夠銷售的數量。或是它們也許會保持生產不變，但會遇到驚人的需求疲軟。不論是哪個情況，生產數量都比銷售數量多，超過的部分則會讓存貨增加，這反過來可能會導致接下來出現一段下調產量的時期，直到存貨恢復到期望的水準。就這樣，存貨的增加與減少往往會導致短期經濟產出的起伏。

這只是導致一個經濟體在某一季或某一年的潛在產出成長率改變的幾個要素，出生率和生產力增加也可能帶來影響。它們都不是「機械」或依靠自然的因素所產生的結果。它們有很多源自人類行為，因此是不確定與不可預測的。

經濟預測有效嗎？

這使我想要多說一些經濟預測的事。很多投資人依據自己或從經濟學家、銀行、媒體的預測來決定自己的行動，而且我懷疑多數這種預測所含有的訊息有可能增加價值，使投資成功（參閱《投資最重要的事》第十四章，對於「我們不知道什麼事」有更廣泛的討論）。

下面是我認為考量這個問題的基礎：

- 在投資上，很容易得到一般投資人或與市場基準相同的績效。
- 由於很容易取得平均水準的績效，所以真正的投資成功必須要比其他投資人有更好的績效，而且超過平均水準。投資成功很大部分是相對的概念，根據相對表現來衡量。
- 如果每個人都擁有相同的觀點，則每個人的看法都是正確的，那麼對即將到來的事做正確的行動，並不足以確保相對優異的報酬。因此，成功並不是基於做正確的事，而是比其他人做更正確的事。
- 同樣的，為了投資成功，人們不見得是正確的，所以只要比別人少錯就好。
- 投資成功並不是來自**正確**的預測，而是來自**更好**的預測，能夠得到這種預測嗎？

大多數經濟預測都用目前的水準和長期趨勢向外推估，而且因為經濟通常不會偏離這些水準與趨勢太多，所以大部分使用外推法產生的預測結果都是正確的。但是這些外推法的預測很有可能大家都知道了，因此已經反映在資產的市價上，所以，即使這些預測後來都應驗了，也不是產生優異績效的來源。

這就是諾貝爾經濟學獎得主米爾頓・傅利曼（Milton Friedman）的說法：

> 這些人全都看著相同的數據，讀著相同的資料，並花時間試著去互相猜測彼此會說些什麼。（他

們的預測」總是有部分正確，卻幾乎沒有什麼用處。

那些可以正確預見到偏離長期趨勢與近期水準的預測才有潛在價值。如果一個預測者做出一個與其他人不同、沒有使用外推法的預測，然後正確無誤，結果很可能會讓其他市場參與者感到驚訝，當他們爭先恐後地調整自己的持股去反映現況時，很可能只有少數正確預見到事情的人受益。這裡只有一個問題：因為大幅偏離趨勢（1）很少出現，而且（2）很難準確預測，所以大多數非傳統、非外推法的預測結果都是不正確的，而且任何根據他們的預測來投資的人，績效通常會低於平均值。

所以，對於經濟預測，我看到一些可能性：

- 大多數的經濟預測都只使用外推法。外推法的預測通常是正確的，但卻沒有價值。
- 如果非傳統的預測方法做出明顯偏離趨勢的結論是正確的，那就會很有價值，但通常它們都是錯的。因此大部分做出趨勢已經偏離的預測都是錯的，故而沒有價值。
- 有些預測到明顯偏離趨勢的結論，被證明是正確的，而且很有價值，使得這些預測者因為他們的聰明才智被人崇拜，但是很難事先知道哪幾個預測是正確的。因為他們的整體預測命中率很低，所以非傳統的預測整體來看不可能有價值。有些預測者因為引人注目、正確的單一喊話而變得有名，但是他們的預測大都不值得關注。

合在一起來看，這三個對經濟預測的結論實在讓人提不起勁，難怪高伯瑞會說：「預言家有兩種：

一種是無知的人，另一種是不知道自己無知的人。」

長期經濟週期的長期變化很難預測，而且預測這種變化的正確性也很難評估。短期的經濟週期起伏也一樣，任何人都無法一直比其他人預測得更好。按照經濟預測來行動是很吸引人的事，尤其是理論上如果預測正確，帶來的報酬可能會很高，但是要一直做到正確，難度不容小覷。

經濟週期的五項重點

下面是我認為經濟週期的重點：

- 一個經濟體的整體產出是工作時數乘上每小時的產出，因此，一個經濟體的長期成長率，主要是由出生率和生產力成長率等基本要素來決定（但也受到其他社會和環境要素影響）。這些要素每年的變化通常相對較小，而且每十年也只有緩慢的改變，因此平均成長率在很長一段時間相對穩定。只有在最長的時間架構下，長期經濟成長率才會明顯增加或減少，但它確實會這樣。
- 因為潛在的長期成長相對穩定，有人可能會預期經濟表現每年都保持一致。然而，有些因素取決於變異性，這導致經濟成長也會每年出現變化——即使經濟成長遵循著潛在的平均趨勢線。這些因素也許可以被視為是：
  - **內生變數：**一年的經濟表現可能會受到經濟單位的決策改變影響：例如消費者的消費或儲蓄、

企業的擴廠或縮減規模、增加存貨（要求增加生產），或是銷售存貨（相對於原本的產量，降低生產）。往往這些決定都受到像消費者或企業經理人等經濟決策者的心理狀態影響。

■ **外生變數**：年度表現還可能受到以下的其他因素影響：（1）嚴格說來不是人為的經濟事件，像是戰爭的發生；政府決定改變稅率或調整貿易壁壘；或是廠商的聯合行為使商品價格出現改變，或是（2）乾旱、颶風或地震等沒有人為參與所發生的自然事件。

- 長期經濟成長會長期保持穩定，但會隨著長期週期的改變而受到影響。
- 短期經濟成長會跟隨平均的長期趨勢，但是它會每年隨著長期趨勢線擺盪。
- 人們試著努力預測每年的變化，就是潛在投資獲利的來源。而且一般來說，他們大多數時候都很接近真相，但是很少人一直都是正確的；很少人能預測得比每個人好很多；而且很少有人可以正確做出趨勢大幅偏離的預測。

英國脫歐的影響

我常常會發現奇蹟，就像我正要為寫下的東西做點結論時，一個完美的例子就在真實生活中或閱讀的一些資料中跳了出來。因此，當我在二〇一六年六月二十三日完成這章的初稿時，就有報導說，英國大多數投票者選擇要脫離歐盟。

這個決定出乎大家意料：英鎊和倫敦股市直到投票當天的走勢都很強勁，而且倫敦的莊家開出的賠率都顯示脫歐公投會失敗，只能有這種預測了。

這個決定可能會對英國、歐洲，甚至對其他國家的經濟、社會和政治都有明顯的後果。消費者、投資人或商人的負面心態，可能會使近期經濟成長率放緩。所以也許會增加貿易壁壘，以及降低全球生產效率。

此外，這個事件（以及後續發生的事，像是蘇格蘭和北愛爾蘭可能脫離英國）提供一個機會來改變直接涉及其中國家的長期成長，其他國家也可能會受影響。這個事件從現在起的五十年後，可能使世界經濟主要的成長軌跡出現改變，進而改變整個週期，並導致長期週期重新調整方向。

當然，如果脫歐公投走另一條路，應該有很好的機會使得未來幾年的經濟環境有不一樣的面貌，也就是說，脫歐會造成英國長期經濟週期的一次轉向。不過我們現在還無法確定影響會多大，或是對其他經濟體會產生什麼連鎖效應。

— 第5章 —

政府干預的經濟週期

極端的經濟週期變動不太受歡迎，力量如果太強大，可能會引發通貨膨脹，而且把經濟成長推得很高，不可避免會出現一場衰退。另一方面，力量如果太疲軟，可能會導致公司的獲利下滑，而且可能會讓人失去工作。因此，中央銀行和財政部官員有一部分的工作是要管理週期。由於週期可能創造過大的起伏，因此處理這些波動的工具是反週期的，而且要能應用它們的週期，理想上這些週期要與經濟週期相反。然而就像其他涉及週期的所有事情一樣，管理它們並不容易，如果不是這樣，就不會看到我們做出的極端事件。

在今天世界大多數的地方，資本主義和自由市場已經被認可，成為構成經濟資源的分配與鼓勵經濟的產出最好的制度。有些國家嘗試過其他制度，像是社會主義和共產主義，但是在很多情況下，它們不是完全轉向，就是採行自由市場。

儘管自由市場制度被廣泛接受，但市場很少有完全的自由，政府以很多形式參與其中，從制定法律、執行法律並進行管制，或是透過像美國房貸機構等實體組織直接參與經濟活動。然而，政府干預最重要的形式，或許還是來自中央銀行和國家財政管理單位試圖控制與影響經濟週期起伏。

中央銀行

幾個世紀以來，美國聯邦準備銀行等中央銀行擁有龐大的權力與責任，儘管過去它們的主要角色也許是發行貨幣，並轉換成相應數量的黃金或白銀，然而如今中央銀行主要關注在管理經濟週期。

早期很多中央銀行負責發行貨幣，隨著時間過去，中央銀行開始承擔管理週期的責任，它們主要的關注焦點通常會在通貨膨脹上。特別是在世界經歷惡性通貨膨脹時期，物價每年都成長好幾倍之後，像是第一次世界大戰後德國的威瑪共和國（Weimar Republic）見到的情況。因此，中央銀行轉而管理通貨膨脹，目標不是要消滅通貨膨脹，而是因為通貨膨脹（1）有各種對經濟有益的部分，而且（2）基本上不可避免，所以接受它的產生，但是需要控制。

產生通貨膨脹的原因有些神祕，而且就像這裡描述的許多過程一樣非常不可靠與零散。有時某組特定的情況會產生通貨膨脹，而在其他時間，相同的情況也許會產生更高或更低的通貨膨脹，或是根本不會產生。但是一般來說，通貨膨脹被視為是經濟週期強勁上漲所導致的結果。

- 當商品需求量相對供給量增加時，可能會出現「需求拉動型」通貨膨脹。
- 當勞動力和原物料等生產投入的價格上漲時，可能會出現「成本推動型」通貨膨脹。

• 最後，當進口國的貨幣相較於出口國的貨幣貶值時，進口國的出口商產品成本可能會上漲。商品的成本可能會因為上面任何一種原因逐步上漲，這就是通貨膨脹。但是就像我在上面說的，有時這些事件的發生，並不會伴隨通貨膨脹的加速上漲，而且，有時通貨膨脹會在沒有這些事件發生的情況下增加；這一切的影響，有一大部分是來自心理因素。

由於通貨膨脹是經濟力量所導致的結果，所以中央銀行控制通貨膨脹的努力，就等於試圖從經濟的動力中抽出一點蒸氣。它們可以做的事情包括減少貨幣供給、升息，以及出售公債。當私部門從中央銀行購買公債時，流通的貨幣就會被收回，這往往會減少商品的需求，因此阻止通貨膨脹。致力於控制通貨膨脹的中央銀行家被稱為「鷹派」，他們往往會用更快、動作更大的方式來操作。

當然，有個問題是，這是反刺激經濟的行動，它們可以完成控制通膨的目標，但也會抑制經濟成長，效果可能沒那麼有用。

這個議題很複雜，事實上，在過去幾十年中，很多中央銀行被賦予第二個責任，除了控制通貨膨脹之外，還被預期要促進就業市場，當然，在經濟表現更強勁時，就業情況會更好。所以中央銀行透過刺激經濟的行動，像是增加貨幣供給、降息，以及藉著買進公債將流動性注入到經濟體，促進就業市場發展。如同最近的「量化寬鬆」計畫一樣。關注就業是否強勁，以及傾向採用這些行動的中央銀行家被稱為「鴿派」。

重點是，大多數中央銀行家有兩項工作：限制通貨膨脹，這需要抑制經濟成長；以及促進就業市場，這需要刺激經濟成長。換句話說，他們擁有的雙重責任相互矛盾，因此他們的工作需要一種微妙的平衡。

我們已經討論過經濟的週期性，有時候會強勁成長，有時候會成長微弱（甚至出現衰退）。一個經濟的上升週期往往會鼓勵就業，但是會導致通貨膨脹加速。另一方面，停滯性通膨或通貨緊縮會阻止通貨膨脹，但可能會減少就業。所以中央銀行家的工作是適當的推出反週期的作為：也就是說，限制週期的起伏範圍、在經濟繁榮時期減緩經濟活動，藉此控制通貨膨脹，而且在經濟發展遲緩時刺激經濟，促進就業市場。

但就像投資人看待週期有局限，而且充滿不確定性，中央銀行家也是如此。他的兩個任務，刺激經濟與抑制經濟，顯然不能一次同時完成。這時要刺激經濟，還是抑制經濟？不論選擇哪一個，力道要多大？如果利率很低（就像全球金融危機以來一直見到為了刺激經濟的措施），但經濟成長微弱（也像一直以來的情況），可以在不阻礙經濟溫和發展的情況下升息，來預先防止通貨膨脹增加嗎？如果對投資人來說，週期的了解與預測有很大的挑戰性，那麼對中央銀行家來說，要管理週期並不容易。

政府

政府比中央銀行有更多責任，其中只有一小部分與經濟事務有關。就像中央銀行一樣，它們也要在適當的時候負責刺激經濟，儘管並不直接控制通貨膨脹。其中負責經濟事務的財政單位也關注週期的調整：不要太快，也不要太慢。

政府主要是用財政工具來管理經濟週期，這與稅收和支出有關。因此當政府想要刺激本國經濟時，它們可以減稅、增加政府支出，甚至發放消費券，使得更多的錢可以用在消費和投資。另一方面，當它們認為經濟成長太快，有過熱的風險時，為了做好經濟減緩的準備，政府可以增稅或削減支出，減少經濟的需求，因而減緩經濟活動。

這一節最後要討論的重點與政府赤字有關。很久以前，大多數的政府都會在財政平衡下運作。簡而言之，它們花掉的錢，不能比徵稅（或戰利品）得來的錢還多。但是接下來出現國債的概念，而且一個國家產生債務的能力，導引出財政赤字的可能性：也就是說，政府的花費可以比收到的錢還多。

我隱約還記得年輕的時候，對於國家擁有國債的正當性有過很激烈的辯論，但現在我們不再聽到有太多抵制這件事的言論，大家普遍認為國家可以欠錢，雖然偶爾會冒出一些問題，像是有多少債務才算適當？但這個問題的答案通常是「不要比我們現在擁有的多就好」。

約翰・梅納德・凱因斯（John Maynard Keynes）在一九三〇年代提出的經濟理論，主要著重於政府在週期裡的相對角色。凱因斯經濟學專注於總需求在決定GDP水準上的作用，這與之前強調商品供給的作用相反。凱因斯說，政府應該藉由影響需求來管理經濟週期，反過來說，這可以透過財政工具的使用來完成，包括使用赤字。

凱因斯鼓勵政府藉由赤字政策來刺激需求，藉此幫助疲軟的經濟，當政府開銷（支出）超過所得（主要來自稅收），就會釋放資金到經濟體，這會鼓勵商品購買與投資。財政赤字是刺激性的措施，故而凱因斯認為這有助於應對疲軟的經濟情況。

另一方面，當經濟表現強勁時，凱因斯說政府應該要產生盈餘，支出要少於收入，這會從經濟體把資金移出來，阻止消費和投資。財政盈餘是緊縮性的政策，而且會適當的回應經濟繁榮。然而，近來幾乎看不到使用財政盈餘來冷卻繁榮經濟體的做法。當場子正熱的時候，沒有人想要被潑冷水。而且比起執行慷慨的支出計畫，支出少於收入的政策吸引的選票比較少，因此，就像馬車鞭子一樣，財政盈餘變得愈來愈罕見了

經濟週期很難管理

極端的經濟週期變動不太受歡迎，力量如果太強大，可能會引發通貨膨脹，而且把經濟成長推得很高，不可避免會出現一場衰退。另一方面，力量如果太疲軟，可能會導致公司的獲利下滑，而且可能會讓人失去工作。

因此，中央銀行和財政部官員有一部分的工作是要透過上面描述的技術去管理週期。由於週期可能創造過大的起伏，因此處理這些波動的工具是反週期的，而且要能應用它們的週期，理想上這些週期要與經濟週期相反。

然而就像其他涉及週期的所有事情一樣，管理它們並不容易，如果不是這樣，就不會看到我們做出的極端事件。

—第6章—

獲利循環

決定公司獲利的過程是複雜而多變的。經濟週期對某些公司的銷售有很深遠的影響，但是對另一些公司的影響則比較小。有些公司的銷售變化對獲利的影響比其他公司大得多，主要是因為經營槓桿與財務槓桿的差異。

就像前面提到的，目前美國正常的經濟成長率似乎約在二％至三％，不景氣的年份，經濟成長率可能在一％左右，或是在景氣繁榮時期（或從經濟成長減緩中復甦的期間）成長率會達到四％或五％。在艱困時期，年成長率甚至會成為負二％，而且如果連續兩季都是負成長，就會被稱為景氣衰退。所以雖然經濟有波動，但還是溫和的：美國的經濟成長率幾乎總是落在五％到負二％之間，甚至每十年最多也只會出現一次極端情況。

這是否意味著公司獲利每年也是穩定的？絕對不是這樣。在景氣好時，獲利可以增加超過五％，而在景氣差時，獲利會下降超過二％。它們也遵循一個週期，那是一個受經濟週期影響的週期，但是這個週期的起伏比整個經濟週期的起伏更大，所以獲利比ＧＤＰ的波動更劇烈。問題是為什麼？什麼因素導致獲利循環與經濟週期的表現不同？

首先，經濟的起伏在決定企業獲利上升或下降上絕對非常重要，更多的ＧＤＰ意味著更多的消費，因此對商品的需求更強勁，沒有什麼比這點更重要。反過來說，這意味著銷售量更大，銷售價格更高，有更多的工作和更高的工資，進而有更多消費。這些事情結合起來，意味著企業的營收增加。

從定義來看，所有企業整體銷售金額合起來會跟ＧＤＰ一樣，而且它們反映出相同的變化率。但是這並不意味著所有的公司都會遵循相同的模式。

有些產業的銷售會對經濟週期做出反應，有些產業則不會。有些反應很大，有些很小。

- 工業原料和零組件的銷售會直接對經濟週期產生反應。當企業集體增加產出，也就是說，當ＧＤＰ增加時，會需要化學製品、金屬製品、塑膠製品、能源、電線和半導體產品，反之亦然。
- 另一方面，食品、飲料和藥品等日常生活必需品不會對經濟週期做出高度反應。不論經濟發展如何，大家一般都會消費這些產品（但是需求並沒有絕對穩定：在經濟衰退時，交易會減少，大家會買更便宜的食物，而且會在家吃飯，而不是上館子；到了經濟繁榮時期，他們才會增加交易。可悲的是，在財務上努力掙扎的人被迫在食物、藥品和房租之間做出選擇的時候，甚至可能會削減「必需品」的消費）。
- 低成本消費產品的需求（像是每天穿的衣服、每天看的報紙或數位下載）波動不會很大，而奢侈品和度假的需求波動或許也不大。

• 昂貴的「耐久財」購買會對經濟週期產生高度反應，像是個人的汽車和房屋，以及企業的卡車和廠房設備。首先，它們的耐久性質意味著它們會持續使用一段很長的時間，所以在經濟疲軟時期，會延遲去替換新產品；第二，因為它們的成本很高，所以在景氣不好時很難負擔得起；而且第三，當企業經營好時，一般都需要更多耐久財，而經營不好時，此種需求就會減少。這些情況使得耐久財的需求會對經濟週期產生高度反應。

• 日常服務的需求一般都不會波動。如果它們有必要（像是運輸工作），以及低價（像是剪髮），需求將不會對經濟改變產生高度敏感的反應。此外，這些服務有一定的使用期限，而且無法保存。因此必須持續被購買。但是需求仍然可能會根據經濟條件改變：舉例來說，剪髮可能會變成五週剪一次，而不是三週剪一次。

此外，一些產品的銷售會對經濟以外的週期產生反應。由於耐用品很昂貴，而且能夠花比較長的時間來付清費用，所以（在其他條件不變下），它們的需求會隨著信貸循環（credit cycle）的波動起伏，信貸循環是指融資容易取得的多寡。而且有些事情會受到非週期性的發展影響：舉例來說，新手機與筆記型電腦的需求會對降價、新產品的引進和技術進步產生反應。

然而在大多數的情況下，經濟成長主導銷售決定的過程，當經濟成長強勁時，銷售通常會增加，而當經濟沒有成長時，銷售通常會增加較少（或是減少）。

經營槓桿與財務槓桿

但經濟成長和獲利成長之間的連動非常不完全，這是因為經濟週期的變動並不只是影響銷售的唯一因素（就像上面提到的），而且銷售的改變並不必然會導致獲利出現相同的改變。會出現後面這個現象的主要原因是，大多數企業都具有兩種槓桿的特點，這些要素會放大獲利對銷售改變所產生的反應，「槓桿」這個詞的意義也許可以用英國的一個詞更明確說明，那就是：資產負債比（gearing）。

首先，企業受制於經營槓桿。獲利等於營收減去成本（或費用）。營收是銷售的結果，而且我們知道有很多原因會導致銷售波動，成本也是，不同類型的成本會以不同的方式波動，特別是會反映銷售的改變。

大多數企業都有一些成本是固定的，一些成本是半固定的，還有一些成本是變動的。例如以計程車公司來說：

- 它有一個總部設在一個辦公大樓裡，但乘客人數增加一點時，不需要增加更多的辦公空間，這個例子是固定成本。
- 它有一個計程車隊，目前的車隊可以應付適度成長的乘客數量，但是如果出車次數增加夠多，也許必須額外買台新的計程車，因此計程車的費用是半固定成本。
- 它的計程車是汽油車，如果業務增加，使得計程車的里程增加X%，那他們的油費可能會同樣增加X%，因此，對於一個計程車公司來說，汽油的成本是變動的。

上述的要點意味著，如果公司的乘客人數（因此帶來的營收）增加二〇%，那辦公設備的費用不會增加；計程車的費用一開始可能不會增加，但是之後也許會增加；而汽油的費用將會立即等比例的增加。因此計程車公司的總成本會隨著乘客人數的增加而增加，但是增加幅度通常會比營收少，這就導致毛利上升，意味著經營獲利的增加會比銷售增加大很多：這就是經營槓桿。一般來說，固定成本比重較大的公司，經營槓桿會比較高，而變動成本比重較大的公司，經營槓桿比較低。

當經濟狀況很好，而且銷售上升時，經營槓桿會讓公司發展得很好，但是當相反的情況發生時，就不好了：獲利會比銷售下降更多，而且如果情況變得更糟，還有可能會虧損。然而公司可以採取行動，限制銷售下降對獲利的影響，這些行動包括解雇勞工與關閉店面。但通常（1）經濟措施的影響需要時間發酵；（2）有些時候，短期的費用會增加，像是支付遣散費；（3）它們一般可以限制負面效果，卻無法消除負面效果；而且（4）它們很少達到預期的效果。

第二種影響大多數公司的槓桿形式是財務槓桿。假設一家公司的營業利益從三千美元下降到兩千美元，總共下降一千美元（或三三%）。如果公司的資本完全都是透過股權來取得，這意味著資本裡面沒有任何債務，因此不必支付任何利息，那營業利益的下降會影響公司淨利，而且會下降三三%。

但是大多數的公司資金結合了股權和債務，相對於股票投資人而言，債券持有人有較高的求償順位，被稱為「第一損失」部位（"first-loss" position），這意味著股東要經歷獲利下降，然後接受所有損失，直到股權被消滅，任何進一步的損失都屬於股東；而對債權人來說，只要公司的股票還在，結果都不會改變，他們只會收到之前承諾的利息（這就是為什麼債券和票據都被稱為「固定收益證券」，因為結果都是固定的）。

假設這家公司的資本結構包括一萬五千美元的債務（每年需要支付一千五百美元的利息），以及一萬五千美元的股權。這意味著營業利益下降一千美元，會使淨利從一千五百美元（支付利息前的營業利益三千美元，減去利息一千五百美元）降至五百美元（兩千美元減去一千五百美元）。換句話說，營業利益下降三三％（從三千美元降至兩千美元），導致公司淨利下降六七％（從一千五百美元降至五百美元）。營業利益的下降會放大對淨利的影響，證明財務槓桿的作用。

技術進步的衝擊

決定公司獲利的過程是複雜而多變的。經濟週期對某些公司的銷售有很深遠的影響，但是對另一些公司的影響則比較小。有些公司的銷售變化對獲利的影響比其他公司大得多，主要是因為經營槓桿與財務槓桿的差異。

當然，獨特的事件發展可能會對獲利產生非常明顯的影響，這可能包括對存貨、生產水準和資本投資的管理決策；技術進步（一家公司、競爭對手，甚至是在競爭產業裡公司的技術進步，後面會提到）；法規與稅收的改變；甚至是產業到商業世界的外部發展，像是天氣、戰爭和流行。經濟週期提供公司銷售與獲利的改變背景，但是偏離週期預期的潛在影響非常大，獨特的事件發展是主要原因。

我會在這裡花點時間來處理技術進步的問題（而不單獨寫一章）。「破壞」（Disrupt）是現在流行的詞，而且新技術破壞傳統產業的能力，能夠創造新的競爭，而且削減現有企業的毛利。以報紙產業為例，一九九〇年代：

- 報紙被認為是不可或缺的資訊來源。
- 大多數人每天會買一份報紙，或許在上班途中買一份，回家途中買另一份，而且花費很低。
- 即使你星期一買了報紙，你仍然會在星期二買另一份報紙；報紙沒有「保存期限」或是長期的用途。
- 報紙是電影院和二手車經銷商等在地企業接觸到顧客非常少有的幾種方法之一，而且一個城市裡的報紙通常不可能與另一個城市的在地廣告商競爭。
- 競爭主要來自其他報紙、電視和廣播。但是，一旦一份報紙在城市裡有穩固地位之後，就很難被取代。因此，報紙被視為是擁有強大「護城河」的事業。

由於這些因素的結合，報紙的地位基本上被認為是堅不可摧，所以報紙公司的股票被認為是「防禦型」股票，可以從高度穩定的營收與獲利中受惠。

但是誰會想到網路和其他形式的網路溝通工具竟在不到二十年的時間對報紙的命運產生重大影響？今天有很多公司競相將訊息直接傳達給消費者，報紙正在努力維持自己的市占率和獲利能力，當「免費」已經成為數位世界許多方面的特徵時，使得報紙的商業模式無法繼續。

報紙產業提供一個很好的例子說明，除了經濟與傳統的獲利循環之外，一個獨特的因素會影響一家公司的銷售與獲利。但是技術本身沒有週期性嗎？技術會誕生，被廣泛採用，然後被另一個新的技術所取代。幾年前的創新現在可能會更快被取代，而且被認為不會為技術破壞的產業似乎每天都在減少。

三、四十年前，世界似乎是個穩定的所在，為生活提供相對不變的背景。而且經濟發展，包括週期，都在那個不變的背景下運作。今天，主要是因為技術發展（以及社會和文化的發展），沒有什麼東西不改變。事實上，對於大多數人來說，改變顯然快到很難趕上。

第7章

投資人心態的擺盪

在景氣循環、金融週期和市場週期中，大多數的過度上漲，以及往往不可避免產生的更大的下跌反應，都是心態的擺盪所導致波動過大的結果。因此，理解過度的波動並有所警惕，是避免受到週期性的極端事件傷害、並且希望從中獲利的最低要求。

到目前為止，我們已經討論過經濟週期、政府影響經濟週期的努力，以及獲利循環。這些事情在很大程度上提供投資的背景或環境。而且它們似乎都外在於投資這個獨立的流程自行運作。但是，認為這些事情是「機械化」運作，而且完全可以掌控投資結果的人，都低估投資人的心態或情緒所扮演的角色，我往往會把心態和情緒這兩個詞交替使用（心態和情緒確實是不同的要素，但是我認為將這兩個要素對投資環境的影響區分開來並沒有意義）。

首先，就像前面提到的，情緒／心態的擺盪對經濟週期和企業的獲利循環有很強大的影響；其次，它們在產生投資界起伏上扮演重要的角色，特別是在短期的起伏上。

就像我在第一章提到的，週期和鐘擺的擺動之間本質上沒有區別。事實上，我可以把這章的標題下為〈心態的週期〉，用一致的命名方法來符合這個現象，這樣的話，我們所有人都會輕鬆一點。但為了一些不特定的原因，我第一次引進「鐘擺」的概念在情緒／心態上，那是發生在我第二次給客戶的備忘錄〈第一季績效〉（First Quarter Performance）（一九九一年四月）。而且二十六年以來，我還沒有找到一個不使用這個概念的理由，所以我會在這裡繼續提到它。

為了介紹鐘擺的概念，我要繼續借用一九九一年寫下的內容：

✉證券市場的情緒波動與鐘擺的擺盪類似，雖然擺錘的中點最能描述鐘擺的「平均」位置，但實際上鐘擺停留在那裡的時間很短。相反的，鐘擺幾乎都會朝著兩端高點來回擺盪，但是不論鐘擺多接近哪個高點，遲早都會反轉擺盪回中點。事實上，向高點擺盪正是提供鐘擺反轉的動力。

投資市場就像鐘擺一樣：

- 在興奮和沮喪間擺盪，
- 在慶祝事情會樂觀發展與煩惱事情會悲觀發展間擺盪，以及
- 在價格過高和價格過低間擺盪。

這種擺盪是投資界最可靠的特徵之一，而且投資人的心態似乎都花太多時間在兩端高點上，而不是花在「快樂的中點」上。

我要回到〈一切都很好〉（It's All Good）（二〇〇七年七月）談到的主題。在繼續進行新的觀察前，我要列出我看到鐘擺擺盪的六種額外要素：

- 在貪婪與恐懼間擺盪，
- 在樂觀與悲觀間擺盪，
- 在承擔風險與規避風險間擺盪，
- 在輕信與多疑間擺盪，
- 在相信未來的價值與堅持現在的具體價值間擺盪，以及
- 在急於購買與恐慌賣出間擺盪。

我發覺特別有趣的地方是，上面列出的兩極對立程度有相關性。當市場強勢上漲一段時間之後，我們總會看到上面列出的九組要素中前面的要素，而且當市場一直在下跌時，我們會看到各組要素中後面的要素。我們很少看到前後的要素混合，因為每組要素都有因果關係：一個要素導致另一個要素產生。

後來我寫到與鐘擺相關的很多內容都與第一章寫到的週期內容直接對應，有個鐘擺往一個極端或另一個極端擺動，然後達到一個極端後無法再持續前進，接著在反轉的動力帶動下，回頭往中點擺盪。可以這麼說，鐘擺也傾向回歸平均值或中點，但是就像大多數週期一樣，它通常會超過中點，而且繼續從

原來的地方朝相反的極端前進。

恐懼與貪婪

為什麼鐘擺很重要？其實我在這本書裡提到的週期強烈起伏，主要是因為心態的過度反應所造成與展現。

- 經濟產出和企業獲利的趨勢線成長率適中，而且當參與者順著週期做出決策，導致成長異常快速時（與從經濟衰退中復甦不同），這通常代表會從過於樂觀的擴張中退卻。
- 同樣地，合理來說，長期來看，股票整體提供的報酬應該符合它們發出的股利加上企業獲利的成長趨勢，或是說在五到一〇%之間。當它們有一段時間的報酬高出很多時，這樣的報酬顯然已經太高，這是在向未來借錢，因此使得股票面臨風險，這意味著現在是向下修正的適當時機。

在景氣循環、金融週期和市場週期中，大多數的過度上漲，以及往往不可避免產生更大的下跌反應，都是心態的擺盪所導致波動過大的結果。因此，理解過度的波動並有所警惕，是避免受到週期性的極端事件傷害、並且希望從中獲利的最低要求。

設定成長和增值的標準，在某種意義上是「正確」與「健康」的。如果參與者圍繞這些標準來發展自己的作為，而不是突然有更高不切實際的期望，以致鑄下最終獲利變少的結果，那麼世界會成為一個更為穩定、更少動亂，而且錯誤更少的地方。可惜這不是事物的本質。

我在〈快樂的中點〉（The Happy Medium）（二〇〇四年七月，但這裡的數據已經更新到二〇一六年）中提到這些標準的不合時宜：

✉ 綜合起來，態度和行為的波動結合，使股市最終成為一個鐘擺。從一九七〇年開始，在我從事投資事業的整整四十七年中，標準普爾五百指數的年報酬率在三七％至負三七％擺盪。報酬好與報酬不好的年份各占一半，長期報酬率通常在一〇％左右。每個人都對這種典型的績效表現感到很高興，希望會有更多相同的情況。

但請記住，一個鐘擺「一般」會擺盪到中點，但實際上它停在那裡的時間很少。金融市場的表現也是如此。這裡有個有趣的問題（以及一個很好的實例）：從一九七〇年到二〇一六年的四十七年中，標準普爾五百指數的年報酬率有幾年在平均報酬率上下二個百分點的「正常情況」？也就是說，報酬率在八％至一二％的情況有幾年？

我預期答案是「沒那麼頻繁」，但我很驚訝的發現，這種情況**只發生三次**！另一個驚人的發現是，報酬率偏離「正常情況」二十個百分點、也就是報酬率超過三〇％與低於負一〇％的時間占四分之一：四十七年中出現十三年。因此可以很有自信的說，股票市場的平均績效並不是常態。這種大幅的市場波動幾乎無法從公司、產業或經濟體的命運變換來完整解釋，這主要是由於投資人的心態擺盪影響。

最後，從極端情況反轉的時機並不會隨著時間經過而隨機分布，相反的，由於投資人的心態擺盪往往會持續一段時間，所以反轉的時機會聚集在一起。用賀伯・史坦（Herb Stein）的說法，它們在停下來之前，往往會持續下去。在最極端的十三個上漲或下跌的年份中，大多數在一年內或兩年內會出現同個方向的相似極端表現。

來舉個鐘擺的實際擺動例子如何？

有個歷史最悠久的市場諺語說：「市場在貪婪與恐懼間波動。」這有個根本原因：這是因為人們在貪婪與恐懼間波動。換句話說，有時人們會感覺樂觀，期待會有好事發生，當這種情況發生時，他們就會變得貪婪，而且執迷在賺錢上。他們的貪婪使他們競相投資，而他們的競標導致市場上漲，資產增值。

但也有時候，他們感覺情況不太好，期望轉趨悲觀。在那樣的情況下，恐懼占了上風。他們不再熱中賺錢，而是擔憂會虧錢。這使他們減少購買，消除資產價格上漲的推動力，而且可能會開始賣出資產，促使資產價格下跌。當他們進入「恐懼模式」時，他們的悲觀所帶來的負面力量會促成空頭市場。

下面是〈快樂的中點〉（二〇〇四年七月）中對在貪婪與恐懼間擺盪的部分討論：

✉ 當我還是新手分析師時，我們總是會聽到「股市是由貪婪與恐懼驅動」的說法。當市場環境平衡穩健時，樂觀主義者期望賺錢與悲觀主義者尋求避免損失之間就會發生拉鋸的現象，樂觀主義者想要買股票，即使他們必須比昨天的收盤價多付一些錢來買進，而悲觀主義者想要賣股票，即使股票正在下跌。

市場如果沒有什麼變化，那是因為這場拉鋸戰背後的情緒平分秋色，兩端的人或感受大致相同，樂觀主義者也許會占上風一段時間，但是隨著證券價格哄抬變得更高價之後，接著悲觀主義者就會開始增加，賣出證券……

但是在我的職業生涯早期沒過多久，我就了解到市場往往是由貪婪**或**恐懼所驅動。真的盤點各個時代，大多數的人都會留在繩子的其中一端，不論是貪婪或恐懼占據主導地位，他們都會使市場大幅變動。例如，當只有貪婪沒有恐懼的時候，每個人都會想要買進股票，沒有人想要賣出股票，而且很少人會思考為什麼股價不該上漲，因此他們往往非常迅速的買進，沒有明顯的政府管制。

顯然這就是一九九九年科技股發生的情況。貪婪是市場的主要特徵，那些不參與推升股市的人，看著其他人致富。「謹慎的投資人」（Prudent investors）得到的回報是感覺自己很愚笨。推動市場上漲的買家感覺什麼都不怕。「這是新的典範，」是那時的戰鬥口號，「在錯過船之前就要上船，而且順便說一句，我買進的價格不可能太高，因為市場總是有效率的。」每個人都認為有利於科技股的良性循環可能沒有盡頭。

但最終有些事情改變了。不是有個絆腳石突然出現，就是某個知名公司的財報有問題，或是一個外部因素干擾。股價也可能因為高到支撐不住，或是在沒有明顯原因下，因為市場氣氛低迷而下跌。我認識的人中，沒有人可以確切的說二〇〇〇年的科技股泡沫破滅的原因，但是不知道什麼原因，貪婪消失了，恐懼開始占上風。「在錯過前買進」被「在股價歸零前賣出」所取代。因此恐懼占據優勢，大家不再擔心會錯失良機，反倒擔心會虧錢。過度謹慎取代非理性繁榮。相較於一九九九年對未來十年不切實際的預測大受歡迎，到了二〇〇二年，因為公司醜聞受到教訓的投資人說：「我不會再相信管理階層了。」而且還說：「我要怎麼確定任何財務報表是正確的？」因此，舉例來說，幾乎沒有人想要買醜聞纏身的公司債券，使得價格低到非常便宜。從恐懼和貪婪這種週期的極端中，可以產生最大的投資獲利，二〇〇三年的不良債券就證明這點。

在投資人擺盪的心態或情緒中，「貪婪／恐懼」是投資人最明顯的心態或情緒，而且從很多方面來看，這是最值得說明的心態或情緒。其他的關鍵情緒或心態波動是什麼？大多數的運作方式都與貪婪／恐懼的鐘擺相似，這通常不是巧合。有很多參數會互有關聯。這裡說明一些例子。

在貪婪和恐懼之間的擺盪，起因是在亢奮與沮喪間的擺盪。就像前面的描述，舉例來說，正面事件（positive events）要產生貪婪可能沒那麼簡單，更確切地說，正面事件會鼓勵亢奮的情緒，這會鼓動貪婪產生（像反對負面事件、沮喪和恐懼也是如此）。亢奮和沮喪是引起接下來在貪婪與恐懼間擺盪的基本情緒。

亢奮的投資人可能會對目前的發現與未來可能產生的發展感到興奮，而這可能會使他們更強調固定獲利與期望獲利。另一方面，沮喪的投資人不太可能樂觀到要去貪婪，如果仔細想想就會知道，亢奮與恐懼有矛盾，沮喪與貪婪也有矛盾。

同樣的，投資人也在樂觀與悲觀間擺盪，正面事件通常會進一步引發正面事件與正向結果的預期……也就是樂觀的狀態。樂觀必須以貪婪為基礎；當大家的預期是負面的時候，認為大家會貪婪而去投資是不合理的。顯然，樂觀與悲觀鼓勵其他情緒產生，而且影響我們的行為。

輕信與多疑

我想簡單談談的下一個現象是投資人在輕信與多疑間擺盪的趨勢，以及專注在未來可能的獲利與堅持此時此刻的具體價值間來回的波動。

有時投資人會變得更願意全盤接受對於未來發展看法有利的報導，因此買進漲價的資產，並承擔拉高的風險，通常這會發生在世界上的一切事情看來很好，資產價值上漲的時候。但是當事情轉趨惡化，他們也會變得更有可能拒絕合理的預測，而且減少購買，主要是因為價格下跌（雖然這會使資產便宜的可能性增加）。

✉ 一些投資人花時間努力去估計今年的盈餘和之後的成長率，其他人則努力評估實質資產、智慧財產權和企業優勢的價值（並預測其他企業會為此付出的代價）。還有一些人試圖去推斷合併與併購、資產重估，以及民間與政府間的交易所隱含的價值。投資產業裡的人會使用這些方法與其他更多方法，目的是要預測未來，在上面增添價值。

讓我舉個例子，二〇〇〇至二〇〇一年，我的不良債券基金投資幾億美元在破產的電信公司上。在每個投資案中，買進的價格意味著那家公司投資在開關設備或光纖電纜等硬體設備一小部分的價值。如果以接近設備成本價轉售的錢高於我們付出的投資成本，那麼這項投資就有利可圖。第一筆銷售很順利，我們迅速獲得五〇%的報酬。但是不久之後，大家停止把這些資產顯示在標單上，由於買進第一家公司資產的買方認為他撿到便宜貨，所以在後來的例子中，可能的買方避開可能供過於求的資產。因此，我要提到一個重點。一九九九年，投資人相信電信公司對未來的樂觀預測，而且願意為其發展潛力隨意出錢，但是到了二〇〇一年，他們看到公司發展潛力大部分很空洞，不願意為此付出一分錢，因為產業生產力大幅超過目前的需求，也沒有人能夠想像在有生之年能吸收這些超額供給。投資人對未來進行評估的循環是現存最強大的一個循環。

一個與房地產相關的比喻幫助我了解這個現象：一棟閒置的建築物價值多少？一棟閒置的建築物（1）當然有重製價值（replacement value），但是它（2）沒有營收，而且（3）持有要負擔成本，包括稅金、保險費、最低維護費、利息費用和機會成本。換句話說，現金會流失。當投資人處於悲觀情緒，而且無法看到幾年後的情況，他們只能想到現金會流出，不能想像這棟建築物出租後賺取獲利的樣子。但是當心態轉趨樂觀，而且對這棟建築物的未來潛力與趣高漲時，投資人會想像有很多租屋的房客，於是投入大筆現金，以過高的價格購買。

投資人把價值視為是未來可能的發展，這樣的意願波動呈現出全有或全無的週期變化，它的擺動非常強大，一定不能低估。（〈快樂的中點〉，二〇〇四年七月）

帶投資人去看心理醫生

優秀的投資人成熟、理性、擅長分析、客觀、冷靜不帶情緒，因此他會對投資標的的基本面與投資環境進行徹底分析。他會計算每個潛在投資資產的實質價值，而且當價格相較於目前的實質價值有任何折扣，加上實質價值在未來有潛在增值的可能，就表示以目前價格買進是個很好的構想，於是就會買進。

為了做到上面提到的事情，優秀的投資人會在恐懼（風險趨避的簡寫，這是指不喜歡損失，而且重視不確定性和隨機性）和貪婪（也就是渴望、積極進取、追求物質欲望）間取得適當的平衡。所有人都會感受到情緒，但是優秀投資人會在這些衝突的要素中保持平衡。兩種相互抵銷的力量存在，會產生負責任、聰明，而且穩定的行為。

但重點是：

- 很少人會一直穩定、冷靜不帶情緒。
- 由於這個原因，很少投資人能夠找到中點的位置，在貪婪與恐懼間取得平衡，而且當更多和更少的正面發展出現時，停留在那裡。
- 相反的，大多數投資人都會在樂觀時貪婪和悲觀時恐懼之間擺盪。
- 大多數是在錯誤的時間擺盪到這些位置，在正向發展之後變得更為貪婪，導致價格推升，而在負向發展之後變得沮喪，導致價格壓低。

下面是我在〈帶投資人去看心理醫生〉（On the Couch）（二〇一六年一月）的備忘錄中提到心態擺盪的內容：

✉還有很多不客觀、不理智的怪癖經常會影響人們的行為，卡蘿・塔福里斯（Carol Tavris）二〇一五年五月十五日在《華爾街日報》（*Wall Street Journal*）上評論理查・塞勒（Richard Thaler）教授的新書《不當行為》（*Misbehaving: The Making of Behavioral Economics, 2015*）的文章中提到：

> 身為一個社會心理學家，我總是對經濟學家和他們幻想出「理性人」（rational man）的奇怪概念覺得好笑。理性？這些人住在哪裡？甚至五十年前的實驗研究就已經證明，人們會堅持錯誤的決定，不去改變；花冤枉錢；為失敗的預測辯解，卻不承認自己是錯的；而且排斥、扭曲，或一味拒絕與自己的信念不一致的資訊。

投資人之所以很難理解事件，以及事件的重要性與潛在後果，很大一部分來自於扭曲的心態，這樣的心態會促使投資人做出反應，這樣的反應又會回頭使扭曲的心態加劇。因此，投資人往往強調的只有更為積極或更為消極，而不是用客觀的方法從中求取平衡。並且當好消息被正面解讀，迫使價格上漲時，他們往往會變得更加樂觀，還急於買進……反之亦然。這些情況都顯而易見（尤其是從事後來看）。因此，同樣顯而易見的是，投資人理解與處理心態問題，就是改進投資績效的潛在方法

基本的重點是心態的擺盪，而且大多數人的行為也會跟著擺盪。貪婪和恐懼間的波動是典型心態鐘擺的擺盪。事實上，這不僅解釋大多數投資人的行為，還解釋集合投資人的整體市場行為。當事件正向發展，而且投資人心態翻多時，股市就會上漲；而當事件負向發展，而且投資人心態翻空時，股市就會

下跌。

鐘擺在弧線的中點只會停留一點時間，相反的，鐘擺通常會往一個極端或另一個極端擺盪，先從一個心態的極端中回復，然後繼續往另一個極端擺動，不論那個極端的位置太高還是太低。

優秀的投資人會抵抗心態的過度反應，因此拒絕加入這些擺盪。我認識的絕大多數非常優秀的投資人天生就冷靜不帶情緒，事實上，我相信這種冷靜的天性就是使他們成功最主要的一個原因。

這是我一直以來的觀察，而我經常被問到一個相關的問題，冷靜是否可以學習。我的回答是「有時可以，有時不行」。我認為人們可以注意潛在的情緒影響，而且試著抑制它們產生的效果。但是我也認為天生就冷靜的人會更容易做到。缺乏情緒是一種禮物（在投資上是這樣，但或許在其他領域不是，像是婚姻上）。我的重點不是說，情緒豐富的人不可能成為很好的投資人，只是需要有很強的自我意識與很大的自制力。

正面解讀與負面解讀

除了最後幾頁描述的各種情緒波動之間的相互關係之外，注意這些現象的因果關係也很重要。就像正面事件會產生亢奮的情緒，亢奮的情緒會帶來樂觀，而樂觀會鼓勵貪婪增加，這些要素結合起來，就使得投資人感受事物的方法會在光明與黑暗的面向間波動。投資人對事物的好壞看法會隨著不同的情緒與心態弧線擺盪，這種好壞的感受會反饋，創造更多亢奮、樂觀和貪婪的情緒。

下面是我在〈帶投資人去看心理醫生〉（二〇一六年一月）的說法：

✉投資人之所以無法做出適當的結論，最明顯的一項因素是，他們傾向用情感來評估世界，而非客觀以對。他們的弱點有兩種主要形式：選擇性知覺（selective perception）與扭曲的解讀。換句話說，他們有時候只會注意到正面事件並忽略負面事件，有時卻又恰恰相反。而且有時他們會用正面的角度看事情，有時則用負面的角度。但是他們的理解和解讀很少能夠取得平衡和中立。

自從二〇一五年八月在中國發生的一系列事件以來，我一再發現自己反覆想起在我的文件裡一張最久遠的漫畫，這張漫畫仍然是最好的漫畫之一（參見圖7-1）。

重點在於，投資人的心態很少會對有利和不利的發展給予相同的重視。同樣的，投資人常常會因為當下產生的情緒反應，而使事情的解讀有所偏差。大多數的發展都有有利和有害的一面，但是投資人通常只牽掛其中一面，而非兩面都考慮。而這又讓我想起另一個經典漫畫（參見圖7-2）：

一切都很明顯：投資人很少保持客觀、理性、中立和穩定的立場。首先，他們表現出高度樂觀、貪婪、承擔風險與輕易相信的態度，而且產生的行為導致資產價格上升、潛在獲利下降、風險增加。但是接著又由於某種原因，或許是達到臨界點，他們轉而悲觀、恐懼、風險趨避與多疑，而這導致資產價格下降、預期報酬上升、風險下降。值得注意的是，每一組現象往往會同時發生，而且為何會從一個現象擺盪到另一個現象，常常無法找到理由解釋。

這是其中一件瘋狂的事：在現實世界中，事情通常會在「非常好」和「不太好」之間波動。但是在投資界，投資人的感受往往會在「毫無瑕疵」到「毫無希望」間擺盪。鐘擺從一個極端急速擺盪到另一個極端，幾乎沒有時間停留在「快樂的中點」，而且很少在合理的範圍裡。先是拒絕認錯，然後是被迫接受。

圖 7-1

「有利於昨天市場的每件事，都會對今天的市場不利。」

圖 7-2

「在今日的華爾街，降低利率的消息會使股市上漲，但是接下來這些利率引起的通貨膨脹預期，會使得股市下跌；一直到低利率刺激成長遲緩的經濟成為現實，推動股市上漲；最後在害怕經濟過熱可能會重拾高利率政策的情況下，股市下跌。」

世界充滿正面事件與負面事件，而大多數的日子裡我們會各看到一些事件，而且有些事件的發生很不明確，同時具有看好與看壞的因素，這使它們可以正向或負面解讀。

舉個符合上面提到的例子，低利率是好消息，因為這會刺激商業活動，而且使未來現金流的折現值（discounted present value of future cash flows）*增加。但是低利率也是壞消息，因為這會鼓勵商業活動更為蓬勃發展，導致通貨膨脹，因此示意中央銀行應該升息，撤回經濟刺激計畫。就像上面的漫畫顯示，在一天裡，解讀可能不會在兩個極端間出現好幾次波動，但波動確實很大，而且實際上對變化很敏感。

幾年前，我的朋友喬恩．布魯克斯（Jon Brooks）提供對這種解讀偏差很好的證明。下面是當投資人對生活的事情感覺良好時的反應（通常這意味著市場正在上漲）：

- 數據強勁：經濟表現強勁↓股市大漲
- 數據疲軟：聯準會可能採取寬鬆貨幣政策↓股市大漲
- 數據符合預期：經濟波動小↓股市大漲
- 銀行賺四十億美元：有利商業發展↓股市大漲
- 銀行虧四十億美元：壞消息已經過了↓股市大漲

---

* 這是指未來取得的所有現金目前的價值，因為取得現金的時間不一致，為了能夠加總算出目前的價值，通常會假設一個折現率，折現率愈低，會使未來的現金價值愈高，因此未來現金流的折現值就會增加。

- 油價飆漲：全球經濟成長促成需求增加↓股市大漲
- 油價下跌：消費者有更多購買力↓股市大漲
- 美元重貶：對出口商有利↓股市大漲
- 美元強勁升值：對向國外買進商品的公司有利↓股市大漲
- 通貨膨脹激增：會使資產升值↓股市大漲
- 通貨膨脹下降：可以改善盈餘品質（quality of earnings）↓股市大漲

當然，相同的行為在相反的方向也適用。當人們有負面心態，而且市場已經下跌一段時間時，每件事都可能被負面解讀。強勁的經濟數據可能會被看成聯準會要藉由升息來停止刺激經濟，而且疲弱的數據意味著公司要達到盈餘預期有難度。換句話說，這跟數據或事件無關，而跟解讀有關。並且這種波動會隨心態擺動。

在鐘擺擺動到最大極限的過程，可以呈現出一種良性或惡性循環。但主要事件都是正面事件，而且心態樂觀時，負面事件的發展往往會被忽視，每件事都會被解讀成有利事件，而且事情往往會被認為不可能變糟。支持這種事態發展預期的邏輯是不可抗拒的；過去的限制和規範被忽略，或是合理化；而且任何想像美好未來有局限的人，都會被認為是缺乏想像力的老頑固。大家認為獲利的潛力無限大。因此價格上漲，促使大家更為樂觀。

但另一方面，當事情幾個月或幾年以來的發展一直很糟糕，而且心態高度負面的時候，「否極泰來」的潛力可能會被遺忘。不愉快的事件會被強調，而正面事件則會被忽略。似乎可以肯定事情只會進一步惡化，很難想像這個推測是錯的，而且現在下跌的幅度似乎沒有限制。因此價格下跌，造成大家更為悲觀。

良性循環和惡性循環都被不切實際的誇大，雖然它們過去都曾多次被憑空想像出來，但是結果從未被證實。只是這樣的事實並不能讓大多數的人在這種想法蔓延的時候做出抵制。

再說一次，能夠抵抗外部影響，依然保持情緒平衡，而且理性行事的優秀投資人，可以同時感受到正面事件和負面事件，客觀衡量事態狀況，鎮靜的做出分析。但真實情況是，有時亢奮與樂觀會導致更多投資人更為樂觀的看待事情，這樣的說法更為合理，而有時沮喪和悲觀會使他們只看到糟糕的一面，並且用負面的特徵來解釋事件。拒絕做出這樣的行為是成功投資的一項關鍵。

做個客觀的投資人

✉在多頭階段要占上風，投資環境必須有貪婪、樂觀、繁榮、信心、盲從、大膽、承擔風險和積極等特性，但是這些特性不會永遠控制市場，最終它們會屈服於恐懼、悲觀、謹慎、不確定、懷疑、小心、風險趨避與保留態度……崩盤是繁榮的產物，而且我相信，把崩盤歸因於之前過於繁榮，而不是特定事件造成市場修正，通常比較正確。（〈現在怎麼辦？〉〔Now What?〕，二〇〇八年一月）

通常，當任何一組極端情況占上風時，很容易觀察到，因此對於客觀的觀察者而言，對投資人的影響應該顯而易見。但當然，市場的鐘擺會擺動到其中一個極端的原因很簡單，大多數市場參與者的心態正集體朝同一種方向移動。

參與其中的人很少是客觀的。繼續順著我的備忘錄〈每個人都知道〉（Everyone Knows）（二〇〇七年四月）的想法思考，在市場狂熱期間預期看到的普遍臨床觀察，就跟說著「每個人都知道市場已經走得太過頭了」一樣有意義。如果每個人都承認市場已經過頭了，那他就不會在那裡。（〈一切都很好〉，二〇〇七年七月）

第8章

應對風險態度的週期

理性投資人無時無刻都要勤奮盡責、抱持懷疑態度，而且適當的風險趨避，同時要密切注意預期報酬比要彌補的風險還高的投資機會，這是理想狀況。但是在景氣好的時候，我們會聽到大多數人說：「風險？什麼風險？我看不到有哪個地方會出錯：看看事情會怎麼發展吧。而且無論如何，風險是我的朋友，如果我承擔更多風險，就有可能賺到更多錢。」然而在景氣差的時候，他們轉向更簡單的說法：「我不在乎能否在市場上多賺一分錢，我只是不想要再虧錢了。讓我出去！」

既然我們已經從抽象去考量週期，轉而討論在投資界的運作，那我要簡單的談一談投資的基本性質，為日後的討論奠定基礎。不可否認，其中一些內容只要讀過前面的章節就會覺得熟悉。

什麼是投資？有個想法認為，這是藉由承擔風險來追求獲利。投資人試圖配置投資組合，因此可以從未來的發展中獲利，而不會陷入虧損。優秀的投資人只不過是在這點上做得比其他人好。

我們知道未來會發生什麼事嗎？有些投資人認為自己知道，或是認為必須表現出自己知道的樣子，因為如果不知道，那就會失去工作和客戶，或是說，他們一直在藉由預測未來以追求獲利，所以已經被自己洗腦，相信有可能正確預測未來（而且已經變得習慣去忽略過往的低成功率）。其他投資人，也是我認為更聰明、更有自我意識的投資人，了解到未來無法確切知道，他們也許會對未來的事件有一些看法，但是不會下重注的認為自己的看法後來會被證明是正確的。

由於（1）投資包含要應對未來，但是（2）未來並不可知，這就是投資風險的來源。如果未來世界可以被預測，投資就會很容易，而且獲利就會很確定（在這種情況下，因為牽涉的風險很小，一般水準的報酬也許很低；這是之後才要討論的主題）。但事實上，事件不可預測這件事會帶來風險，因為實際發生的事件與預測的結果不同，或是眾人對事件的反應也許會與預期不同，一個為了未來發展而配置的投資組合說不定是錯的。

由於風險（也就是對於未來發展的不確定性，以及結果不好的可能性）是投資最主要的挑戰來源，所以理解風險、解讀風險與應對風險的能力是優秀投資人的標誌，也是（至少我認為是）投資成功的基本要求。

最後，就投資的基礎來說，最重要的是體認到，儘管投資環境會隨時間改變，但在任何特定的時間點都是既定的情況。我的意思是我們要接受環境的現狀來投資，或是可以拒絕現狀而保持觀望，但是我們沒有第三種選擇去說：「我不喜歡現今的環境；我要另一個不同的環境。」或是我們對另一個環境有需求，但當然這不可能實現。

我認為風險是投資的變動要素，這讓我得出結論：在任何時間點，投資人集體關注風險的方法，以及因此產生的行為，對塑造我們所處的投資環境有非常重大的影響。而且投資環境的狀態是決定我們在當時應該如何視風險做出反應的關鍵。評估在應對風險態度週期（attitudes toward risk cycle）的哪個位置是本章要討論的內容，或許是這本書最重要的內容。

風險與報酬的關係

我一生中最幸運的一次休假是在一九六七至一九六九年，我有個機會加入芝加哥商學院（Chicago's Graduate School of Business，後來改名布斯學院）。我就像那個時候的很多人一樣，直接從大學進入研究所或許是成功最有效的途徑，但越戰與隨後的徵兵制度還提供額外的誘因。

在前四年，我在華頓商學院接受金融學的基本教育，學習非理論的金融業實務與質化分析。我選擇進研究所是最幸運的事，當時芝加哥才剛開始教導金融與投資的新理論，那是一九六〇年代早期大多數在那裡發展的理論。因此我在華頓的訓練可以搭配（或是說並列）幾乎全是學術、理論與量化的金融學進一步的研究。

到達芝加哥後不久，我接觸到為新投資理論提供很多基礎的一張圖表（參見圖8-1），而這一直是我很多思考與寫作的起點。

自從五十年前第一次接觸到這個圖形以來，這個圖形在投資界已經變得無所不在，這個圖的重點就在這條線會向右上傾斜，點出風險與報酬正相關。在我看來，這通常會被誤解為「風險較高的資產會創造較高的報酬」，以及「如果你想要賺更多錢，答案是承擔更多風險」。這樣的說法不可能是正確的，如果因為風險較高的資產會創造更高的報酬，那麼根據定義，它們的風險不會比較高。

上圖呈現風險與報酬間的線性關係忽略一項事實：每個風險水準潛在的報酬結果都有一個範圍，因此它高估這個關係的可靠性，這就是有人會說較高風險的投資會創造較高的報酬的原因。相反的，我認為這個圖應該這樣解釋：「風險似乎較高的投資必須呈現出更高報酬的保證，否則沒有人會投資它們。」「似乎」與「呈現」這樣的詞才是對的，因為它們指出風險和預期報酬只能估計，而且投資界無法像一台機器一樣運作。這使得在討論投資時，使用這些詞非常恰當，實際上也更有說服力（更深入的討論可以見《投資最重要的事》第五章）。

立即「抓住」風險、風險和報酬關係等概念的人通常有股直覺，可以讓他們準備好成為優秀的投資人。我希望在促使你這樣思考之後，我對圖形背後原因的解釋能讓你立刻覺得很清楚。

假設一個合乎邏輯的投資人得到兩個預期報酬相

圖 8-1

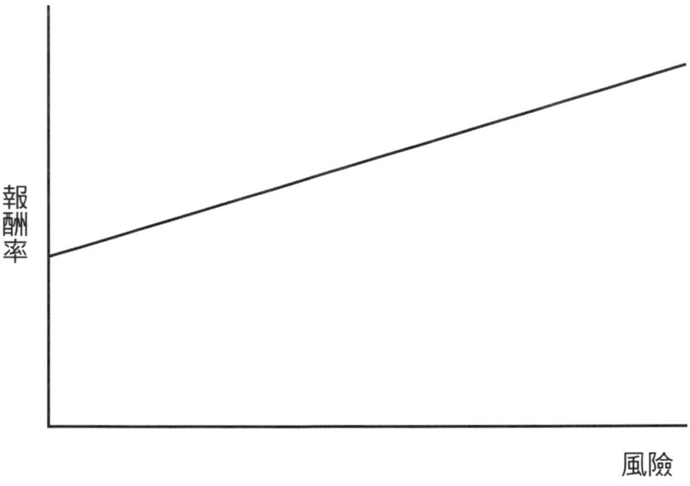

同的投資標的，但是有一項投資的報酬有實際保證，而另一項投資則高度不確定，我們會預期他會選擇前面那個投資，因為大多數人比較喜歡確定的結果，而不是不確定的結果。舉例來說，如果一個國庫券和一個高科技新創公司似乎都有可能得到七%的報酬，大多數的人會選擇國庫券。如果提供的預期報酬沒有增加，進而補償增加的風險，為什麼要選擇新創企業投資，承擔額外的風險？

沒錯，這就是重點：大多數人選擇確定的七%報酬，而不是七%的可能報酬。換句話說，大多數人都是風險趨避的人。這就是金融學裡「芝加哥學派」依賴的基本假設。

要描述什麼是風險趨避，我會說，大多數人更偏愛（prefer）安全，而且不偏愛（disprefer）風險，儘管我從沒在字典裡看到「不偏愛」（disprefer）這個詞（關於這個詞是否適當有很多不同的意見，但是我認為這個詞很好，如果還不存在，應該要加入）。

因為大家普遍不喜歡風險，而且如果風險增加，就會堅持要求報酬也增加，這就是為什麼長期國庫券比短期國庫券的收益還高；為什麼高收益債券要比投資級債券承諾更高的收益；為什麼股票通常會預期比債券有更高的報酬；以及為什麼新創企業投資預期要比公開市場股票提供更高的報酬等現象會出現的原因。請注意，我在這裡只是討論「預期」和「承諾」，或「可能發生」、「應該發生」，而不是「將要發生」或「確定會發生」。但是為了讓大多數人願意承擔增加的風險，通常必須呈現出一種預期：承擔更多風險會增加報酬。

因為不喜歡風險的天性，所以如果投資人要承擔風險，就必須透過報酬增加的可能性來誘導，這完全可以合理預期。只有當他們預期這樣做有非常豐厚的報酬，小心翼翼的人才會做冒險性的投資。其他理由都說不通。

風險趨避是投資的一項基本要素。人們對損失的厭惡，導致他們去監督市場。因為大多數人都厭惡風險，所以：

- 他們謹慎看待投資，
- 在考量投資標的，尤其是有風險的投資標的時，他們會仔細的分析，
- 他們會將保守的假設和適當的懷疑納入分析中，
- 他們會對有風險的投資標的要求更高的安全邊際（margins of safety），防止出現分析錯誤或讓人不愉快的意外，
- 如果他們承擔風險去投資，就會堅持要有合理的風險溢酬（risk premiums）——亦即增加預期報酬，而且
- 他們拒絕投資不合理的交易。

這些都是投資過程的主要部分，因為風險趨避的投資人會這樣做，所以投資成為一個提供合理見解的理性領域。總之，風險趨避是使市場安全和穩健的主要因素。

但請注意，上面提到的都是一種規範性的描述，或是說這是描述事情**應該**如何發展。這些是優秀投資人會做的事，而且所有投資人都**應該**這樣做。但重點是，並不是每個人都這樣做，而且肯定不是所有投資人一直都做相同的事。

這就是應對風險態度改變的真諦，而且他們這樣做會改變投資環境，這章的其他部分就是要討論這

些內容。

投資環境的形成

另一方面：投資環境如何形成？簡而言之，這是在市場中討論之後的結果，無論是在每個投資人的意識之中討論，還是投資人之間透過行動表達或發出訊號。下面是二〇〇四年十月〈今天的風險和報酬〉（Risk and Return Today）中描述投資環境如何建立起來：

✉我會用幾年前的「典型」市場來說明真實生活如何運作：三十天的國庫券利率是四％，所以投資人會說：「如果要我投資五年期的公債，我要五％的利率，如果要買十年期公債，我要六％的利率。」到期日愈長，投資人會要求更高的利率，因為他們擔心購買力風險，這種風險會隨著到期的時間增加。這就是為什麼殖利率曲線（yield curve）通常會隨著資產到期時間逼近，往右上方傾斜的原因，而殖利率曲線其實是資本市場線的一部分。

現在來考慮信貸風險。「如果十年期國庫券的利率是六％，我不會去買信用評等列為A級的十年公司債，除非它承諾的利率有七％。」這就引進了信貸利差（credit spreads）的概念。我們假定的投資人如果要把投資標的從「公債」（guvvie）轉為「公司債」（corporate），會多要求一百個基點*。如果投資人都有這樣的感覺，那麼一百個基點就是利差數字。

---

* 一個基點是〇・〇一％，所以一百個基點就是一％。

要是我們轉而投資非投資等級的債券呢？「我不碰高收受益債券，除非利率比相同到期日的國庫券多六百個基點。」所以如果想要吸引買家，高收益債需要比國庫券多六個百分點的利差，也就是要有一二%的利率。

現在如果不打算投資固定收益商品，情況就更困難了，因為你找不到像股票這類投資的預期收益（簡單的說，那是因為它們的報酬率是推測出來的，不是固定的）。但是投資人對這些商品有自己的判斷。「標準普爾成分股的歷史報酬率是一〇%，如果我認為它們會繼續有這樣的表現，我就會買進。」所以理論上，普通股的投資人會決定每股盈餘、盈餘成長率和配息率，而且把它們都放進一個評價模型裡，得到擁有一〇%報酬的標準普爾成分股股價（雖然我不確定這個過程實際上有沒有那麼井然有序）。「而且風險較高的股票應該有更高的報酬；我不會買那斯達克（NASDAQ）的股票，除非我認為我會得到一三%的投資報酬。」

報酬還可以繼續往上追加。「如果我能在投資股票中得到一〇%的報酬，那我要一五%的投資報酬率才會接受低流動與不確定的房地產投資，而且要二五%的投資報酬率才會去參加企業收購……三〇%的投資報酬率才會去搞創業投資，因為創業投資的成功率很低。」

這就是我認為投資流程的運作方式，事實上我認為一般都是這樣運作（雖然要求的投資條件不見得每次都相同）。結果就產生下頁圖8-2這條很多人都熟悉的資本市場線（capital market line）。

上述過程會形成風險與報酬的連續函數，或是「資本市場線」，這個過程建立了在相對風險下，一般的投資報酬水準，也就是為了承擔額外的風險所要增加的承諾報酬，或是說「風險溢酬」。在一個理性的世界中，會產生下面的結果：

- 看起來風險較高的投資標的，價格會顯示出可以提供更高的報酬。
- 風險每增加一單位所增加的報酬是合理而適當的。
- 預期報酬的增加通常會與增加的風險持續成正比（也就是說，在連續函數的某個點上，額外承擔一單位的風險所增加的報酬，與在其他點上額外承擔一單位風險所增加的報酬相似）。
- 因此，在這個連續函數上沒有哪個特別的點，承擔風險會帶來比較多或比較少的報酬（也就是說，一個投資標的承諾的風險調整後報酬〔risk-adjusted return〕，不會明顯優於其他投資標的）。

在一個理性世界裡，任何違反上述規定的行為都會導致資金流動，導致錯誤定價的資產價格推升或壓低。因此：

圖 8-2

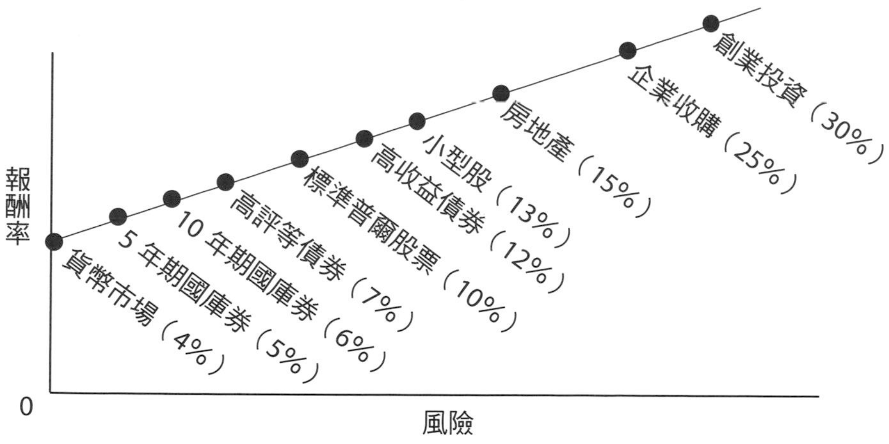

- 違反規定的行為都會被修正，
- 所有投資標的都會提供相對公平的風險調整後報酬，以及
- 投資人只有在承擔風險增加時才會增加報酬。

如果投資人總是這樣做，那麼他們的行為會導致投資界擁有「效率市場」（efficient markets）的特點，在這個世界裡，沒有一項投資標的可以提供較好的風險調整後報酬。當然市場並不總是按照它們假定的方式運作，事物的定價不會一直正確，但是效率的說法合乎邏輯到不容被忽視（市場效率是另一個重要的主題，但是我不想在這裡深入討論，請參閱《投資最重要的事》第二章，以及二〇一四年一月的備忘錄〈祝你好運〉〔Getting Lucky〕的後半部分）。

過於承擔風險的影響

要注意的關鍵是，對風險態度的波動可能會導致上述原則出現例外，有時候投資人會變得太過於風險趨避，而且有時候風險趨避的態度又會減弱，甚至變得太過於願意承擔風險。

當上一章描述的正面事件發生，而且亢奮、樂觀和貪婪的情緒升起時，投資人往往會變得比平常不那麼風險趨避，也比較不會出現應有的風險趨避意識。這會產生什麼影響（接下來是來自126頁投資人表現的運作清單）？

- 由於他們認為投資環境很好，而且對於可能出現的結果感到更加樂觀，因此在投資過程中變得更不謹慎。
- 由於他們不再考量投資風險，所以認為不需要仔細分析。
- 他們往往會做出更為大膽的假設，而且會以輕信取代懷疑。
- 他們願意暫時降低安全邊際。
- 目前他們沒有那麼擔憂風險，所以不再像過去一樣很容易要求風險溢酬。
- 他們變得不那麼堅持，因為高風險投資標的的報酬更有吸引力，而且他們對於涉及的風險降低防備。

就像你會在下一章看到的，正是這些原因，最不成功的融資都是在最繁榮的經濟體與金融市場裡完成的。景氣好的時候讓人變得更加樂觀，拋棄謹慎的態度，而且對高風險投資標的提供不足的風險溢酬感到滿足。此外，由於他們比較不悲觀，也不那麼驚慌，所以往往會對尋求更安全的風險調整後報酬失去興趣。這些要素合起來，使得高風險資產的價格相對於安全資產的價格就會上漲。因此不需要訝異，在景氣好的時候會比景氣差的時候做出更多不明智的投資決定。即使高風險投資的較高價格也許意味著，相較於有更多風險意識的時期，這些高風險投資標的提供的潛在風險溢酬較為不足，但是這種情況還是會發生。

不那麼堅持適當的風險溢價會導致資本市場線的斜率趨於平緩，回顧高中的幾何學課程，我們回想一下，一條線的斜率是沿著橫軸改變一單位時縱軸的移動距離。資本市場線的斜率反映產生一單位風險增加所提供的預期報酬增加。因此，它直接顯示市場存在的風險趨避程度。

在遺忘風險或高度承擔風險之下，風險溢酬的需求降低，導致那條線的斜率變平，而且風險補償的報酬數量會減少。（參見圖8-3）

根據定義，資本市場線的斜率較小，意味著每增加一單位風險的報酬愈少。簡單來說，承擔風險的報酬低於標準。

在我看來，上面提到的內容都可以有邏輯的從直接觀察中看出來，這個過程如下：

- 正面事件導致樂觀的情緒增加，
- 樂觀的情緒增加，使人們更願意承擔風險，
- 承擔的風險增加導致要求較低的風險溢酬，
- 要求的風險溢酬減少，等於是對高風險資產要求的報酬較低，
- 對高風險資產要求的報酬較低，導致它們的價格

圖 8-3

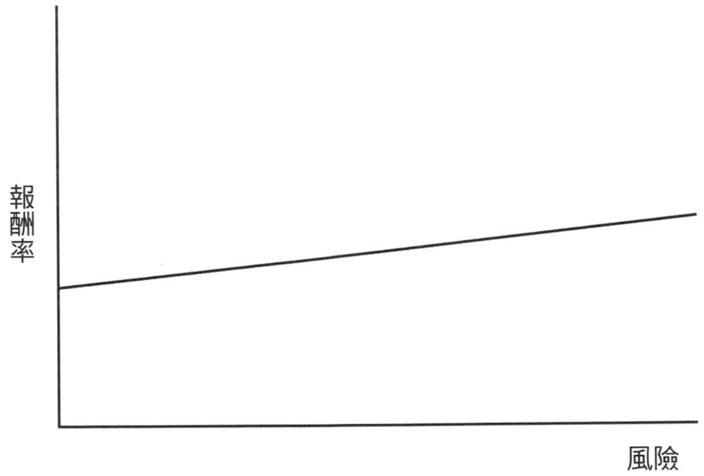

上升，而且

- 更高的價格使得資產甚至變得更有風險（但也會吸引專門投資強勢股的「動能投資人」〔momentum investors〕買進）。

從上面的內容可以得知，當投資人感覺風險較低時，風險較高。而且當風險達到最大時（意味著最需要風險補償），風險補償會最小。理性的投資人都只是說說罷了！

對我來說，這裡所有的重點是，投資風險最大的來源是相信沒有風險。廣泛的承擔風險，或是投資人對風險的高忍受度，就是接下來市場下跌的預兆。但是因為大多數投資人都在追隨上面描述的進展，所以大家很少在那時有意識的認知到這點、並且變得謹慎，而這是最重要的。

過於風險趨避的影響

由於事情的另一面應該很明顯，所以我就不囉嗦了。但是我會花點時間談論當應對風險態度的週期向下擺盪時會發生什麼事，使投資人更加風險趨避。

心態週期最重要的一項特徵是極端性。週期不只在擺盪方向和程度上有規律，還會以古怪的方式過度擺盪。舉例來說，投資人有時候會聚集起來說：「讓我們忽視風險吧，我們都會變成有錢人。」他們的狂熱和興奮使價格競標到如此高的水準，而且接受這個顯然不切實際的故事，事後如果造成的損失沒有很大，那才真的是可笑的事。

而且在他們犯下這些過度的罪過，導致股價下跌並失去大量的金錢，因而變得更加謹慎之後，他們會為自己的過度貪婪和輕信而譴責自己。他們想知道怎麼會做出那麼愚蠢的行為，他們承認從來沒有真的了解自己參與那奇異而興奮的投資活動，而且他們發誓不會再這樣做。

就像風險趨避不足使他們去推高股價，而且在高點買進（因為他們無法辨別出任何風險，所以幻想這是一個很容易賺錢的世界），現在他們會壓低股價，而且在低點賣出。與他們認為每件事情都很好的時候相反，近期不愉快的經歷說服他們，投資界是一個他們不應該參與的高風險領域。結果，他們的風險趨避程度就從不足的狀態一路修正到過度的狀態。

- 考量到他們最近的痛苦經歷與對未來發展的消極態度，他們提高謹慎。
- 因為他們現在把投資聯想到損失，而不是聯想到獲利，所以他們在投資過程開始強調避免進一步

圖 8-4

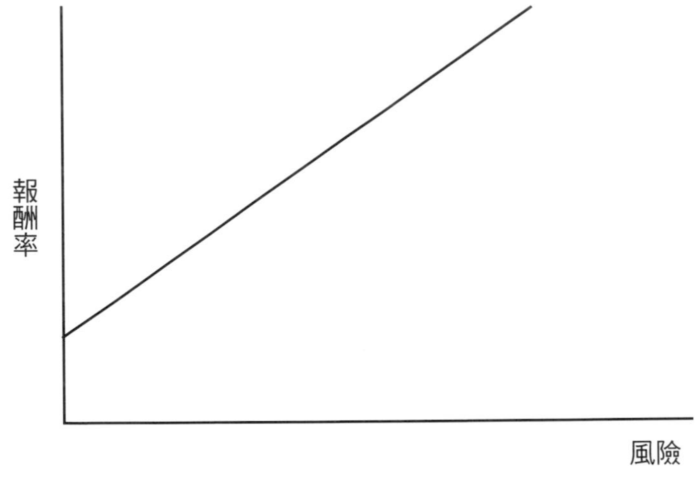

損失，而不是尋找機會。

- 他們確保自己的假設足夠保守，能夠排除所有潛在的失望結果，而且他們的懷疑態度達到極端。
- 他們發現無法找出（甚至想像）能夠提供適當安全邊際的投資標的。
- 因為他們認為風險無所不在，所以即使風險溢酬再高，他們都認為不夠。
- 他們變得庸人自擾，就像承擔風險使他們成為高價購買資產的買家一樣，現在他們大叫要風險趨避，使他們成為在低點賣出的賣家，當然不是買家。

這才是重點，在這些情況下，風險意識被誇大，資本市場線的斜率變得過大（參見圖8-4）。恰好跟我描述平坦的資本市場線相反，較大的斜率意味著每增加一單位風險所增加的預期報酬非比尋常的慷慨。這是一個風險趨避市場，而且為風險承擔者提供過於誇大的報酬。承擔額外風險的報酬要達到最大，只有在（而且只是因為）人們拒絕承擔風險的時候。

如應對風險的態度從高點擺盪到低點，獲利或虧損的機會也會從高點擺盪到低點。當每件事都很順利，而且資產價格高漲時，投資人往往會認為未來是美好的，風險就像是他們的朋友，而且獲利很容易達成。每個人都有相同的感覺，意味著風險趨避並沒有包含在價格裡，因此它們是危險的。投資人就在應該增加風險趨避程度的時候，變得願意承擔風險。

而且當事件變糟時，投資人也有相同的狀況。他們認為市場就是會虧錢的地方，不惜一切代價要避開風險，而且虧損很可能會讓人沮喪。就像我在上一章最後描述的，在過度謹慎占上風下，（1）沒有人會接受任何樂觀結果攙雜其中的可能性，而且（2）他們同樣不贊同有個「壞到不像是真的」的假設會出現的可能性。

就像在高點會承擔無窮的風險，在低點時，風險是不存在的。這種消極的態度導致價格下跌到極不可能出現虧損，而且可能會帶來龐大的獲利。但是之前下跌的錐心之痛往往會增加風險趨避程度，而且就在價格（與風險）最低點時把投資人送出場外。

避免做出極端的行為

我想提供一個例子，說明在現實生活中改變態度會帶來的好處有多少，這段話來自備忘錄〈快樂的中點〉（二〇〇四年七月）：

🖂一九九〇年代後期，承擔風險（或遺忘風險）明顯很普遍，我聽過一個著名的證券經銷公司策略分析師說：「股價雖然過高，但它們還是值得買進。」而我們也都聽到有人在街上說：「我要在401（k）退休金帳戶買進很多，如果它跌掉三分之一我都不會煩惱。」（二到三年後，那個人在哪裡呢？）

不，那些承擔風險的態度不會永遠持續下去，最終，有些事件來襲，暴露出證券的不完美與價格太高，於是股價下跌。相較於先前股價在一百美元的時候，投資人更不喜歡現在六十美元的股票，他們擔心剩下的六十美元股價會突然暴跌回四十美元，最終風險趨避的態度會重新確立（而且通常會走到極端）。

如何為這個週期做些量化研究？一九九八年中，就在長期資本管理公司（Long-Term Capital Management）倒閉之前，除了專業技術人員外，投資人感覺到，只有一百二十五億美元的非違約債券殖利率超過二〇％（這是列為「不良債券」〔distressed debt〕的門檻）。因為投資人並沒有非常擔心風險，他們對相對較少的非違約債券要求超高的報酬；「盲目樂觀」可能是形容他們的態度最好的詞。

但長期的下挫使投資人意識到風險的存在，而且一年後，殖利率超過二〇％的債券數量變成三倍，達到三百八十七億美元。到了二〇〇二年中，當企業醜聞使債券市場陷入恐慌時，殖利率超過二〇％的債券已經成長到一千零五十六億美元，是四年前的八．五倍水準。風險趨避意識從不足變得非常普遍，而且就像後來的事件顯示的，又變得過於極端；到了二〇〇四年三月三十一日，這個數字下降八五％，回到只有一百六十二億美元；風險趨避的態度平緩下來（而且很可能再一次變得有些不足）。我確定基本面並沒有反映出如價格、殖利率和不良債券這樣大的波動。跟往常一樣，實際情況因為心態的擺動過於放大了。

當一般投資人承擔過多風險時，證券價格可能會比實際報酬所體現的風險更大，當投資人過於風險趨避時，股價會相較於風險提供更多的報酬。

這篇備忘錄的標題〈快樂的中點〉是受到我母親的智慧所啟發，她不斷提醒我們應該要避免做出極端的行為。我們在大多數情況下更應該往中間靠攏，在太多與太少間朝向一個合理的平衡。

但是身為一個投資人，我的經驗讓我相信，很少會看到快樂的中點。如果你反思我在49頁提到的典型週期圖，也許會印象深刻的發現，在a、d、g階段，週期現象往往會從極端中返回，而且往更合理的中間值移動。這是一個多麼理性的事啊（參見圖8-5）！

但是，就像我提到的，通常的情況是，那些「從極端的修正」會繼續通過公平的中點，經過b、e、h階段，朝向另一個極端。

一個統計學家看到上面的圖會告訴你，**平均來說**，這個圖的現象是處於中心值上，或是橫跨在長期趨勢上。但是其他人總是會看到它在運轉：從那些中點來回擺動。事實上，在極端的高點或低點的時間和在快樂的中點的時間一樣多，大多數投資人應對風險的態度正是這樣。

什麼是最大的投資風險來源？它是否來自負面的經濟發展？企業活動未達預期？公司的產品變得缺乏競爭力？盈餘下滑？商譽低落？都不是，當資產價格達到過高水準，導致一些全新、令人興奮的投資原理產生，這些投資原理沒有基本面根據，而且會導致不

圖 8-5

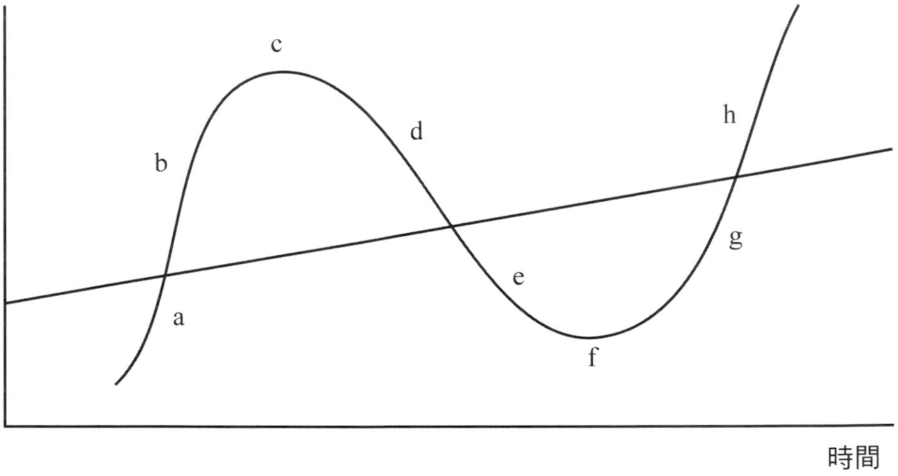

合理的高估出現。而什麼時候會碰到這些價格？那就是在風險趨避和謹慎消失，承擔風險和樂觀占上風的時候。這個情況是投資人最大的敵人。

風險趨避不足時會發生什麼事？

在我的一生中，二〇〇七至二〇〇八年的全球金融危機是最大的金融下降趨勢，而這也提供最好的觀察、反思和學習的機會。這些場景是由一些事件發展所產生的，在此列出部分事件：

- 當房價飆升的時候，政府政策支持增加住宅自有率。根據定義，這意味著歷史上無力購買房子的人都可以擁有房子；
- 聯準會推動利率調降，導致高收益率的投資工具，像結構債或槓桿型房貸證券的需求增加；
- 在銀行間有個正在流行的趨勢，那就是承作房貸、並將這些貸款集合打包起來賣出（而不是保留起來）；
- 無條件根據史上超低的房貸利率做推斷，決定貸款、利率結構、信用評等和投資；
- 上述四點導致對房貸放款量的渴望增加，貸款標準隨之下降；
- 開發新穎與未經測試的房貸擔保證券（mortgage backed securities, MBS），承諾在低風險下提供高報酬，有些商品在沒人質疑的時期有很大的吸引力；
- 放寬保護法規，像是「葛拉斯－斯蒂格爾法案」（Glass-Steagall Act，禁止金融集團的創立）、平盤以下禁止放空（uptick rule，避免看空的投資人透過不停的放空來使股票價格下跌），以及限制銀行使用槓桿操作的規定廢除，使銀行槓桿操作增加近三倍；

- 最後，媒體發表文章指出，風險已經因為下面的因素組合得以消除：
  - 可以指望精明的聯準會，在經濟低迷時期祭出刺激經濟措施；
  - 相信流入中國出口商與石油商的流動性過剩永遠不會回流到自己的市場，推升資產價格上漲；以及
  - 華爾街的創新可以將風險精細的「分割再分割」，廣泛散布，而且配置到最適合承擔這些風險的人身上。

上述因素的存在顯示出整個市場瀰漫願意承擔風險的態度。事實上，如果承擔風險的態度不能主導投資人、放款機構、借款人和監管人員的心智，那麼他們就不會出現這種情況。見到如金融危機前幾年那樣的承擔風險態度存在，應該要非常擔憂，因為這意味著整個市場缺乏擔憂、謹慎與懷疑。

這些事情的發展，以及發展背後承擔風險或忽略風險的態度，不可避免最終會產生不健全的金融行為，特別是透過發行不健全而且可能會失敗的金融工具。以低利率借出大量資金的能力，使得資產買家認為這是個「黃金時代」，但沒有顯示出可以取得合理、廉價的投資標的。確切的說，隨時可用的槓桿，使人更容易將投資重押在價格已經大幅上漲的資產，以及創新、未經測試、合成的槓桿型投資商品，而很多最後都以失敗收場。

也許在這些影響因素中，最重要的是部分金融機構在這個時期顯示出的高風險作為。當世界都以良性的總體事件、超級金融活動與金融創新為主時，資金提供者在競爭市占率時有一種傾向，我稱為「競相比爛」（the race to the bottom，之後我會提到以這個當作標題的備忘錄）。幾乎就在全球金融危機的前夕，花旗集團（Citigroup）執行長查爾斯・普林斯（Charles Prince）在二〇〇七年六月總結二〇〇五至二〇〇七年的這種心態，這個聲明成為那個時代的象徵：「當音樂停止時，考量流動性，事情會變得很難解決，但是只要音樂還沒停，你就必須起身，繼續跳舞。」

換句話說，銀行必須做出在異常有利條件下持續取得成功的事情，而且如果這些有利條件變正常的話，就會成為問題，而且銀行正在這樣做。但是因為害怕失去市占率，所以沒有銀行家拒絕參與。這個投資工具沒有經過測試，而且可能有缺陷，但是沒人願意放棄這個市場。這種群體行為就是週期的典型……創造週期……而且使週期惡化。

理論上來說，銀行的執行長本來可以拒絕加入這個愚蠢的行列，但是根據那時的實際情況來看，任何拒絕下場一起跳舞、失去市占率、而且無法在競爭對手正在賺錢的同時迅速賺到「可觀報酬」的人，都可能被積極的投資人強迫離開工作崗位。因此，銀行積極出價競標提供資金的機會，彷彿音樂永遠不會停止一樣。但是認識這個週期會更清楚知道最終會變成什麼情況。這種承擔風險與忽視風險的態度在上升階段扮演重要角色，並醞釀接下來的急遽下跌。

在二〇〇五至二〇〇七年間，隨著時間流逝，提供一個很好的機會去觀察市場參與者應對風險態度的表現，並得到有用的結論。我相信下面從二〇〇七年二月寫下的〈競相比爛〉備忘錄中摘錄的文章就提供很好的例子，當時剛好是景氣不好的第一個跡象出現的前幾個月。這證明從個別經驗或傳聞中得出推論的潛在價值：

✉過去幾年給我很多機會去驚嘆資本市場的過度行為。在這種情況下，引起我發出強烈呼籲，並「催出這篇備忘錄」的是上次停留英國期間看到的新聞。那是二〇〇六年十一月一日《金融時報》（*Financial Times*）的報導：

英國第二大房貸銀行阿比（Abbey）已經提高標準房貸額度至房貸借款人的五倍薪資，不論是用單身、還是合併的薪資計算，而這超越傳統放款標準的三・五倍薪資。它遵循愛爾蘭銀行（Bank of Ireland）房貸部門與西布里斯托部門（Bristol & West）上週的決定，將房貸標準的薪資倍數從四倍提高到四・五倍。

換言之，傳統的經驗法則說，借款人可以安全面對薪資三倍以上的房貸，但是現在他們可以擁有五倍薪資的房貸，大約增加五〇%。這可以推斷出什麼事？至少有四種可能性：

- 舊標準過於保守，新標準是對的；
- 條件已經改變，因此今天的新標準就像過去的舊標準一樣保守；
- 房貸放款機構接受高違約率的經驗是合理的，而且淨報酬會因此降低，因為它們的資金成本減少；或是

- 因為急於將資金放款出去，導致資金的供給者放寬標準。

現在，我不是英國房貸市場的專家，而我打算在這個備忘錄評論的其實是一般資本市場的趨勢，而不是任何一個部門的趨勢。此外，可以肯定的是，今天較低的利率，意味著在相同的薪水下，可以負擔較高的房貸（只要（1）借款人保住工作，與（2）房貸利率固定，這就可能成立）。但是如果你認為阿比銀行採取這項措施的原因可能是這樣的邏輯，那要問的問題是：「為什麼是這時候做？」

這裡可能有牽涉到邏輯上的原因和冷靜的決策，但是因為競爭可能會耗盡資金，而且通常在後期會相信「這次不一樣」。當週期往極端移動時，放款機構和投資人總是會偏離經過時間考驗的紀律；而當這些紀律是適當的時候，他們會出於一種信念認為，目前的條件與過去盛行的條件不同。而且必然的，他們會顯示出這個重複的週期，無一改變。

當房價上漲，而且利率下降時，我們在美國房貸市場看到什麼？首先是低利率，然後出現較高的貸款成數，然後是一〇〇%的融資，然後是低分期償還貸款（low-amortization loans），然後是非分期償還貸款（no-amortization loans）*，然後貸款不需要就業證明或信用紀錄。這些事情都讓更多買家勉強去購買更昂貴的房屋，但是同時會使放款機構的房貸放款風險更高。而且這些發展發生在房價到達天價高點，而且利率又處於多個世代以來低點的時候。最後，買方在自己的所得和

* 每期只償還利息，最後再一次還清本金的貸款。

一般利率的條件下，盡可能貸出最多的房貸，這樣的房貸使他們獲得夢想中的房子……而且只要條件沒有惡化，他們就會一直這樣做，讓房子留在身邊。

你還記得電視節目《說出那首歌的名字》（*Name That Tune?*）裡的遊戲「音符競標」（Bid-a-Note）*嗎？參賽者X說：「我用六個音符就能猜出這首歌。」然後參賽者Y說：「我可以用五個音符猜出這首歌。」然後參賽者X說：「我可以用四個音符猜出這首歌。」最終得到機會猜那首歌的參賽者是願意接受風險最高的提議、試著根據最少的資訊猜歌的人。

所以愛爾蘭銀行加入提供購屋者貸款的競爭行列，並表示：「我要提供借款人四倍半的年薪額度。」而阿比銀行說：「那我提供五倍的年薪額度。」在這次拍賣會上所謂的贏家是會以最不安全的方式提供最多錢的人。就像去年美國的情況一樣，不論週期反轉後，真正的贏家或輸家變得有多明確，但現在肯定在競相比爛……競相成為犯錯空間最小的放款機構……

不管從哪方面考慮，近年來房貸的標準都下降了，而且風險也在增加。這合乎邏輯嗎？或許吧。那是週期引起（而且加劇）的嗎？我想是的。《金融時報》引述美林（Merrill Lynch）證券一位銀行產業分析師約翰保羅・克拉奇利（John-Paul Crutchley）的說法：「阿比銀行以五倍薪資的標準放款，那可能是完全合理的，或可能有龐大的風險。」當然，房貸的風險變得更高，我們會在幾年後看到這是聰明的承擔風險，或是過度的競爭狂熱……

今天的金融市場狀況可以很容易做出結論：全球的流動性過剩，對傳統投資標的興趣缺缺，顯然不太擔憂風險，而且到處都是預期報酬很小的投資。因此，在獲得足夠報酬的代價下（但還是低於過去保證的報酬），投資人準備好以高槓桿、未經測試的衍生性商品，以及不夠好的交易結構

（deal structures）**等形式接受顯著的風險。目前的週期在形式上並不罕見，還是在範圍內。在我看來，最後的結果一點都不神祕，但在週期中的這個位置上，樂觀主義者會覺得情況很看好。

我常會藉著引用我最喜歡的兩段話來為此做個簡短的備忘，這兩段話在這裡都扮演著重要角色。首先是去年過世的約翰·肯尼斯·高伯瑞，我很幸運能夠在一年半前與高伯瑞先生相處幾個小時，而且能直接得益於他的智慧。這句話再次引用他寫的重要著作《金融狂熱簡史》。在目前的情況下，似乎特別貼切：

> 導致……狂熱在我們這個時代或過去時代有兩個額外因素很少提到。首先是金融記憶的極度短暫。結果金融災難很快就遺忘了。進一步出現的結果是，當相同或近似的情況一再發生，通常年輕、而且總是超級有自信的新一代投資人會大力吹捧，將其視為金融領域與更廣大經濟世界中了不起的創新發明，有時這些現象還僅相隔數年。很少有哪個人類文明領域像金融世界那樣輕忽歷史。過去的經驗屬於記憶中的一部分，卻受到排斥，被認為只是沒有洞察力去體會當前驚人奇蹟的守舊派的藏身之處。

* 這個節目最早在一九五〇年代播出，後來在一九七〇年代和一九八〇年代有新的版本，而「音符競標」遊戲出現在一九七〇年代的節目中。

** 這是指買賣雙方的一系列交易條件，通常會用合約規定。

第二段話是華倫・巴菲特的基本原則，提醒我們要根據周遭投資人的行為來調整我們的財務行動。雖然只有短短幾句話，但可能更有用處：

當別人愈不審慎處理他們的事情，我們就應該以更謹慎的態度處理自己的事情。

這段備忘可以簡單的做個結論：競相比爛正在進行，反映出投資人和資金提供者普遍變得愈來愈不謹慎，在這個時間點，沒有人能證明那些參與者會受到懲罰，或是它們的長期表現不會超過拒絕參與的人，但這是一般模式。

如果你拒絕一起進入像今天這種無憂無慮的市場，那麼你可能會暫時（1）報酬落後別人，而且（2）看起來很像老頑固。但如果這意味著當其他人最終會失去所有時，你能保持鎮靜（和資金），那麼這兩種情況付出的代價就不算什麼了。根據我的經驗，一直以來，疏忽時期之後就會接著出現修正的懲罰，這次也許不會發生，但我將要承擔這樣的風險。同時，橡樹資本與全體員工會繼續採用過去二十多年來我們服務的標準。

上面引用華倫・巴菲特的話說得很好，這是我一直以來使用的標準。我認為它很恰當的總結這個現象，以及由此產生必要的反向投資反應。就像巴菲特說的，當其他人不再擔憂風險，而且不謹慎時，我們必須變得更加謹慎。但也必須說，當其他投資人恐慌而沮喪，而且無法想像值得承擔風險的條件時，我們應該變得積極。

過度風險趨避會發生什麼事？

第二章詳細描述金融週期的對稱性，基本上保證二〇〇五至二〇〇七年承擔風險的環境，以及因此鼓勵金融工具的發行蓬勃發展接下來會出現嚴重的修正，當然這樣的修正已經成為現實。

就像我之前說的，二〇〇七至二〇〇八年的全球金融危機提供我期望中一生難得出現一次的機會，目睹情緒的鐘擺朝完全悲觀方向非理性的擺盪，而且在應對風險態度的週期中，朝著過度風險趨避方向前進。

就像上面描述的，二〇〇五至二〇〇七年受過度承擔風險鼓勵的行動都是有勇無謀，結果帶來巨大的痛苦與損失：

- 很明顯，使屋主增加的努力，導致很多原本買不起房子的人買房，結果數千人投入房地產的資金、付出的搬家與裝潢費用都因此消失。
- 沒有收入或就業證明的次級房貸，看來是不明智的商品。
- 房貸業務不符標準，連帶出現無法發現的房貸詐欺。毫不意外，結果導致很多房貸的放款中，借款人無法償還所需的費用。
- 從房貸出現的低歷史違約率來推斷未來，結果忽略有問題的房貸業務可能會導致違約率以空前的速度增加的可能性。

- 由於實際的違約率超過根據安全的資本結構決策（security structuring decisions）*、債信評等和損失預測所決定的歷史違約率，因此建立在次級房貸上的結構化與槓桿型證券也出現驚人的違約量，證明它們的高評等是錯誤的判定。
- 隨著使用高槓桿的基金與證券違反貸款契約，而且發行商最終證實並無法履行它們的債務，使得使用高槓桿的房貸擔保證券（以及大多數都含有高槓桿的衍生性金融商品）從一般被認為的增值工具，轉變成引發大規模毀滅的金融武器。
- 當然，就跟往常一樣，新的金融商品證實，承諾用低風險創造高報酬的金融創新很少能兌現承諾。
- 至於放鬆管制，藉著撤銷「葛拉斯－斯蒂格爾法案」允許金融集團存在也產生很多問題；廢除平盤以下禁止放空的規定使得金融機構的股票被無情的壓低；而且還有幾家銀行被證明無法再允許以高槓桿的操作生存下來。

因為之前所做的一切，產生的後果包括大規模的房貸違約與房子被銀行收回；房貸擔保證券被降評，還有部分被清算；房價崩盤，現有房屋又無法出售；股票、公司債市場崩盤，甚至流動性消失；完全無法取得信用貸款；以及許多銀行無法繼續經營，只能尋求紓困和破產。

☒當然，這不可避免的事件會引發信貸危機。因為很多不好的事情發生，為原本被認為不太可能（並非絕不可能）的信貸危機揭開序幕，同時間也讓採用高槓桿的投資人出現問題。（〈負面心

態的局限〉〔The Limits to Negativism〕，二〇〇八年十月）

上面所有的描述對投資人和其他金融系統裡的參與者累積的心理影響是什麼？總而言之，這讓他們嚇壞了。當整體的恐懼取代高度自信時，過度的風險趨避取代承擔風險的不切實際態度。而這就是雷曼兄弟破產後，接下來在二〇〇八年底發生的事。賣家成群結隊出現，展現出高度急迫感，而買方則在市場外觀望，資產價格崩盤，而且市場幾乎沒有流動性。

這些事情都是因為承擔高風險的態度被高度風險趨避取代所產生的，而且它們都導致更多的恐懼、更高的風險趨避、更多的負面事件，以及更多相同的恐懼廣泛散布。那些根據樂觀假設和承諾買進好得不像是真的的不成熟金融工具的同一群人，現在相信整個金融體系已經崩潰。

為了提供一個例子來說明向過度風險趨避擺盪的情況與影響，我會分享在雷曼兄弟破產之後幾週發生的故事。這起事件讓我寫下上面所引用、在行情低點時的備忘錄：〈負面心態的局限〉。

橡樹資本為了參與一般趨勢中正在進行的次要趨勢，在金融危機的前幾年成立第一個槓桿型基金。我們使用的槓桿比其他人少，舉例來說，相較於傳統的歐洲優先順位貸款基金（European senior loan fund）投資規模是基金權益的七到八倍，我們的基金是四倍，而且我們試著保守看待我們購買的資產，但是金融海嘯的發生卻將我們捲入基金倒閉的邊緣。在危機發生之前，每一美元的優先順位或「槓桿

＊也就是融資決策。

型」貸款，很少以低於九十六美分的價格交易，即使是有信用問題的貸款也是如此。因此我們感覺完全不會有保證金追繳的可能性（貸款人要求提供額外的自有資金），根據我們的借款合約，投資組合裡的貸款只有在平均市價跌到八十八美分以下才能追繳保證金。

但在雷曼兄弟破產之後，貸款價格下降到前所未有的水準，除了其他事情以外，市場受到銀行降價拋售的壓力，這些銀行拋售的是接到保證金追繳電話、但無法及時補足金額的槓桿型投資人所持有的投資組合，因此，很有可能跨越我們的追繳保證金八十八美分價格門檻，並出現基金倒閉的情況。我們有時間回應貸款人，而且我們開始從基金投資人那裡提高額外的自有資金，降低基金的槓桿，從四倍降到兩倍。當我們要求投資人投入更多額外的資金時，他們了解這代表可以用折扣價來保留貸款的機會，而不是要放棄這些貸款；並且可以享受貸款隱含的高收益率；還能從基金的低成本槓桿中獲益。因此大多數的人都如我們的要求增加投資。在降低後的新槓桿水準下，當持有的貸款價格下降到無法想像的六十五美分、被追繳保證金時，基金因此得到保護。

但由於完全缺乏買家，而且在追繳保證金與避險基金撤出市場的賣壓影響下，貸款市場繼續盤跌，因為「正確價格」的觀念被取代，大家廣泛擔憂沒有什麼價格值得持有。因此我們貸款投資組合的平均價格接近七十美分。我應該把財務槓桿從兩倍降成一倍，這樣就能夠完全消除合約中引進的追繳保證金風險。

現在我提供基金投資人一個機會，付錢來保留基金裡到期收益率達到兩位數的貸款，以及整體基金百分之二十幾的槓桿報酬率（扣除費用與違約產生的潛在損失之前）。當然，如果原有的投資人無法按比例參加增資，而且允許其他人取代，就等於是將自己的基金投資組合部位賣出一部分。

然而，在價格沒有停止下跌、投資組合清算，以及買家完全缺乏等因素結合下，對於一些基金投資人來說，要進一步增加額外資金是一種挑戰，有些人因為處理各個投資組合出現的問題而疲憊不堪，有些人則認為這個機會並不是要挽救他們的投資，很可能是在「拿錢填補無底洞」。有些人則沒有流動資金在手，而有些人只是不願意為他們的老闆保衛額外的投資。在市場底部時，採取行動極端困難，需要堅強的信念與決心，而這導致我即將要描述的事件出現。

為了額外增資，我去拜訪一個退休基金，它是我們基金的投資人。他們坦承，我列出的收益率很吸引人，但是他們很擔心信貸違約的可能性。我們的談話像是這樣：

退休基金：因為違約而導致投資失敗的可能性有多大？

我：嗯，我們過去二十六年來，高收益債的平均違約率一年大約是一％（而且要記住，在違約的情況下，還可以追回款項，這意味著我們的信貸損失每年不到一％），這是跟我們基金持有的貸款一樣，在資本結構上求償順位較低的債券。因此我們的歷史違約率並不會讓二〇％的基金承諾報酬減少多少。

退休基金：但是如果比這樣的情況還糟糕呢？

我：我們經歷過最糟的五年期間，每年的平均違約率是三％，相對於我們討論的報酬率，顯然這不是問題。

退休基金：但是如果比這樣的情況還糟糕呢？

我：高收益債的平均違約率一般來說每年是四・二％，這是假設沒有能力精明分辨信用的情況下。導致二％至三％的信貸損失，顯然並不會對這項投資的結果產生多大的危害。

退休基金：但是如果比這樣的情況還糟糕呢？

我：歷史上最糟的五年平均違約率是七・三％，還是沒有問題。

退休基金：但是如果比這樣的情況還糟糕呢？

我：在高收益債券歷史上最糟的一年，違約率是一二・八％，這仍然會剩下大量的報酬。

退休基金：但是如果比這樣的情況還糟糕呢？

我：歷史上最糟糕的一年半，違約率是一九％，而我們的投資組合報酬率在二〇％以上，還是有一點點獲利。而且如果最後是這麼低的報酬率，那麼每年的違約率都要這麼高，而不是只有一年是這樣的情況。

退休基金：但是如果比這樣的情況還糟糕呢？

在這個時候我問：「你有任何股票嗎？」而且我告訴他們，如果他們有股票，而且要強力的說服我相信世界末日的場景會出現，那麼他們最好馬上離開會議室，把所有股票賣掉。

我的重點是，在悲觀的環境下，過度的風險趨避會導致人們對投資有不合理的放大檢視，以及無止境的負面假設（就像他們在之前興奮時期展現出很少檢視，或沒有仔細檢視，而且使用美好的假設一樣）。在恐慌時期，人們會花全部的時間確認不會產生損失……正在他們擔心的時候，反而錯過絕佳的機會。

在極端負面心態的時代，誇大的風險趨避很可能導致價格達到盡可能的低點，不可能再出現更高的損失，因此損失的風險達到最小。就像我前面指出的，世界上最危險的事就是相信沒有風險存在。同樣地，在每個人都相信沒有希望的時候，最安全（而且獲利最多）的買進時機通常就會出現。

如果只能對正在考量的投資問一個問題，那我的問題很簡單：目前的價格有多少樂觀因素在裡面？高度樂觀的情緒很可能意味著有利的發展已經反映在價格上；價格比實際價值相對來得高；以及萬一出現失望的情況時，幾乎沒有犯錯的空間。但是如果樂觀情緒很少或是沒有，很有可能資產價格很低；大家的期望不高；不太可能有壞消息；而且只要稍微情況轉好就會使價格上漲。上面描述的退休基金會議很重要，原因很簡單，它顯示所有樂觀情緒都會被投資人的想法所扼殺。

那次會議之後，我幾乎是用跑的回到辦公室寫下〈負面心態的局限〉，那個時候的週期位置大概是可以在最低價格買到最多貸款的時候。在這個備忘錄裡，我分享下面的親身體會：

✉ 因為很多不好的事情發生，讓原本被認為不太可能（並非絕不可能）的信貸危機揭開序幕，同時間也讓採用高槓桿的投資人出現問題。因此有個簡單的解釋說，一般人會受到信貸危機傷害，是因為他們缺乏足夠的懷疑或悲觀。

但這讓我領悟到一件事：**懷疑和悲觀並不是同義詞**。**在過度樂觀的時候，懷疑心態會要人悲觀；但是在過度悲觀的時候，懷疑心態會要人樂觀**。我會多寫些這個主題的文章，但這其實很簡單。反向投資，也就是跟其他人做相反的事，或是說「逆風操作」（leaning against the wind），對成功投資至關重要。隨著信貸危機在上週達到高點，人們會屈服於風勢，而非做出抵抗。我發現很少人是樂觀的，大多數的人或多或少都有些悲觀。有些人變得真的很沮喪，甚至我認識的一些偉大投資人也一樣。藉由電子郵件傳遞即將崩盤的負面看法愈來愈多。**沒有人抱著懷疑的心態，或**

是會說：「這個恐怖故事不像是真的。」悲觀主義正在滋長。人們唯一關心的是強化投資組合，熬過接下來的崩盤，或是籌集足夠的現金來應付贖回需求。上週他們沒有做的事就是積極買進證券，所以股價一跌再跌，一次就跌好幾點，這種情況用舊的說法就是「跳空下跌」。

希望這個現代的紀錄可以讓你了解過度、不合理的風險趨避感覺，以及了解在這樣類似的情況你應該做的事。

後記：少數基金投資人（包括我那天去拜訪的退休基金）拒絕投入額外的資金，感覺我應該盡可能讓基金持續運作，我拿錢補足他們沒有認購的部位。在瀰漫高度風險趨避情緒的時間點，投資在以低價優先順位貸款的槓桿型投資組合，是我有史以來最好的一項投資……因為其他人不願意參與這個市場，使得這些貸款離譜得便宜。

致力成為反向投資人

這章討論應對風險態度的週期已經成為書中最長的一章。會變成這樣有個很好的理由：我相信這是最重要的週期之一。在《投資最重要的事》中有一章很重要，談到知道我們身處在週期哪個位置的重要性。致力去了解投資人正在怎麼思考與應對風險，或許是最重要的事。簡而言之，過度抱持承擔風險的心態會導致危險產生，而往過度風險趨避擺盪則會使市場下跌，創造一些最好的購買機會。

理性投資人時時刻刻都要勤奮盡責，抱持懷疑態度，而且適當的風險趨避，同時要密切注意預期報酬比要彌補的風險還高的投資機會，這是理想狀況。但是在景氣好的時候，我們會聽到大多數人說：「風險？什麼風險？我看不到有哪個地方會出錯：看看事情會怎麼發展吧。而且無論如何，風險是我的朋友，如果我承擔更多風險，就有可能賺到更多錢。」然而在景氣差的時候，他們轉向更簡單的說法：「我不在乎能否在市場上多賺一分錢，我只是不想要再虧錢了。讓我出去！」

必須注意的是，由於理性、冷靜不帶情緒的投資人非常少，所以投資人整體來說很少可以在應對風險的態度上，或是在週期起伏或鐘擺擺盪的任何心態或情緒因素上達到平衡。在迫使必須謹慎的風險趨避意識與鼓動投資的承擔風險意識之間，他們往往無法維持一種健全的平衡：通常其中一方會有顯著優勢。貪婪與恐懼；多疑與輕信；有時只願意看到正向的事，與有時只看到負面的事，以及其他很多事情特別是如此。心態的週期充分證明，投資人花在快樂的中點的時間非常少。

世人應對風險態度的波動或反覆無常既是一些週期造成的結果，也是其他週期發生或惡化的原因。而且它會一直持續下去，因為它似乎根植於大多數人的心態之中，使得當事情一帆風順時，他們會變得過於樂觀，願意承擔風險，而且在事情反轉變壞時，變得更為擔憂與風險趨避。那代表著他們在應該最謹慎的時候更願意買進，而且在應該最積極的時候更不願意買進。優秀的投資人知道這點，而且致力於從事反向操作。

— 第9章 —

信貸循環

優異的投資並不是買進高品質的資產，而是在交易條件不錯、價格低廉、預期報酬豐厚，而且風險有限時買進。在信貸市場處於週期中不那麼亢奮、更為緊縮的時候，這些條件的要求就要愈多。在信貸循環猛然關閉的階段，可能比其他單一因素提供更多便宜的投資標的。

現在我們已經打好基礎。我們討論過為投資活動提供基本背景的經濟週期和獲利循環，也討論過回應基本面改變所產生的心理與心態擺動（而且往往會過於誇大）。現在我們要學一些特定類型的金融週期。你會注意到，上述的所有波動都會強烈影響後面章節討論的週期。

正如我們前面討論過，有些活動對經濟週期的變動反應很大，像是買房，有些活動則沒有，像是購買食物；有些週期對經濟的其他方面和其他週期有很深遠的影響，有些週期則沒有。本章的主題是信貸循環，這屬於前者：它不但會對週期性的事件反應很大，而且有很大影響。最後，它也非常不穩定，因此它的變動強烈而極端，還會對很多領域的活動產生很大影響。而且這些情況會因為第七章和第八章描述的心態擺盪而加劇。

請注意，這裡的主題有時候會稱為資本市場週期，而不是信貸循環。我沒有發現兩者有重要的區別。嚴格的說，「資本」指的是所有用來為一家企業融資的資金，而「信貸」是指債務部分的企業資本，而不是股東權益。實際上，這兩個週期的名稱似乎可以互換，雖然我確實發現比較少人會談到資本市場週期。當我只談債權市場（debt markets）時，我會堅持用「信貸循環」，而當我討論一般的融資取得時，我可能會使用「資本市場週期」。但不論是哪個說法，最重要的是，對其中一方的考量，同樣也適用於另一方。

接下來的文章來自備忘錄〈打開和關閉〉（Open and Shut）（二〇一〇年十二月），這篇備忘錄可以回應之前寫到的內容，並把信貸循環放在這些週期的背景範圍內：

✉思考一下：經濟起伏通常被歸咎於企業獲利的波動，以及證券市場起伏產生的獲利波動。然而，經濟衰退和復甦的時候，經濟成長通常只會偏離趨勢線幾個百分點。那為什麼企業獲利會增加或減少這麼多呢？答案在於財務槓桿與經營槓桿等因素，這會加大營收起伏對獲利的影響。如果獲利以這種方式波動，波動幅度比GDP大，但仍然相對溫和，那為什麼證券市場會如此劇烈的飆升和崩盤？我把這歸因於心態的波動，特別是心態對信貸供給的深遠影響。總而言之，雖然經濟波動不大，而且獲利有一定程度的起伏，但是信貸窗口（credit window）會完全開放，然後猛然關閉……這就是這篇備忘錄的標題。我相信信貸循環是波動最大的週期，而且有最大的影響。因此值得大幅關注。

而這就是我在〈你不能預測，但可以做好準備〉（二〇〇一年十一月）中以更簡潔的方法表達的內容：

✉參與投資的時間愈長，我就愈深刻感受到信貸循環的力量。經濟只要有一點小波動，就會造成信貸供給出現大幅波動，並對資產價格產生巨大影響，進而回過頭來影響經濟。

資金或信貸供給的變化是對經濟、公司和市場最根本的一個影響，即使信貸循環不像書中討論的其他多數週期更為普羅大眾所熟知，但是我認為它最為重要，而且有深遠的影響。

就像上面引用的話提到，藉由窗口來比喻，可以很容易理解信貸循環。簡而言之，有時它是開放的，有時它是關閉的。而且事實上，金融界的人經常提到「信貸窗口」，就像是「你可以借到錢的地方」。當這個窗口打開時，融資很充足，而且很容易取得；當窗口關閉時，融資很缺乏，而且很難取得。最後，必須要時時牢記的是，這個窗口可能會在一瞬間從完全開放到猛然關閉。要充分了解這個週期還要知道很多事，包括這些週期性變動的原因和產生的影響，而這就是重點。

信貸循環的重要性

為什麼我認為信貸循環很重要呢？首先，資本或信貸是生產過程中最重要的要素，因此公司（和經濟體）的成長能力通常取決於增加的資本供給。如果資本市場被關閉，很難使融資成長。

第二，為了讓到期的債務能夠再融資，必須取得資金。公司（以及其他多數經濟單位，像是政府和消費者）通常都不會償還債務，大多數時候它們只會展延債務。但是如果一家公司不能在原有債務到期時發行新債，可能就會違約，甚至被迫破產。不論信貸容易取得或是很難取得，我們在信貸循環所處的位置，是債務能否在給定的時間再融資最重要的決定因素。

很多公司的資產本質上是長期的（如建築物、機器、車輛和商譽）。然而公司常常會藉由發行短期債務來籌措資金購買這些東西，它們會這樣做是因為，到期日短的借款成本通常會最低。當信貸市場開放而且充分發揮功能的情況下，這種「借短債投資長期資產」的安排，多數情況會有很好的效果，這意味著債務可以很容易在即將到期時展延。但是，如果信貸循環轉成負面時，難以輕易流通的長期資產與短期負債就會無法搭配，可能很容易就會帶來危機。這種典型的無法搭配，與緊縮的融資市場結合時，往往會造成最驚人的金融危機。

當全球金融危機在二〇〇七年開始成形，而且信貸市場凍結時，美國財政部採取前所未有的舉動，擔保所有商業本票。如果沒有這樣做，這些兩百七十天以內到期的債務可能無法展延，甚至連最強大的公司都有可能因此違約。事實上，違約可能會集中在頂尖企業，因為他們能夠發行數十億美元的商業本票，正是因為良好的信譽使它們能輕鬆進入商業本票市場（市場的開放，以及因此有能力讓到期的本票換成新本票，兩者的重要性就在於凸顯出淨值與流動性的根本區別。一個再有錢的公司如果手上沒有現金，而且無法獲得與到期債務、帳單和其他現金需求所需要的足夠現金時，也會陷入困境）。

第三，金融機構是一個特殊、過於依賴信貸市場的代表。金融機構從事金錢交易業務，而且它們必須藉由融資來使業務持續發展。它們也常常是長期資產與短期負債無法搭配與潛在市場崩盤最多的地方。舉例來說，假如一家銀行吸收任何一天都可以提領的存款，而且拿這些存款來承作三十年期以內的房貸，如果所有存款人在景氣不好的同一天都需要把錢拿回來（銀行擠兌）時，會發生什麼事？如果無法進入信貸市場（而且沒有政府紓困），那麼銀行就會倒閉。

第四點，也是最後一點，信貸市場釋放出的信號會帶來很大的心理影響。一個關閉的信貸市場會造成恐慌蔓延，甚至與企業的負面情況不成比例。艱困的經濟條件可能會導致信貸市場關閉……而且關閉的信貸市場可能對商業經營環境（以及市場參與者對企業的看法）有負面影響。這種「惡性循環」是大多數金融危機的一部分。

信貸市場的運作

現在你應該了解信貸市場的性質與重要性，下一個要解決的問題是為什麼信貸循環會發生：是什麼造成信貸在有時候供給很多，其他時候卻供給很少？

信貸窗口本身並不會自行其是，主動開放或關閉。相反的，它會因為其他地方發生的事件而改變。在〈你不能預測，但可以做好準備〉（二〇〇一年十一月）中，我將擴張與緊縮的過程放進文章裡，而且做些詳細的解釋。

✉ 整個過程很簡單：

- 經濟進入繁榮期。
- 提供資金的人很多，資金數量增加。
- 因為壞消息很少，貸款和投資要承擔的風險似乎減少。
- 風險趨避行為消失。
- 金融機構擴大經營，也就是說，提供更多資金。
- 為了爭奪市場份額，金融機構降低報酬率要求（例如降息）、降低放貸標準、提供更多資金給特定的交易，而且放寬放款條件。

到最後，提供資金的人放款給不符合資格的借款人和計畫，就像《經濟學人》（*The Economist*）今年稍早提到：「最糟的貸款都是在經濟最好的時候產生。」這會導致資金耗損，也就是資金投注的計畫出現成本高於報酬的情況，最後沒有出現任何報酬。

臻至這一點時，上面所說的上升段就會反轉。

- 虧損導致借款人失望退出。
- 風險趨避行為增加，接著利率、信用限制、放款條件的要求提高。
- 資金供給減少，而且在週期的谷底，只有最符合資格的借款人才借得到錢。
- 企業急需資金，但借款人無法展延債務，導致違約與破產事件頻傳。

• 這個過程會導致經濟更加萎縮。

當然，這個過程到達最極端的時候會再次反轉。因為承作貸款或投資的競爭相當少，放款給信用好的人可以要求高報酬。反向投資人在這個時間點投入資金，瞄準高報酬。預期報酬吸引人的計畫開始吸收資金，這樣一來，就開始帶動經濟復甦。

有時候人們急於投資賺錢，這使得信貸窗口完全開放，但是當形勢導致他們改變想法時，就會無法取得融資。就跟本書裡提到的其他很多事情一樣，讀者必須對這些週期的運作有很清楚的了解，特別是每個要素導致下一個週期的方法。因此對於上面的描述提出完整、逐步的說明是必不可少，而且一定要完全理解。

但在〈你不能預測，但可以做好準備〉中，我繼續將這個過程簡化成幾句話。它們確實構成信貸循環的本質，而且它們把週期永無止境的連鎖反應本質說得更清楚。

✉ 景氣繁榮時會擴大放款，進而出現不明智的放款行為，結果造成大量虧損，這又會讓放款機構停止放款，使得繁榮時期結束，如此持續循環。

市場是一個拍賣場所，把物品提供給付出最多錢的人。金融市場也不例外，一項投資機會或一項貸款會交給願意為此付出最多錢的市場參與者。競標使價格達到更高的水準與更高的評價（像是有較高的本益比）。在信貸市場中，高價或高評價會直接導致考量的債務工具有較低的收益率，而且有機會使提供資金的借款人接受最低的收益率。

我在二〇〇七年二月發表的備忘錄〈競相比爛〉，主要是談到資金提供者在景氣好時擴大「業務」（book of business）的渴望，以及產生的效果：

> ✉把「金錢」視為一種商品，可以幫助你了解整件事。每個人的錢幾乎都一樣，可是金融機構想要增加放款量，私募基金和避險基金想要增加手續費收入，它們都想要吸收更多的錢。因此你如果要找能存放很多錢的地方，也就是說讓其他人找上你，而不是找競爭對手融資，你就必須讓你的錢變得更便宜。跟其他商品一樣，低價是增加市場份額最可靠的途徑。
>
> 讓你的錢降低價格的一種方法是降低貸款利率，稍微精細的做法是用較高的價格買進，例如在本益比較高時買進股票，或是用較高的交易總價來買進一家公司。無論用什麼方式降價，你都要接受較低的預期報酬。但是還有其他方法可以使你的錢變得更便宜，而這是這個備忘錄的主題。

對債務來說，債務結構很重要，因此對借款人較優惠的條款可能會給放款機構帶來更高的風險。舉例來說，放款機構希望有保障條款，限制借款人參與某些可能會增加現有風險的特定活動，它們也許會限制借款人可以承擔的總借款金額、限制發放的股息，或是要求維持一定的最低淨值。但是，尤其在信貸市場正熱的時候，債務「最好的買家」，也就是最急切的放款機構，也許會願意接受一個條件較少的債務結構，因此有更多的風險。

所以在一場拍賣中，放款或買進債券的機會會轉移到願意接受最低收益和最高債務結構組合的資金提供者身上。當風險趨避行為出現，而且放款機會的需求相較於放款供給的需求合理的時候，競標通常會很謹慎。但是當承擔風險的心態占上風，而且放款機構競相爭奪放款機會時，競標情況就有可能變得過熱，導致放款機會很有可能有太高的價格：收益率太低，而且（或是）風險過大。因此，信貸市場跟其他市場一樣，過熱的拍賣很可能會創造出一個實際上是輸家的「贏家」，這就是我稱為競相比爛的過程。

另一方面，有時候買家只在很少量的拍賣上出現，而且只有少數參加的人有興趣用低廉的價格買進。競標一停滯，結果便出現低廉的價格、讓人驚訝的收益率，而且債務結構提供很好的保護。不像過熱的氣氛引發競相比爛，沒有人渴望放款的急凍市場可以創造真正的贏家。

信貸窗口的開放程度幾乎完全取決於資金提供者是渴望還是謹慎，而且這對經濟、公司、投資人，以及由此產生的投資機會預期報酬和風險有很深遠的影響。

短期來看，寬鬆資本市場條件的影響是將更多資金以更多理由、較低的利率與較少的合約限制提供給更多公司，這導致更多的合併、收購和公司擴張（更不用說收購公司所產生的快速資本重組，因此有很高的短期獲利）。短期來看，這有助於使一般融資活動更為熱絡。

另一個影響是對體質不好的公司進行預防性的融資緊縮。當放款機構嚴格審核，而且合約條件變得更嚴格，經營問題可能會很快導致技術性違約（違反合約）和「金錢違約」（不支付利息或本金）。但是寬鬆的條件可以預防違約：如果合約不嚴格執行或不執行；如果借款人可以選擇將支付現金的債券轉換成支付實物的債券（payment-in-kind，透過近期的創新：「切換債券」〔toggle bonds〕）；或是如果他們可以募集新資金，因此可以推遲最後的還款日。

最終，許多事先預防的違約會顯示出違約必然會發生，而公司會從更高的槓桿水準開始去除槓桿，並且毫無疑問，資本市場願意融資給不符合標準的公司最終會導致公司陷入更糟的困境。因此，在其他條件相同的情況下，繁榮程度愈大，資本市場在往週期上方擺動愈過度，產生的經濟蕭條就會愈大。時機和範圍永遠無法預測，但是我知道，週期的發生幾乎不可避免。（〈競相比爛〉，二〇〇七年二月）

信貸循環的影響

這本書其中一個重點是，一個週期裡的事件影響其他領域和其他週期的程度。沒有什麼可以比信貸循環看得更清楚了。

✉在討論長期資本管理公司的備忘錄〈天才還不夠〉（Genius Isn't Enough）（一九九八年十月）中，我寫到「下次出現危機時可以看看四周，你也許會找到一個放款機構」。過於寬鬆的資金提供者時常會助長金融泡沫，近期有許多著名的例子可以說明寬鬆信貸如何導致市場繁榮，接著崩盤，例如一九八九至一九九二年的房地產市場、一九九四至一九九八年的新興市場、一九九八年的長期資本管理公司、一九九九至二〇〇〇年的電影片映演產業、二〇〇〇至二〇〇一年的創投基金和電信公司。這每個案例中，放款機構和投資人都提供太多便宜資金，結果造成過度擴張與急遽的虧損。在電影《夢幻成真》（*Fields of Dreams*）中，凱文‧科斯納（Kevin Costner）說：「如果你建好球場，他們就會來。」在金融界，如果你提供便宜資金，他們就會來借錢、買東西和蓋房子，而且通常會漫無章法，產生非常負面的後果。

資本市場週期對科技泡沫做出巨大貢獻。創投基金的資金導致太多公司成立，往往沒有什麼商業模式或獲利前景。對IPO*的狂熱需求導致它們的熱門股票快速上漲，使創投基金能夠有三位數字的報酬，而且吸引更多需要快速布局的資金。資本市場的慷慨讓電信公司簽署只有部分資金的龐大基礎建設計畫，因為知道之後會得到更多的融資，隨著計畫進一步發展，會有更高的本益比與更低的利率。這種寬鬆的資金導致建造出比當時需求還多的光纖容量，其中有很多都處於閒置狀態。大多數投資可能永遠無法回收。再一次看到寬鬆資金會導致資金耗損。

在投資時，我已經習慣多擔憂相關資金的供給與需求樣貌，少擔憂未來的經濟，因為我肯定無法對未來經濟了解多少。將投資配置在不擁擠的競技場會帶來龐大的優勢。參與一個人人都投入金錢的領域則是出現災難的不變公式。（〈你不能預測，但可以做好準備〉，二〇〇一年十一月）

為了再次強調，在〈快樂的中點〉（二〇〇四年七月）裡有進一步的證據說明，像上面關於週期性過程冗長而重要的描述，能夠用幾句話來總結：

✉ 有時候，資金提供者只是將龍頭打開或關閉，就會讓資金過多或過少，就像很多事情一樣。有時候任何人都能為了任何目的取得任何數量的資金，而且有時甚至是最值得幫助的借款人也無法得到合理數量的資金用於有價值的計畫。資本市場的行為是展現我們正處於哪種心理狀態最好的指標，而且對於便宜投資標的的供給有很大的貢獻。

我在這篇備忘錄中繼續討論信貸循環如何導致資金過多與過少的方法：

✉尋找市場極端情況的原因，通常需要將信貸循環倒回幾個月或幾年。大多數狂飆的多頭市場是受到提供資金的意願高漲所慫恿，通常都很輕率。同樣的，大多數市場崩盤之前都是全面拒絕融資給特定公司、產業，或是所有想要借款的人。

我的目標接下來是要描述信貸循環的影響。為了這樣做，我要再次回頭談全球金融危機，因為它提供最好的教訓。

在一九六〇年代後期，也就是我早期擔任股票分析師的時候，我清楚知道經濟週期，以及企業獲利會如何以增加與減少回應。雖然我還有很多東西要學習，但是我已經知道一點心態的波動和應對風險的態度（以及它們的重要性）。但是我幾乎不理解信貸循環的角色或運作。簡而言之，除非你經歷過，不

＊首次公開發行（initial public offerings），簡稱ＩＰＯ。

然你很難完全了解投資界大多數的現象。現在我已經得出結論，信貸循環真的非常重要。事實上，當我被問到二〇〇七至二〇〇八年全球金融危機的原因時，我會把它列為榜首。

為二〇〇七至二〇〇八年慘痛的經驗取名為「全球金融危機」，反映的事實是，這本質上是一個**金融**現象，幾乎完全是由金融市場裡的事件引起，而不是由經濟或其他事件引起。下面這些金融界的態度與行為要素，就是導致這場影響廣泛的危機：

- 存在的原因是138至140頁說明應對金融風險太過輕忽的態度。
- 聯準會降息，導致對高收益投資的強勁需求，激起這些無憂無慮的態度。
- 除了其他因素以外，這兩個因素導致部分投資人有過高的意願接受創新的金融商品，而且全盤接受歷史上最有利的推斷，以及這些產品所根據的其他樂觀假設。
- 在這些創新中占據主導地位的房貸擔保證券，導致房貸需求快速增加，來產生流行的新證券。
- 這種需求促使房貸繼續出售，這反過來讓房貸放款機構更為粗心的選擇願意借錢的潛在屋主。因此，由於房貸原先的放款機構都不會保留它們創造的房貸，它們就不必擔憂這些房貸是否穩健。在這種趨勢達到極端下，「次級」房貸（"sub-prime" mortgages）這個產品被創造出來，用來提供給無法滿足就業或所得門檻規定的傳統放款標準，以及選擇借出較高房貸利率而不留下這些紀錄的借款人。事實上，這些不符標準的借款人能夠借出很多錢，顯示出信貸市場狀況的不理性。
- 房貸放款機構放寬徵信條件，並讓屋主取得慷慨的次級房貸融資，使得更多美國人比過去更有可能擁有房屋，包括很多在更嚴格的傳統房貸標準下無法負擔房貸的人。

- 被大量次級房貸擔保證券的潛在獲利引誘（而且受自己的天真或貪婪驅使），信用評等機構藉由提供過高的評級來競爭這項業務，競相比爛。
- 在短債利率很低的因素助長下，為了使房貸放款達到最大，原先的房貸機構靈機一動，調降最初的每月還款金額，使得房屋購買能力顯著增加。這導致浮動利率房貸的廣泛採用，根據前期優惠利率（"teaser" rates of interest）決定較低的最初每月還款金額。顯然這些非固定利率對借款人帶來潛在的風險，使得他們只有在利率增加之前才能夠負擔貸款。但是多虧慷慨的資本市場條件，借款人得到保證，總是能夠再次融資，以次級房貸的優惠利率轉貸。
- 投資銀行急著將大量的次級房貸原料包裝成平均最高評級的房貸擔保證券，要讓銷售量達到最大。在「財務工程」（financial engineering）正大受歡迎之際，此舉的狂熱引發房貸擔保證券的分券（tranches）評等與它們實際上在面對壓力下的表現完全脫節*。
- 創造和賣出這些證券的投資銀行為了有利於大量發行，或僅僅期望能持有高收益資產，往往會願意保留房貸擔保證券債券結構最底部的分券**（也就是說，甚至連它們都渾然不覺自己的產品天生就有毒）。而且其他銀行也利用許可內的高槓桿，藉由低成本的舉債購買高風險、高收益證券和次順位的結構性房貸擔保證券分券，以非常有利的收益利差來創造資產。

---

* 因為各筆房貸的風險不同，為了符合投資人需求，所以投資銀行可以將這些房貸重組，「分級」（tranched out）成幾個不同評等的房貸擔保證券分券（tranches），達到投資人想要承擔的風險要求。而事後來看，評級機構給這些分券的評等並不符合實際的風險情況。

** 也就是評等較低、風險最高的分券。

你可以從上面的敘述看到，幾乎所有產生全球金融危機的條件都是出自金融體系和信貸循環內部。構成金融危機起初的發展並不是一般經濟繁榮或企業獲利廣泛飆升導致。關鍵事件並不是發生在一般商業環境或外面更大的世界。相反的，全球金融危機完全是金融玩家的行為所導致的主要金融現象。創造這個週期的主要力量包括資金容易取得、缺乏足夠的經驗與謹慎來使無限的熱情消褪、充滿想像力的財務工程、放款的決定與貸款的保留分開；不負責任與極度的貪婪。

但必須指出的是，這種連鎖反應是由民選政府官員支持，他們急於擴大美國人擁有房屋的夢想，而且天真的認為，如果每個人都能夠買房是非常好的事。在二〇〇二年十月美國總統喬治・布希（George W. Bush）的一場演講中，他反覆提到有個朋友告訴他說：「你不必為首次購屋族提供一個糟糕的房屋，如果你決心要做，首次購屋族、低所得的購屋者也能夠跟其他人有一樣好的房屋。」我懷疑那時聽到這個聲明的人是否就像今天看到的那樣，發現這個說法不合邏輯。

在全球金融危機爆發之後，之前最大力提倡擴大房屋自有率的眾議院議員巴尼・法蘭克（Barney Frank）說：「擁有房屋是件好事，但是我們在這個社會犯下一個很大的錯誤。社會裡有些人不應該被允許借錢買房子，而且我們促使不應該擁有房子的人買房。」（正如你看到的，政治修辭也會週期性變化。）

換句話說，為全球金融危機提供基礎的事件幾乎都與金錢有關。對金錢的追求帶來強勁的上漲，用來反應與限制資金取得的經濟實際情況往往被忽略，而且通常呈現出市場參與者提供資金意願的小心謹慎與風險趨避意識，基本上並不存在。因此資本市場週期上升到一個不理性的極端，後果通常可以預見。

當週期上升到極端時，不可能永遠停留在那裡，有時會支撐不住而做出修正，有時會因為週期外的事件發生而做出修正。在這類例子中，更多時候是發生前者的情況。就像為金融危機打下的基礎一樣，市場的解體基本上都是金融事件，雖然第一個步驟都來自「現實世界」。

- 最有影響力的事件是，二〇〇六年，次級房貸借款人開始大量違約，一些借款人在沒有證明還款能力的情況下得到貸款，結果事實證明無法還款。有些透過詐欺取得的貸款在虛擬的借款人消失時轉壞，至於允許屋主在打賭房價會持續上漲下，不用冒險投入自己的資金去購買房屋的全額房貸，則在房屋市場停止上漲後放棄還款。
- 不論是什麼原因，允許次級房貸擔保證券實現高槓桿和高評等、堅持不會出現全國性房貸違約潮的歷史判斷基礎並沒有成立。果不其然，過度依賴這樣的歷史經驗的放款決定並不明智。重要的是，放款機構和投資人忽略這種依賴放款行為過於疏忽的機會，本身就與歷史不相干。
- 大量房貸違約導致房貸擔保證券評等調降、違反合約與違約不付款。
- 評等調降、違反合約與違約不付款導致房貸擔保證券的價格崩盤，而且由此產生的信心喪失，造成這些工具的市場流動性枯竭。
- 驚慌的買家退到場外，而且驚慌的持有者愈來愈渴望出售（或是被迫因為追繳令而賣出），結果使房貸擔保證券價格急遽盤旋下跌。
- 這些負面的事件發展與新法規出現正面衝突，新法規的設計是要增加透明度，要求銀行資產必須「按市值評估」（marked to market）。但是由於價格呈自由落體下跌，而且流動性不存在，很難相信任何價格選擇。當銀行將它們的資產適度保守的減記時，隱含的損失會讓投資人感到震驚，引發進一步的恐慌，結果導致價格進一步下跌等等。

- 在很多情況下，銀行的生存受到質疑，很多銀行必須被其他銀行合併（在政府的支持下）或是接受政府紓困。
- 每次銀行倒閉、（以一股幾美分的價格）收購或紓困都會帶給投資人損失，而且進一步削弱信心。此外，銀行間的相互連鎖關係導致對留存銀行準時付清款項的能力出現嚴重擔憂，「交易對手風險」成為最新的擔憂來源。
- 銀行財報出現巨額虧損，信用違約交換（credit default swaps，使用銀行信譽來對賭的衍生性商品）的報價上漲，顯示出破產的可能性增加。股東以拋售股票來回應，迫使股價降低。放空的賣家不斷賣出股票，加重下跌壓力，使他們的悲觀預測自我應驗，而且進一步延長這個惡性循環。
- 最後，雷曼兄弟尋求合併或紓困都被拒絕，只好宣告破產，銀行倒閉，加上其他很多事件同時發生，導致全面恐慌。
- 儘管市場在二〇〇七年中對房貸問題已經做出不利的反應，但卻忽視會蔓延到其他領域的可能性。在二〇〇八年底，每個人對每個商品都放棄希望，除了國庫券和黃金之外，所有資產的價格都崩跌。
- 使用借來的資金投資（使用「槓桿」或「保證金」）的基金都看到資產價格急遽下降，而且從放款機構那裡收到追加資金的要求。當它們向銀行請求再給更多時間時，銀行通常不能或不會批准，結果是痛苦的把投資組合集體拋售，進一步增加價格下跌的壓力。

• 在這種環境下，資本市場猛然關閉，這意味著金融市場到處都不可能看到有新的融資出現，甚至連完全無關的房貸也是如此。
• 在上面這些因素的考量下，所有經濟單位都退卻，拒絕購買、投資或擴張，結果是一場被貼上「大蕭條」標籤的經濟緊縮。

在二〇〇八年最後的十五週達到極端的情況，信貸循環的下跌段似乎很普遍，勢不可擋，很少人會想像有任何力量能夠阻止。就像前一章說的，任何假想的情境都極端到難以實現。大家認為金融體系很可能真的徹底崩潰。

✉ 重點是，潛在的資金提供者在任何日子提供資金的意願會劇烈波動，對經濟和市場產生深遠的影響。毫無疑問，最近的信貸危機就跟過去的情況一樣糟，因為信貸市場凍結，而且除了政府以外，都無法獲得資金。（〈打開和關閉〉，二〇一〇年十二月）

我真的相信系統崩潰可能會發生，就像大蕭條時期看到的後果。美國前財政部長提摩西・蓋特納（Timothy Geithner）寫的書《壓力測試》（*Stress Test*）證實了這點。不過幸運的是，美國政府採取的措施扭轉局勢，包括前面提到的擔保所有商業本票與貨幣市場基金。銀行紓困顯示可以提供援助，而且二〇〇八年九月雷曼兄弟的破產則暗示政府正在區分哪些銀行值得拯救，哪些銀行不值得拯救。恐慌的市場參與者確信摩根士丹利（Morgan Stanley）會接著雷曼兄弟倒閉，再下來則是高盛。當日本三菱日聯金融集團（Mitsubishi UFJ）承諾要投資摩根士丹利九十億美元時，這個下跌趨勢終於停止。

重要的是，信貸市場上發生的事件最終表明，即使在範圍廣泛的災難性事件下，週期不可能永遠朝著同一個方向前進。債券價格從二〇〇八年九月十五日雷曼兄弟破產到年底一般都呈現自由落體下跌。但到了二〇〇八年底，市場穩定復甦的條件已經就位。

- 收到保證金追繳令的高槓桿基金不是要募集額外資金，就是要出售資產來進行必要的去槓桿化，或是清算。
- 收到投資人希望在年底贖回的基金和經理人，不是要提高「門檻」延遲贖回的時間，或是完全將資產賣出，來符合他們的需求。
- 債券價格達到一個意味著收益率很高的程度，使得賣出變得困難，而且買進變得很有吸引力。
- 最後市場參與者證明，當負面心態普遍出現，而且有「事情不可能變得更糟」的感受時，它們就不會繼續下跌。當所有樂觀情緒都被趕走，而且恐慌的風險趨避意識到處都有時，就可能達到價格不再降低的時間點，而且當價格最終停止下降，人們往往會感覺安心，因此價格有可能回升、開始上漲。

二〇〇九年第一季債券報價繼續下跌，因為冷靜、信心和購買力的「基底」尚未完全恢復，但是由於上面列出的因素，投資人大規模購買的能力在年初開始枯竭。而且當第二季購買興趣成形時，或許是因為不良債券買家逐漸意識到他們已經不合理的迴避「接住落下的刀子」這樣的艱巨任務，缺乏債券供給，促使債券價格強力向上反彈。

全球金融危機顯示的信貸循環是大蕭條以來最大的極端。歷史上債券市場一般被認為很保守，這意味著過度上漲很有限，而且大部分的泡沫都發生在股票市場。當然那是一九二九年大崩盤之處。

但是在一九七〇年代後期高收益債券市場創立之後，開啟債券投資的自由化，而且隨後三十年普遍樂觀的經濟環境，為勇於冒險的人提供有利的整體體驗，這種結合導致接受低評等與非傳統債務工具的強烈趨勢。

債券市場在一九九〇至一九九一年（與一九八〇年代高槓桿收購案的普遍破產有關）與二〇〇二年（由於過度放款讓電信業的建設過多，同時幾個受人矚目的公司出現會計醜聞，導致公司被顯著降低評等）的表現不佳，但是因為這些事件的發生原因是孤立的，所以產生的影響也有限。直到二〇〇七至二〇〇八年金融市場才第一次見證債券引發的恐慌，並對整體經濟帶來後果。因此，全球金融危機提供展現信貸循環全面效應最好的例子。

資本市場訊息背後的意義

就像我在〈打開和關閉〉中的描述，資本市場週期的運作很簡單，而且它的訊息很容易察覺。一個緊張、謹慎的信貸市場通常是源自、引導或隱含下面這些事情：

- 害怕虧錢

- 風險趨避與懷疑加劇
- 不論多有價值，都不願意放款和投資
- 到處都缺少資金
- 經濟緊縮，而且債務再融資很困難
- 違約、破產和公司重組
- 資產價格低、預期報酬高、風險低，而且風險溢價過高

合起來看，這些事情顯示出這是投資的大好時機，當然，由於恐懼和風險趨避在創造這些情況扮演很重要的角色，所以大多數人在這樣的心態發揮作用時會避免投資。這使大多數人在資本週期轉為負向時很難去投資，而這時的潛在獲利最為豐厚。

另一方面，一個慷慨的資本市場通常與下面的情況有關：

- 害怕錯過賺錢良機
- 風險趨避與懷疑減少（於是實質審查減少）
- 願意投入大筆資金，無論交易有多稀少
- 願意購買更多的證券
- 願意購買品質下降的證券
- 資產價格高、預期報酬低、風險高，而且風險溢價不足

從這份要素清單可以很清楚看到，資本市場的過度慷慨源自於謹慎不足，因此應該要給投資人一個最明顯的警示。當有好消息、資產價格上漲、樂觀情緒升高，而且所有事情似乎都有可能發生時，完全開放的資本市場就會出現。但是它總是會帶來不健全的證券發行與高估，而且產生的債務水準最終導致破產。

重點是，在完全開放市場新發行的證券品質值得特別關注。風險趨避與懷疑減少，而且愈來愈專注在確保機會沒有錯失，而不是避免損失，會使投資人樂於接受大量的證券。同樣的因素使投資人願意買進更多低品質的證券。

當信貸循環處於擴張階段時，新發行證券的統計數據表明投資人正在買進大量的新證券，但是低品質證券的接受度則有點難以捉摸。雖然看得到信用評級和合約條件，但要付出努力和推理才能了解這些事情的重要性。在資金供給過剩的瘋狂搶食下，承認並抵制這個趨勢似乎超出很多市場參與者的能力。這是為什麼過於慷慨的資本市場後果包括損失、經濟緊縮，以及隨後不願意放款的許多原因之一。

上述所有內容的重點是，慷慨的信貸市場通常會與上漲的資產價格與隨後出現的損失有關，而信貸緊縮則會創造低廉的價格與龐大的獲利機會。（〈打開和關閉〉，二〇一〇年十二月）

即時知道目前所處的週期位置

本書的最終目的不是要幫助你了解在週期**後**發生什麼事，像是上面描述很多的全球金融危機。相反的，它能使你即時感覺到我們正處於很多週期的位置，因此採取適當的行動。

處理信貸循環的關鍵在於認識到，當事情進展順利一段時間之後，信貸循環達到高峰，舉目所見都是好消息、風險趨避低、投資人汲汲營營獲利。這很容易使借款人輕易募資，而且造成買家和投資人競爭這樣的機會去提供資金。結果是出現低廉的融資、低信貸標準、不夠好的交易，以及不明智的信貸展延。當信貸窗口完全開放時，掌握優勢的是證券發行人，而不是放款人和投資人。這些事情的暗示很明顯，那就是要謹慎行事。

在信貸循環的另一個極端則完全相反。當事情發展不如人意、風險趨避意識加劇、而且投資人感到沮喪時，信貸循環就會達到最低點。在這種情況下，沒有人願意提供資金、信貸市場凍結、而且提出的商品沒人要。這時掌握優勢的人是資金提供者，而非證券發行者。

由於借錢困難，而且資金普遍不足，擁有並願意參與的人可以採用嚴格的標準、堅持穩健的貸款結構和保障條款，還能要求很高的預期報酬。正是這些條件提供優異投資人所需的安全邊際，當這些條件都具備時，投資人應該積極行動。

優異的投資並不是買進高品質的資產，而是在交易條件不錯、價格低廉、預期報酬豐厚，而且風險有限時買進。在信貸市場處於週期中不那麼亢奮、更為緊縮的時候，這些條件就要愈多。在信貸循環猛然關閉的階段，可能比其他單一因素提供更多便宜的投資標的。

第10章
不良債權週期

鮮少放款人或購買債券的人會輕率地把錢借給未來不會依照原訂條件還錢的人；而且如果他們夠清醒，一定也會堅持在放款的同時，取得一個安全邊際；就算債務人的景況急轉直下，也足以確保利息和本金正常還款。

不過，當信貸市場一片火熱，也就是競相比爛的氛圍導致貪婪的放款人對較不符合資格的貸款人提供融資，並接受較脆弱的債權結構——某些債務人就能趁機發行缺乏上述安全邊際的債券，在這種情況下，一旦市場稍微惡化，那些債券的發行者將沒有能力履行還款義務。這就是不當授信。我們橡樹資本的同仁形容這樣的流程是為了點燃下一場營火而「在點火台上堆滿柴火」。

我很幸運能在三十年前和布魯斯・卡許合作，並有幸在一九八八年和他共同成立我們的第一檔不良債權投資基金，我們相信那是主流金融機構有史以來所發行的第一批不良債權基金之一，從那時開始，我們便進入一個高度專業化的投資利基市場。

我們的不良債權基金並不是投資到表現良好且前途無量的企業，相對的，不良債權投資通常是投資營運表現非常糟糕且已無力償還流通在外債務的企業，或被視為極端可能債務違約的企業：換言之，我們是投資已經破產或一般人認為即將破產的企業。更清楚地說，我們投資的典型企業並非營運面臨挑戰的企業，而是負債過高的企業；因此，「優良的企業，差勁的資產負債表」是我們的座右銘。

通常投資人購買債券或放款，目的是期望能定期收到利息，並在債權到期時獲得本金的返還。然而，投資不良債權的人則一致認為前述兩種狀況不會發生，換言之，他們認為貸款人不會定期償還利息，也不會在到期時返還本金。如果不良債權的投資人不期望能收回利息和本金，他們圖的究竟是什麼？

答案是，當債務人未依照既定時程支付利息給債券持有人，債券持有人就擁有對債務人的「債權人聲索權」（creditor claim）。簡短來說（儘管有點過度簡化），當一家公司破產，原有股東的權益會被消滅，而原來的債權人則會變成新股東。每一個債權人都會獲得一部分應歸屬他的企業價值（應歸屬於他的價值取決於他持有的原始債權金額和債權的優先受償等級），而那些企業價值是由現金、新債權和公司未來的股份等組成。

也因此，不良債權的投資人會試著釐清（1）破產公司有多少價值（或完成破產程序後將有多少價值）；（2）那個價值將會如何分配給該公司的債權人和其他求償者，以及（3）這個分配流程要花多少時間才會完成。如果能找到這幾個問題的正確答案，就能判斷若以特定價格購買該公司某一部分債權，將會獲得多少年度報酬。

由於我們從一九八八年就展開不良債權投資，因此算是捷足先登，搶得一個極端有利的立足點，因為當時的競爭者非常少，整個戰場鮮為人知，更少人了解，不管是在任何一個領域，這兩個條件是確保優異報酬率的關鍵。也因此，從那時迄今的二十九個年頭，我們基金的平均報酬都相當優異。不過，一如世間許多事，「平均」這個字眼的意義是有限的。實際上，我們在時機不那麼好的時期所成立的基金，通常獲得良好的報酬，但在正確的時機成立的基金，則獲得了絕頂優異的成果。

換言之，透過不良債權創造最佳投資報酬的機會並非時時刻刻都存在，那樣的機會總是來來去去。基於本書主題的考量，我在此將討論的是導致那些機會來來去去的因素。不意外的，這個問題的答案就是：不良債權週期的波動。但引發那些週期性波動的因素又是什麼？

一個週期裡發生的每個事件，都是下個事件的導因

透過不良債權獲利的機會具有極端明顯的週期性，而且那些機會出現與否，取決於其他週期的發展。所以，這些機會是闡述各種週期的運作模式的良好例證，因此正適合在此討論。

最初，即一九八八年、一九八九年和一九九〇年年初。我們的基金因外界忽略不良債權投資的好處而受益良多，所以，我們的報酬率相當亮麗。不過，到了一九九〇年下半年，次級投資等級（sub-investment grade）債券市場崩盤，我和布魯斯聯手共渡了那一次的難關（我們共聯手度過三次重大危機，而那是第一次）。那個事件除了促使價格降低（造就許多撿便宜的機會），讓我們的基金得以在一九九〇年創下優於平均報酬率的績效，也留下了非常有教育意義的教誨，因為它讓我們首度得以一窺不良債權領域絕佳投資機會的形成過程。

促使那類絕佳投資機會增加的基本要素有兩個，第一個是「愚蠢的不當授信」。讀過上一章的內容後，你應該已了解我打算說些什麼，也清楚這個狀況是怎麼發展出來的。我將透過高收益債券的例子來說明：

- 最初，適當規避風險的投資人以嚴謹的信貸標準來審視高收益債券的發行。
- 促使債券得以發行的那種良性經濟環境，讓企業得以順利償還現有的債務（意味違約的情況少之又少）。
- 在這樣的環境下，高收益債券得以為投資人實現非常牢靠的報酬——因為這種債券的票面利率很高，而當時的大環境讓投資人多半免於因發行者違約而受到損害。
- 牢靠的報酬說服投資人相信高收益債券投資是安全的，於是，愈來愈多資金被吸引到這個市場。
- 愈來愈多尋求投資機會的資金代表高收益債券的需求上升。由於華爾街一向都不容許供不應求的情況發生*，於是，債券發行量大增。
- 允許較大量債券發行的情勢（即強烈的投資人需求），讓較低信用評等的債券得以順利且大量發行。

鮮少放款人或購買債券的人會輕率地把錢借給未來不會依照原訂條件還錢的人；而且如果他們夠清醒，一定也會堅持在放款的同時取得一個安全邊際；就算債務人的景況急轉直下，也足以確保利息和本金正常還款。

不過，當信貸市場一片火熱，也就是競相比爛的氛圍導致貪婪的放款人對較不符合資格的貸款人提供融資，並接受較脆弱的債權結構，某些債務人就能趁機發行缺乏上述安全邊際的債券，在這種情況下，一旦市場稍微惡化，那些債券的發行者將沒有能力履行還款義務。這就是不當授信。我們橡樹資本的同仁形容這樣的流程是為了點燃下一場營火而「在點火台上堆滿柴火」。

不過，那只是整個流程的上半段。即使為了點燃下一場營火而準備的木柴已堆疊完成，除非第二個要素形成，否則也不會燃起熊熊大火。第二個要素就是引爆裝置。它通常是以「經濟衰退」的形式到來——經濟衰退會導致企業獲利降低；而企業獲利的降低通常會伴隨著信用緊縮的到來——信貸窗口驟然關閉，以致債務人無法就現有的債務進行再融資，並因此落得債務違約的下場。通常相關的情勢會因外部事件的催化而雪上加霜；這類外部事件會傷害投資信心，並損害到經濟體系與金融市場。一九九〇年時，這類外部事件包括：

- 波斯灣戰爭——由伊拉克入侵科威特一役拉開序幕；
- 一九八〇年代眾多採用高財務槓桿的著名收購案件紛紛以破產收場；以及
- 麥可．米爾肯（高收益債券圈的主要投資銀行業者）的鋃鐺入獄，和德崇證券（Drexel Burnham，米爾肯的雇主，和高收益債券關係最為密切的投資銀行）的崩潰。由於德崇證券與米爾肯相繼

* 譯註：換言之，只要有需求，華爾街必定會發行各種金融商品來滿足投資人的胃口。

從舞台上消失，過去曾有效防止多家財務羸弱的企業步上債務違約一途的補救性交易（remedial exchanges）因此難以進行。

當這個引爆裝置被點燃的那一刻，原本理當不該發行（甚至某些理當發行）的債券，紛紛開始違約。

- 轉趨遲緩的經濟導致企業更難以償還它們的債務。
- 由於信貸市場關閉，債務人無法進行再融資，這意味著債務違約案件開始增加。
- 債務違約增加將傷害投資人心理。
- 原本在一帆風順時期能夠忍受風險的投資人，此時開始趨避風險。
- 於是，世人不再偏好將資金貸放給財務有困難的企業，但不久前他們還認為這些企業看起來像不錯的投資標的。
- 潛在的債券買家退縮，拒絕「承接自高空掉落的刀子」，並紛紛表示將等到不確定性解除後再採取行動。
- 資金從市場上流出。買方猶如驚弓之鳥，賣方掌握主導權。
- 愈來愈多人賣出債券；導致債券價格連番下跌；接到贖回通知的基金成為被迫賣出的一方；到最後，債券淪為跳樓大拍賣的標的，只要買方肯出價，就能買到想要的債券。

上述種種情勢讓人得以用物超所值的價格買到不良債權，從而有機會獲取優渥的報酬。

當然，這個週期並不會只朝單向發展。到最後，經濟體系終將開始復原，信貸市場也會重新開啟。這兩項發展將使高收益債券的違約率漸漸降低。經濟日益改善與違約率漸漸降低等因素的結合，將使賣壓逐漸減輕，債券價格下跌壓力也會日益紓解，甚至有人會開始買進。此時，債券價格將反轉並上漲。當一般人注意到某人在底部買進的債券已經有獲利以後，就會有更多資金受吸引，魚貫進入這個市場。而投資成果的改善以及資金流入增加等因素的結合，將使這種債券的需求再次開始成長，至此，整個週期便告完成，我們又回到了起點。

不久前，我簡要彙整了一份說明債券發行週期和不良債權週期的興衰彼此重疊的重點提要，如下：

- 投資人一味規避風險的態度導致債券的整體發行量受限，因為他們只要高品質債券。
- 高品質債券的發行使違約率降低。
- 違約率降低促使投資人漸漸流於自滿，並變得較願意容忍風險。
- 願意容忍風險的投資人態度，衍生出發行量增加的較低品質的債券。
- 較低品質的債券因陷入困境的經濟而受到嚴厲考驗，而經濟困境最終更導致違約率上升。
- 違約率上升引發寒蟬效應，投資人因而再次趨避風險。
- 就這樣，一切再度周而復始。

這就是我一再在現實世界目睹的週期之一。長達二十九年的不良債權投資經驗告訴我，類似的週期題材一定會再次出現。以上對這個週期的描述方式，給了我一個絕佳的機會重申一項重點：一個週期裡發生的每一個事件，都是下一個事件的導因。事實上，我是特別為了強調這項重點而設計這種敘述方式。請回頭檢視上述的進展：你將發現，每一行最後的幾個字都正好呼應了次一行開頭的幾個字。這樣的連鎖反應關係確實存在，而且我預期未來這樣的連鎖反應還是會繼續發生。

週期的交互作用

誠如你所見，不良債權市場投資機會的來來去去導因於其他週期的交互作用，所謂的其他週期包括經濟、投資人心理、風險態度以及信貸市場等週期。

- 經濟的週期會影響投資人心理、企業獲利能力以及債務違約的發生率。
- 心理的週期導致信貸市場情勢以及投資人放款、買進與賣出意願等出現起伏。
- 風險態度的週期助長低品質債券在高峰時期大量發行的風氣，並導致世人在底部時期拒絕為再融資提供資本。
- 信貸週期會對以下兩者產生深遠的影響：再融資的可取得性，以及潛在債券發行者受制於嚴苛信貸標準的程度。

但願以上所述已清楚說明了一件事：影響不良債權市場的多元根本週期絕對不是個別且獨立發生

的。誠如我先前提到的，這些根本週期也各有起落，每一個週期也是促使其他週期起落的導因；另外，每一個週期也會受到其他週期的起落的影響。不過，這一切所造成的結果，就是一個和不良債權投資機會有關的激烈週期，而這個激烈週期有待後續解釋。

第11章

房地產週期

投資多半容易受籠統概化（gross generalizations）與以偏概全的陳述（sweeping statements）影響；因為人類有貪婪及流於癡心妄想的傾向，所以通常只會強調正面因素；而且，基於某個理由，房地產領域似乎尤其如此。在我的職涯發展過程中，我聽過某些人以一些囫圇吞棗的說法來為他們的房地產投資辯解，像是「房地產不可再生」（和土地有關）、「橫豎可以自住」（和房子有關），以及「它是對抗通貨膨脹的工具」（和各式各樣的房地產有關）。但殘酷的現實留給世人的教誨是，不管上述說法背後的理由有多麼無可反駁，沒有一個說法能保護一個以過高價格買進的投資標的。

房地產週期和其他週期有很多共通點，例如控制資金或信貸供給的週期：

- 正面的事件和愈來愈高的獲利能力使世人變得愈來愈熱情與樂觀。
- 心理面的好轉鼓勵人們變得積極採取更多的行動，包括從事更多的某種活動；根據更樂觀的假設來從事這項活動；為了從事這項活動而付出更高的價格；和／或降低從事這項活動所必須符合的標準。這一切的一切傾向於促使一般人承擔較高的風險。

- 正面的心理加上更多且更積極的行動促使資產價格上漲，而資產價格的上漲會鼓勵投資人採取更多行動，而這又會進一步促使資產價格繼續上漲，承擔的風險也愈來愈高。
- 這個良性循環不可避免將展現出一種「勢不可擋」的面貌，那會導致資產價格及這項活動的熱度持續上升，最後達到無以為繼的程度。

不過，當消息最終變得不那麼正面，且環境變得較不那麼有利，事實就會證明，心理面、活動熱度和風險承擔的水準皆已過高，資產價格亦然。因這個事實而引爆的價格修正，將使心理變得不那麼正面，而當心理變得不那麼正面，投資人將抽回資金，這將對價格造成進一步的壓力，等等。

以上所述是多數金融週期的共同要素，當然也包括房地產週期。不過，房地產週期還包含其他週期通常缺乏的另一項獨特要素：實際啟動房地產開發作業前的漫長前置期（lead times）。

舉個例子，在信貸市場上，好消息和樂觀的心理將促使放款增加——只要投資銀行業者能找到潛在的貸款人，而且來得及印製公開說明書，放款隨時可增加。所以，放款人日益上升的熱情，幾乎可立即轉化為對證券的更多需求、對殖利率的較低要求、較低的放款標準，還有更高的放款金額及證券發行水準。

不過，在有形的房地產市場（也就是所謂的「實體磚瓦」市場）這個流程可能會顯著延遲。一棟新建築物真正在市場上推出前，也就是樓板的供給開始增加（如果需求沒有同步增加，樓板面積的增加將對樓板空間的價格形成下降壓力）以前，必須先完成以下諸多事項：經濟可行性研究、尋找並購買合適的地皮、設計建築物主體、完成環境影響研究、向主管機關取得建築許可，有時還必須進行區域改造、取得融資；還必須完成建築工事等。這個流程有可能前後耗時好幾年，如果是大型建案，整個流程甚至可能耗時超過十年。不過，市場狀況有可能在這段期間顯著改變。

以下將引用〈老生常談〉（Ditto）（二〇一三年一月）備忘錄中對房地產開發週期的說明來闡述我的觀點。誠如我在那一篇備忘錄裡說明的：「通常它（譯註：指房地產開發週期）很清晰、單純，且規律地重演」：

✉
- 惡劣的時機導致建築活動低迷，可用於建築業的資金也受限。
- 不久後，時機變得稍微不那麼糟糕，最終甚至變好。
- 好轉的經濟時機促使讓渡物件的需求上升。
- 由於在房地產景氣疲軟期間開工且目前可上市的建築物稀少，對樓板空間的這一股額外需求會導致供需情勢趨於緊繃，租金和售價也會開始上漲。
- 房地產所有權經濟學的好轉，重新喚醒了房地產開發商的熱情，並陸續展開建築活動。
- 時機與房地產經濟學的好轉，使資金的提供者變得較為樂觀。而資金提供者心態上的改善，使得融資愈來愈容易且愈快速取得。
- 較廉價且較寬鬆的融資條件，使潛在建案的預估報酬率上升，預估報酬率的上升讓那些潛在建案變得愈來愈秀色可餐，開發商也愈來愈渴望推動這些建案。

- 預估報酬率的上升、更樂觀的開發商，以及更慷慨的資金提供者，共同促使新開工的建築案件大幅增加。
- 搶先完工的建案正好碰上強勁的需求，其中有些需求甚至暫時無法獲得滿足。建案一上市便快速完租或完售，開發商因此獲得優渥的報酬。
- 優渥的報酬加上愈來愈正面的媒體頭條報導，促使業界規劃更多建案，並順利取得融資和建築許可。
- 放眼望去，滿天都是起重機（而且建商還向工廠訂購額外的起重機，但那是另一個不同的週期）。
- 建案從開工到完工，前後要花好幾年。在興建期間，第一批上市啟用的建築物將陸續消耗尚未滿足的需求。
- 從建案開始規劃到建築物落成並啟用的期間很漫長，而在這段期間，整體經濟狀況有可能由繁榮轉為衰退。在良好時機開工的建案經常要等到惡劣的時機到來時才啟用，一旦出現這種狀況，那些完工建案的樓板空間將導致空置的空間增加，對已經開始下跌的租金與售價構成雪上加霜的壓力。此時這些空置的空間將無法去化，一直留在市場上。
- 惡劣的時機導致建築活動低迷，可用在建築業的資金也受限。

請注意，一如本書討論的其他很多週期，每一個階段都是下一個階段的導因。特別是這份清單最下方的那個階段其實是第一個階段的先決條件。這個例子充分說明了週期的運轉一向永續不斷的循環。

選在繁榮時期啟動建案，反而可能成為風險來源之一

以放款週期來說，由於整個過程的時間滯後（time lags，以下簡稱時滯）天生就很短暫，所以，貸款人正式獲得撥款時的主流經濟與商業情勢，大致上會和放款意願產生及貸款計畫浮現時的情勢差不多；而且就算經濟或商業情勢在相對短暫的期間內大幅轉變，放款人也可能會啟動貸放款合約中的「重大負面變化」條款，撤回先前的放款承諾。在這種情況下，因概念產生和實際行動之間的時滯所衍生的整體放款風險就會相對微小。

不過，由於一棟建築物從概念的形成到完工啟用，通常得耗時很多個年頭，而在這段期間，各項情勢有可能一如上述，出現大幅度的變化。這個現實導致房地產開發活動所面臨的潛在風險要素增加。而開發商當然希望能透過長期外部融資的使用（因開發商使用的自有資金相對較少，他們承擔的風險因而降低，並得以透過這種財務槓桿效果來大幅提升整體報酬率）來抵銷這個風險。

我在一九八〇年搬到洛杉磯時，西木區（Westwood）「威爾夏走廊」（Wilshire corridor）沿途矗立著一座座鋼鐵結構，那些建案的開發商原本打算在此建造大量閃亮動人的獨立產權公寓大樓，但在一九七〇年代末期展開這些建案的開發商，卻在一九八〇年陷入困境。原因是，隨著整體經濟狀況惡化，加上較早完工的建商所創造的供給已滿足了市場需求，所以，原本支持眾多開發商興建那些建案的有利情勢已轉向負面。

其中某些生鏽的鋼構經過很多年都沒有完工。原本夢想透過某個建案大賺一億美元高額報酬的開發商，最後反而虧掉五百或甚至上千萬美元的權益（而銀行則無法回收當初貸放給那些建案的多數建築貸

款）。那種種情況闡述了房地產週期的下降趨勢以及漫長時滯的影響。

不過，趁機購買這些停工建案（通常是向沒收這些建案的放款人購買）並接著完成興建工事的投資人，通常將因以下因素而受惠：

- 得以用低於原開發商投入土地、規劃、過戶和興建結構的成本取得這些建案。
- 由於他們是在非繁榮時期的環境下接手，故得以用較低的勞工薪資與材料價格來完成那些建案，換言之，他們能用較低的成本完成建案。
- 從開始投入到建築物完工的期間較短，以及
- 在時機惡劣階段買入的停工專案，很有可能正好在時機良好的階段完工並推出市場（一如這些專案很可能在時機良好階段取得建築許可，但到時機惡劣階段才完工上市）。

房地產投資的漫長前置期衍生了這樣的可能性，而且我的團隊也參與了這類機會。這闡述了週期對獲利潛力的影響。選在繁榮時期啟動建案，反而可能成為風險來源之一；但在時機不佳的階段購買這種專案，則可能讓人獲得可觀的利潤。這一切取決於你的作為以及採取這些作為的時間點。套句高爾夫用語：「每次推桿總是幾家歡樂幾家愁。」

受約定俗成的意見影響

我們還能透過房地產市場清晰見到週期的另一面，不過，這個面向也會影響到其他很多領域的週期；這個面向是：人類在制定決策時，通常未能考量到其他人的作為。以下是一個例子：

當景氣處於繁榮階段，財富不斷增加，一般人也愈來愈自我感覺良好，此時住宅的需求通常一定會增加，而這將促使房價上漲，住宅買方也較容易取得房屋抵押型融資。通常隨著住宅需求的增加速度相對高於供給增加速度（供給增加的調整速度很慢），住宅開發案件不足的現象將漸漸浮現。而此時的高房價加上放款人熱中於承作住宅建商融資等，則會促使新屋建築活動增溫，以便滿足增加的購屋需求。

在這樣的環境下，某個住宅建商可能因此認定他所在的城鎮有一百棟未被滿足的住宅需求。儘管有非常多人提出告誡，他個人取得資金的能力和可取得的資金規模也受限，這個建商還是決定興建二十棟新屋。到目前為止，一切看起來並無不妥。

不過，萬一有十家住宅建商都在此時做了相同的決定，情況將會如何發展？在那個狀態下，這十家建商共將興建兩百棟新屋。首先，計畫興建的新屋將比房屋需求量更多。第二，到這些住宅完工上市之際，整體經濟狀況可能已經冷卻，到時候，一般人可能會因為感覺景氣已不那麼繁榮而大幅減少對住宅的需求。一旦如此，這兩百棟新屋有可能面臨需求短缺的窘境，換言之，這些房子將求售無門，要不然就是得大幅削價求售，最後的售價可能遠低於開發商做出興建決策時所預估的售價。

此時情勢已經逆轉。經濟景氣疲軟，可取得的融資來源枯竭，潛在買方因此難以取得住宅抵押貸款。另外，市面上也囤積了大量求售無門的住宅存貨。值此時刻，建商會感覺停止建築活動才是明智之舉。於是，所有建商都在同一時間選擇停工……這代表等到經濟再次好轉時，市場上可能還是不會有足夠的住宅可滿足增加的需求。就這樣，週期不斷重演。

以上所述簡單說明了房地產週期的某一面，而這並不是假設性的狀況。我的合夥人雷傑・休利（Raj Shourie）在二〇一二年的橡樹資本研討會中，提出一張我認為到目前為止最令人信服的圖表：

由圖11-1可看見美國從一九四〇至二〇一〇年間的年度新屋開工紀錄。它在我心中留下如此深刻印象的理由是，儘管圖表顯示二〇一〇年新屋開工數是一九四五年戰爭時期以來最低水準（而且正好等於

圖 11-1

美國住宅產量

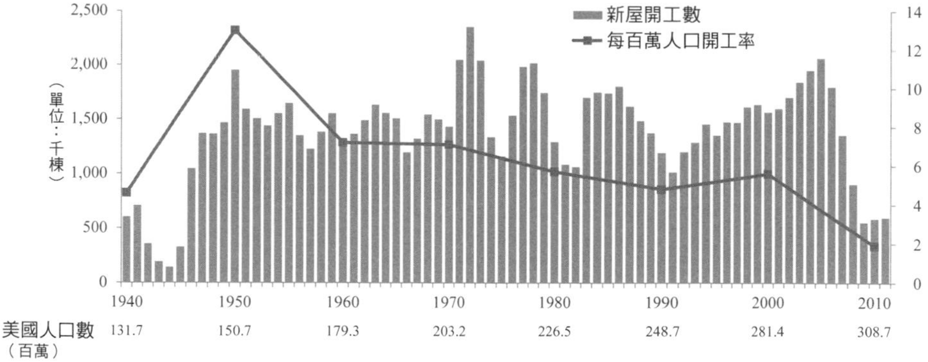

資料來源：美國戶口普查局

一九四〇年時不那麼蕭條的水準），但那個監測資料其實只傳達了片面的訊息。它並未將美國從一九四〇年代以來的人口成長列入考慮，而人口成長是促使美國住宅需求長期以來持續增加的根本導因。

因此，雖然二〇一〇年的新屋開工數字和一九四〇年相同，但新屋開工數相對總人口的比率顯然才是較有意義的數字，而二〇一〇年的這項比率只有一九四〇年（相當蕭條的水準）的一半。原因是，在次級房貸危機、住宅市場崩盤與二〇〇七至二〇〇八年全球金融危機過後不久的二〇一〇年，實質上幾乎沒有人重啟房屋建築活動。我們可以透過這項監測資料歸納出一個關鍵推理：在危機剛過的那幾年，新屋供給顯然將不足以應付住宅需求的增加。

當然，那時「約定俗成的意見」認定住宅的需求永遠也不會回升；多數人並不認為新屋供給將不足，取而代之的，他們相信「擁有自用住宅」的美國夢已經破碎，且美國人對住宅的需求將永遠受到壓抑，因此，那些待售住宅的去化速度將會極端緩慢。他們引用年輕人寧可租屋而不願買屋的趨勢（這些年輕人因住宅與房貸泡沫破滅而受傷）來佐證他們的觀點，而且一如往常地推斷這個狀況將延續下去，毫不質疑這個趨勢持久延續的可能性。一如本書的很多例子，多數人無視於自己平日對週期性的了解和信念，順著當下的心理面感受而做出錯誤的推論。

但在我和橡樹資本的同仁看來，情勢卻一目了然，從這張圖表和我們對該圖表背後諸多數據的了解，我們深知，由於近八十年來最嚴重的這一場經濟崩潰已導致住宅供給停止增加，所以，一旦需求面出現稍有意義的回升，房價勢必會強勁反彈。而且，不同於約定俗成的意見，我們認為事實終將證明，住宅的需求將一如往常地維持原本的週期性，所以，在中期未來的某個時間點，住宅的需求一定會回升。我們根據這個關鍵結論，並參考很多其他資料且進行其他分析後，做出以下幾個決策：大規模投資不良住宅抵押貸款和以住宅建地做抵押的不良銀行貸款，同時購買北美最大民間住宅建築公司。當然，這幾個投資決策的成果非常好（就這個脈絡而言，有一件事非常有意思，值得一提：《華爾街日報》在二〇一七年五月十二日的一篇名為〈租屋世代現在開始買屋〉〔Generation of Renters Now Buying〕的文章中提到：「整體來說，今年，〔首次購屋者〕占購屋者總數的四二%，較二〇一五年的三八%上升，也明顯高於最近一個住宅週期的最低點——二〇一一年的三一%。」所以，當初推斷美國人普遍放棄住宅所有權的那些意見實在令人太無言了）。

從這個例子便可得知：了解週期的本質以及我們目前處於週期的什麼位置，就能做出可能有助於獲利的推理；以及當一個週期處於極端狀態（就這個例子來說，新屋開工率位於極低點），就代表著潛在的高獲利機會，應該及時針對這個訊號採取行動。

事後回顧種種證據，正確的走向似乎總是不言可喻。當然，從事後諸葛的角度觀察，成功的決策背後的理論根據總是顯而易見。不過，以上述例子來說，由於我們橡樹資本持平分析週期性數據，最後得以當機立斷，在關鍵時刻即時做出正確的結論。

輕忽歷史的危機

雖然現在我們討論的主題是房地產週期，但我還想簡單討論某個議題（我第一次這麼做，未來也會繼續這麼做）：一般人偶爾會說某些金融現象不再具有週期性；我將會舉某個最貼切的案例來說明我對那種觀點的看法。當一切都很順利，一般人就傾向於認為良好的時機將無限延續。事實上，每次只要世人開始漠視週期的整體歷史發展，不久後都會發生大規模修正，上一次修正距離現在並不是太久。所以，此刻非常適合再次引用高伯瑞評論世人看待歷史的態度的那一番說法：

> 很少有哪個人類文明領域像金融界那樣輕忽歷史。過去的經驗屬於記憶中的一部分，卻受到排斥，被認為只是沒有洞察力去體會當前驚人奇蹟的守舊派的藏身之處。

投資的很多層面容易受籠統概化與以偏概全的陳述影響，因為人類有貪婪及流於癡心妄想的傾向，所以通常只會強調正面因素，而且，基於某個理由，房地產領域似乎尤其如此。在我的職涯發展過程中，我聽過某些人以一些囫圇吞棗的說法來為他們的房地產投資辯解，像是「房地產不可再生」（和土地有關）、「橫豎可以自住」（和房子有關），以及「它是對抗通貨膨脹的工具」（和各式各樣的房地產有關）。但殘酷的現實留給世人的教誨是，不管上述說法背後的理由有多麼無可反駁，沒有一個說法能保護一項以過高價格買進的投資標的。

誠如我先前提到過的，在一九九〇年代末期至二〇〇〇年代初期，很多民選官員判斷，若能讓更多人擁有自有住宅，社會將能進一步受惠，也能讓更多人有機會實現美國夢。政府支持的房地產抵押貸款放款機構於是過度解讀官員的想法，認定「讓更多人更容易取得住宅融資」乃政府既定政策，並依據這個解讀行事。這個解讀（抵押貸款因而變得更容易取得）和當時大幅降低的利率，共同對潛在的住宅買方產生非常強大的刺激效果。

當時另一個和房地產有關的陳腔濫調：「房地產抵押放款很安全」，強烈促使資金流向房地產抵押貸款。這句陳腔濫調的根據是，一般人認定全國性的房地產抵押貸款違約潮不可能發生。畢竟從大蕭條以來，強勁的經濟成長、大致溫和的經濟波動以及穩健的房地產抵押放款作業等，成功防杜了那類大規模違約潮的發生……誠如高伯瑞所言，那麼漫長的時間足以令世人忘記上一次發生過的類似情節。不過，那並不代表放款人不會墮落到從事那麼慷慨且輕率的放款作業；而一旦他們墮落至此，一場劇烈的經濟衰退就可能引爆一波那樣的違約潮。

二十一世紀剛展開那幾年，強烈的住宅需求、充沛的房屋抵押貸款可用資金以及樂觀媒體報導的助長，促使房價強勢上漲。於是，我們開始聽到和房地產有關的另一個以偏概全的說法：「房價只會上漲不會下跌」（請見下一節）。

我希望你現在已經知道，一項資產再怎麼有價值，它本身的優點也不可能強到讓它無止無盡地上漲。人類的情緒不可避免會導致各種資產的價格（即使是非常有價值的優質資產）被推升到極端且無以為繼的水準：不是令人眼花撩亂的高點，就是過度悲觀的低點。

總而言之，我呼籲所有人應該真心誠意相信週期的必然性，而這代表明智投資人的字典裡，不應該有諸如「永不」（never）、「總是」（always）、「永遠」（forever）、「不可能」(can't)、「將不會」（won't）與「必須」（has to）之類的字眼。

輕信過度樂觀的預測

在二〇〇七年次級房貸危機及二〇〇七至二〇〇八年全球金融危機爆發前那幾年，很多人基於「住宅價格勢必將穩定增值，且無法證明住宅市場具週期性」的信念，而從事非常大量作多的行為（事後看來，那些行為非常魯莽）。而住宅市場的多頭趨勢，更因某些對上述信念大表認同的研究人員的樂觀預估而進一步被強化，例如：

- 二〇〇六年三月五日《紐約時報雜誌》（*New York Times Magazine*）一篇標題為〈這一棟非常非常古老的房子〉（This Very, Very Old House）的文章提到，紐約聯邦準備銀行（Federal Reserve Bank of New York）的某位副總裁歸納出一個結論：「住宅價格的急遽上漲與經濟情勢的步調是一致的……不是一個扭曲現實的局面。」這篇文章甚至引用他的說法，表示：「基於一般家庭有能力舉借的房屋抵押貸款金額大幅增加，有時候我們還納悶為何房價沒有漲更多。」
- 這篇文章也提到「幾個志同道合的專家（哥倫比亞大學和華頓商學院的專家）聚焦在他們所謂的『超級明星城市』〔superstar cities〕，他們認為所有人都很喜歡這些地點，所以，相較於不那麼受青睞的城市，這些超級明星城市的住宅價格不僅不會修正，更能永遠『不斷上漲』」（當然，在警覺性高的投資人眼中，一旦有人使用諸如「不斷上漲」之類的用語，就是一個絕對的警訊）。

不過，上述那些人的結論有很多疑問：

- 他們提到的房價數據所涵蓋的歷史期間太短；

- 針對某一年內成交的一般水平住宅的價格趨勢所做的陳述，不盡然能說明某一特定住宅或所有住宅的價格表現（例如，未針對一般水平住宅長期下來的有形改造進行調整，也未針對那一年內售出的住宅組合相對所有住宅的改造狀況進行調整）；以及
- 相同的，沒有針對鄰里及整個城市隨著時間的流轉而受到好／惡的事實（這種好惡會影響到住宅的價值）進行調整。基於這項理由，和特定城市或鄰里有關的陳述，不盡然一體適用於整體住宅市場的狀況。

所以，當〈這一棟非常非常古老的房子〉文章在二〇〇六年發表時，我就感覺很有意思，非常值得探討。那一篇文章的主要目的是要報導一份房地產研究報告，該報告藉由追蹤阿姆斯特丹一棟房子的價格，解釋了上述很多方法論問題（methodological problem）。那棟房子是皮耶特・弗朗茲（Pieter Fransz）在一六二五年所興建，從那時就屹立在當地，幾乎沒有經過任何改造；雖然它的產權六度換手，但房子所在地的紳士運河（Herengracht canal）鄰里地區，一直都是阿姆斯特丹最受青睞的地點。因此，我們無法從這份文章洞察到一般水平住宅的價格漲幅，只能從中看出那一棟特定住宅的價格表現。

耶魯大學的羅伯・席勒（Robert Shiller）的觀點和前述長期看好住宅的樂觀人士完全相反，席勒對弗朗茲那棟房子及其鄰近住宅的觀點是：「觀察紳士運河的數字便可領悟到相當重要的意義，因為你可以見到它每隔五十年的成長以及後續的反轉。這比『超級明星城市』論述務實得多。」這篇文章形容那一份研究報告的作者皮耶・艾克荷茲（Piet Eichholtz）「對宣稱房地產價值可能持續上漲至無限高水準

的人抱持懷疑的態度」。艾克荷茲認為，那些樂觀人士是根據「這次不一樣」的經濟論述而提出那樣的觀點，但他說：「類似的樂觀評論反覆不斷出現，但最終都敵不過現實情境的摧殘。」我非常贊同他的說法。

以下是《紐約時報雜誌》該文的其他節錄內容：

艾克荷茲說，「有一個迷思主張，房地產價值長期以後將大幅增長……」「……但數據最終還是駁斥了那個迷思。」

更確切的說，儘管從你明智的老伯父到賣房子給你的仲介，每個人都像傳達福音般，不斷告訴你房地產是最好的長期投資標的之一，但世上最長期的指標卻顯示情況正好相反，實際的狀況有點令人難以消受。從一六二八年至一九七三年（也就是艾克荷茲的原始研究計畫所涵蓋的期間），調整過通貨膨脹後，紳士運河那一棟房地產的實質價值，每年只上漲區區〇・二%，比最小氣的銀行儲蓄存款帳戶的報酬率還差。誠如席勒在分析這項紳士運河房價指數時所寫：「實質房價確實大約上漲了一倍，但卻花了接近三百五十年才達到那樣的漲幅。」

……席勒說，只有在近幾年，房地產價格大幅上漲才成為某種常態，一般人也才養成期待房價會大漲的預期心理。

……就算和過去幾年有關的這個描述（**即「房價漲幅令人驚奇」**）是我們這個全新世界的典型特質，但若以正確的時間視角來看待——上漲、下跌、上漲、下跌——我們最終還是必須回頭接受一個堪稱最古老的教誨：「它傾向於重演。」（粗體字部分為作者所強調）

長期的房價數據彌足珍貴，不過，最重要的教誨是，在資產價格上漲的時期，一般人總是會轉趨樂觀，評論家更會提供眾多權威的論述來支持漲價的合理性。這只是本性的表現。事實上，每次價格抵達高點，而非低點，世人一定會自圓其說地找出一些理論來解釋先前的漲價為何會發生（並提出價格將進一步上漲的預測）。不過，我寧可相信在看好時期發表冷靜論述或者是在市場下跌階段否定負面論述的評論家，因為他們才真正能提供實質的協助。

特殊影響因素

房地產產業和其他所有產業一樣，都會出現週期性的上漲與下跌。不過，房地產週期可能因以下特殊因素的影響而被強化：

- 概念形成與做好銷售準備之間的時間滯後；
- 通常極端高的財務槓桿；以及
- 供給通常過於沒有調整彈性，但需求又總是上下起伏不定（換言之，如果外界對某製造商的產品的需求降低，他可以取消某一批工廠排班，資遣員工或減少產量。但如果外界對地主、旅館老闆或房地產開發商的需求降低，他們比較不容易減少求售的房地產或待租的旅館房間）。

房地產週期清楚闡述了各個週期性因素之間的因果關係，也證明了各種週期都有達到極端狀況的傾向。常有人會憤世嫉俗（在比較艱難的時期，樂觀的籠統概述不再具有說服力）地說：「只有第三個所有權人才會賺錢」；換言之，賺錢的不是策劃與啟動建案的開發商，也不是貸款給開發商且在下跌週期從開發商手中沒收這個建案的銀行，而是在情勢危急時刻向銀行購買這項房地產，並一路持有它到上漲週期的投資人。

當然，這樣的說法和所有籠統的概述一樣，都流於誇張。不過，這句話卻可充當一種警語，時時提醒世人留意房地產市場週期性的重要性，尤其是週期性在景氣不那麼好的時期的可能作用。

— 第12章 —

總結所有週期：市場週期

當一個沒有經驗的投資人首度經歷一個上升的市場週期，他可能會感覺整個歷程的初期發展看起來很合情合理——各種正面的要素結合在一起，共同促成一個牛市或泡沫，一切都很合邏輯。不過，儘管有很多好消息，投資人也感覺良好，這個牛市或泡沫的最終結局還是可能以虧損收場，而這麼急轉直下的事態可能會讓沒經驗的投資人感到非常意外。當然，對缺乏專業知識的門外漢來說，感到意外是不可避免的，因為如果不是一開始的種種判斷失誤，各項事態就不會發展到極端狀態，市場也不會達到牛市的頭部，當然就不會有從牛市頭部崩盤的機會了（或不會達到熊市的底部，並有從底部反彈的機會）。

身為投資人，我們的任務很簡單：因應資產價格的波動、評估目前的價格，並判斷未來價格將發生什麼變化。價格主要受兩個領域的發展影響：基本面與心理面。

- 基本面：我一向稱之為「事件」，大致上可歸納為盈餘、現金流量以及這兩者的未來展望。這兩者受很多事物影響，包括經濟的趨勢、獲利能力，以及取得資金的能力。
- 心理面：即投資人對各項基本面要素的感受，以及他們對基本面的評價，一樣受很多事物影響，尤其是投資人的樂觀水準以及他們看待風險的態度。

上述幾個要素也有週期，每一個週期則分別有幾個面向。誠如我們花很多時間討論的，促成週期性行為的各種題材，以及這些題材的互動與結合，具備一種重複且可理解的型態。而且，這些題材會和很多特別的隨機影響力結合在一起，共同促成證券市場的種種行為。

我寫這一章的目標是要幫助你感受市場的週期起伏，並搞懂如何因應這些週期起伏；我不是要讓你了解市場上漲與下跌的事實，不是要讓你知道它的過往表現，也不是要讓你理解過去的市場週期起伏是因何而起；相對的，我希望幫助你了解平時導致市場上漲與下跌（且經常流於狂躁的漲跌）的動力──尤其是非基本面、非經濟面的動力。

如果市場是一台自律甚嚴且完全根據企業基本面來計算價值的計算機，那麼，某一證券價格的波動，就不會過於偏離證券的發行者本身的當期盈餘及其未來盈餘展望。事實上，價格的波動通常理當比盈餘的波動幅度小，因為長期下來，每一季的盈餘變化經常會彼此抵銷並趨於均等，而且季盈餘的變化不盡然能反映企業長期潛力的變化。

但實際上，證券價格的波動幅度卻通常比盈餘波動幅度大。當然，箇中的理由多半和心理、情緒及非基本面要素有關。所以，價格的變動傾向於誇大並超出基本面的變化。以下是相關的簡要說明：

- 經濟事件與企業獲利漸漸轉向正面。
- 正面的事件使投資人心理面改善。情緒，也就是所謂的「動物本能」（animal spirits），及投資人承擔風險的程度，都隨著那些正面的事件而上升（有時候儘管發生了一些負面事件，情緒與風險承受度還是會上升）。
- 改善的心理面導致投資人對於風險保障與期望報酬的要求降低。
- 正面的事件、強化的心理以及投資人對報酬的要求降低等因素的結合，促使資產價格上漲。
- 然而，上述流程最終還是逆轉。各種事件的實際發展不如預期，或許是因為環境變得不那麼有利，也或許是因為期望本身就高得不切實際。
- 投資人最終證明心理無法永遠維持樂觀。逐漸趨於冷靜的大腦斷定價格已達到無法解釋的不合理水準，或者心理面可能因無數潛在理由當中的一個（或根本沒有明顯的理由）而轉趨悲觀。
- 當各種事件變得比較不那麼正面，或在人們心目中變得不那麼正面，價格就會下跌。有時候，那一切只是單純因為價格達到無以為繼的水準，有時候則是因為環境裡的負面發展所致。
- 資產價格翻轉向下後將繼續下跌，一直跌到隨時可能反彈的低點。

誠如以上所述，了解基本面和心理面的互動非常重要。不過，我必須再次強調和這個流程有關的某些要點：雖然上述說明看起來是一個循序漸進的流程，但這個流程的實際發展絕對不可能像上述說明那麼井然有序地一步接一步發生。每件事的發生順序隨時可能會變動，因果關係的方向也隨時會改變。

- 有時候，各項事件會促使心理面增強，有時候，改善的心理也會對事件造成正面的影響（例如對經濟狀況與企業獲利形成支撐）。
- 此外，改善的投資人心理顯然會促使資產價格上漲，但上漲的價格也顯然會讓投資人感覺自己變得更有錢、更聰明，並因而變得更樂觀。

所以，換句話說，上述種種關係的作用有可能是雙向的……甚至是亦步亦趨地發生。每一種關係都有可能引發另一種關係。在不同的週期，各項事物發生的速度都可能不同調，而且，就算是在同一個週期也可能各有差異。最後，週期不盡然會平順進展，整個過程中可能包含很多次下跌、反彈以及假走勢。

基於上述種種理由，我們不能說投資是科學的，而且，同一個方法不見得每次都能奏效。在此，我還是要再度引用馬克・吐溫的評論：「歷史不會重演，但總有相同的地方。」現在的「因」和「果」永遠也不可能和過去一模一樣，但還是經常會令我們聯想到過去曾目睹的發展。

但不管這個流程有多麼不精確，有一件事還是顯而易見：資產的價格取決於過去的事件、預期未來將發生的事件，還有心理面的綜合影響。事件和心理也會影響到信用的可取得程度，而信用的可取得程度則會大幅影響資產的價格，一如資產價格會回頭再影響到各種事件和心理。

總而言之，上述所有事物結合在一起後，創造了市場週期。我們每天都會聽到「市場週期」，主要是和股票市場的上漲與下跌有關，但也和諸如債券、黃金與貨幣等市場有關。很多週期彼此交錯，而這就是這一章的主題。

不只經濟考量

金融理論將投資人描繪為「經濟人」：即客觀且理性的優化器（optimizer）。因此，理論指出，由經濟人共同組成的市場，是作家暨投資人班・葛拉漢（Ben Graham，也是華倫・巴菲特的老師）所謂的「秤重機」（weighing machine）：一個紀律嚴謹的資產價值評估器。

然而，事實正好和理論相反，金融實況與數字只是市場行為的起點之一；投資人只有在例外狀況下是理性的，理性並非常規；換言之，市場鮮少冷靜權衡金融數據，也顯少會在絲毫不情緒化的情況下決定價格。

投資基本面是明確的。過去的事件已經發生且被記錄下來，而且很多人擁有量化分析這些事件的必要能力。當期的表現被記錄在財務報表上，而財務報表有時能彰顯出精確的狀況，但有時則需要靈巧地加以調整，才能看出隱藏在表面財務數字後的真實情況。另一方面，沒有人知道未來將發生什麼事件（只不過某些投資人比起其他人更有能力預見未來的事件）。無論如何，基本面不是最詭譎多變的投資環節，也不是我最好奇的部分，而且說穿了我無法寫一本告訴你如何比其他人更有能力預見未來事件的書。要擁有預見未來事件的卓越能力，需要具備先見之明、直覺和「第二層思考」等特質，我相信這些特質不太可能用文字來表達或傳授。

投資最讓我神往的部分，和投資人偏離理性假設的方式以及那些投資人行為對週期的擺盪的影響有關。我發現我花最多精力思考投資的這個環節，而橡樹資本的同仁和我對客戶創造的某些最大利益貢獻，也來自這類投資機會。

會對投資決策的這個方面產生影響的要素非常多，由於決策過程遭到大量因素干擾，所以最後做出的決定也不會是純經濟考量。這些要素可能被歸類為很多不同的名稱，包括人性、心理或情緒（以這一章的目的來說，這三者的差別並不是那麼容易分辨，也不是那麼重要），而這些要素絕對擁有支配投資人行為乃至市場的力量。有些（但非全部）要素因週期而異，而且都可能會影響或加重週期起伏的程度。以下是最重要的幾項影響：

- 使投資人流於搖擺，無法堅定秉持理性思考（若能理性思考，就能做出理性決策）；
- 使投資人對當前情勢抱持扭曲的觀點，滿腦子選擇性知覺及扭曲的解讀；
- 使投資人產生確認偏誤（confirmation bias，促使一般人只接受能證實自身論點的證據，並否定無法證實自身論點的證據）等怪癖，以及朝非線性效用（non-linear utility）靠攏的傾向，這導致多數人認定一美元的虧損的價值，高於一美元（或放棄一美元潛在利潤）的價值；
- 使投資人容易上當——這種傾向導致投資人在時機良好階段輕信各種號稱能獲得高潛在利潤的似是而非題材；以及過度猜疑——這種傾向導致投資人否定時機惡劣階段所有可能獲利的機會；
- 投資人風險承受度與風險趨避程度天生起伏不定，這導致他們對補償性風險溢價的要求也起伏不定；
- 使投資人受制於「必須與其他人採取一致行為」的壓力，以致難以堅持不落俗套的立場，最終形成羊群行為（herd behavior）；
- 眼睜睜看著別人因做某件你原本拒絕做的事而賺錢，並因此萌生極端煩悶的感覺；

- 這種感覺會使投資人產生以下傾向：原本拒絕參與資產泡沫，但最終還是屈服於壓力，投降並加入買進行列（即使正確應該說因為代表泡沫主體的資產已大幅增值）；
- 放棄不受青睞且不成功的投資標的之「對應傾向」（corresponding tendency），不管這項投資標的聽起來是多麼明智；
- 最後一個是，投資的一切都和錢有關，而這個事實導入了一些影響力強大的要素，例如貪得更多錢、嫉妒其他人賺錢，以及害怕虧本等要素。

多頭與空頭

至少一百年來，投資人依其特質被分為「多頭」（bulls，認為股票將會上漲，並因此採取積極行為的樂觀主義者）或「空頭」（bears，認為股票將下跌，因此採取防禦行為的悲觀主義者）。因此，一般人將已經上漲、正在上漲或將上漲（這個說法很不精確）的市場，貼上「多頭市場」（以下稱牛市）的標籤，並稱呼走勢相反的市場為「空頭市場」（以下稱熊市）。

大約四十五年前，也就是在一九七〇年代初期，有人送我一樣此生（對當時的我而言）最棒的禮物：一個比我年長又比我明智的投資人告訴我「牛市的三個階段」概念：

- 第一階段，只有少數異常知覺敏銳的人相信情況將會好轉；
- 第二階段，多數投資人了解到好轉的情況真的正在發生；以及

• 第三階段，每個人都斷定情況將永遠不斷地變得愈來愈好。

這個簡單的事實讓我見識到投資人心理的極端，以及這些極端心理對市場週期的影響。一如眾多絕妙的名句與格言，這短短幾句話蘊含了極端深遠的智慧。關鍵在於投資人態度的千變萬化、投資人態度在週期內的演變型態，以及那些態度如何導致失誤發生。

在第一階段，由於多數投資人看不見情況改善的可能性，並因此不懂得把握那些機會，所以證券的價格幾乎沒有反應任何樂觀心態。通常第一階段是發生在價格因崩盤而受到重創之後，而導致價格大跌的那個下降趨勢也會使投資人心理受到重創，群眾逃離市場，並發誓永不再投資。

然而在最後一個階段，由於各項事件長期進展順利，這些順利的發展也強烈反映在資產價格上，並進一步振奮市場情緒；投資人因而推斷情況將永遠持續改善，並基於這股樂觀心態而不斷追高價格。問題是，樹再怎麼長也不可能長到天上去，但在這個階段，投資人卻表現得好像樹會長到天際……並願意為了他們感知到的那個無限潛力而付出愈來愈高的價格。世界上最貴的東西之一，就是用高價購買一種事後才發現被高估的潛力。

從以上所述可得知，在第一階段（此時幾乎沒有人認為有樂觀的理由）投資的人，將能以非常物超所值的價格買到極具漲價潛力的資產。不過，在第三階段買進的人，則勢必會因為市場的過度樂觀而付出極高的價格，並因此難逃虧損的命運。

上述有關牛市的三階段描述蘊含了非常大的智慧，也極具經濟意義。不過，就在我搞懂這三個階段的意義後，又聽到一個更棒且更簡潔的說法，這句話想要傳達的意思和上述的三階段描述實質上一模一樣，但後者只用了區區幾個字就達到目的：「傻瓜等到結束時才做聰明人一開始就做的事。」

在我心目中，這句話代表著至高的投資智慧，短短幾個字就體現了週期的重大意義，令人不得不為之讚嘆。再重申一次，早期的發現者能在物超所值的價格水準，掌握到尚未被察覺的隱藏潛力，就定義來說，這種人堪稱鳳毛麟角，他們必定比其他人更能正確預見未來，且擁有一種無需向群眾驗證就敢出手購買資產的內在力量（inner strength）。不過，每個投資趨勢最終都會衝過頭，屆時價格會被推升到過高水準，導致最後買進的人為了所謂的潛力而付出過度高估的價格。所以，最後買進的那個投資人獲得的將是資本懲罰，而非資本增值。

「笨蛋等到結束時才做聰明人一開始就做的事」雖是短短一句話，卻足以讓人了解和市場週期有關的八〇%知識，也讓人體會到市場週期的影響。華倫・巴菲特也曾說過雷同但甚至更簡潔的話：「最先出手的是創新者，其次是模仿者，最後是白癡。」

當然，週期的運作是雙向的，而這場全球金融危機之深，正好讓我得以趁機在〈潮水退去〉（The Tide Goes Out）（二〇〇八年三月）備忘錄中，以倒置的手法重述這些格言，說明熊市的三個階段：

- 第一階段：只有少數有見地的投資人體認到雖然多頭氣氛瀰漫，但情況不可能永遠維持亮麗。
- 第二階段：多數投資人體認到情況開始惡化；以及
- 第三階段：每個人都確信情況只可能更糟，永遠不會好轉。

我先前曾提到「投降」的現象，那是一種強烈引人注目的現象，而且這個現象的發生也有一個可靠的週期。不管是在牛市或熊市的第一階段，多數投資人都不願（就定義而言）加入極少數人的行列，採取跟那些少數人一樣的作為。這可能是因為多數人缺乏採取那種行動的特殊洞察力、缺乏在論述獲得證明且其他人蜂擁而至以前採取行動的能力（在其他人蜂擁而至以後，市場價格就不再是沒有增值且未反映實際價值的狀態）或是缺乏和羊群走不同道路的膽識。總之，多數人無法表現得像個格格不入的反向操作者。

未能及早大膽採取作為以致無法正確掌握獲利的機會後，儘管市場走勢愈來愈穩固且氣勢愈來愈強，投資人可能還是會繼續抗拒進場。就算這一股風潮已形成市場走勢，他們可能還是不願意加入。他們會固守嚴謹的紀律，拒絕介入已被看好後市的買方推高的市場、資產類別或產業族群，或是等到其他人的賣壓已導致價格下跌到內在價值以下，才終於肯賣出。更糟的是，他們並不認為自己太晚加入趨勢。

不過，多數投資人最終還是會投降，原因很簡單：因為他們將失去「堅持到底」所需要的那種決心。一旦資產價格一路上漲一倍或兩倍（或是一路下跌至腰斬），很多人就會開始感覺自己很愚蠢且錯誤，並極端嫉妒透過這一股風潮賺錢或避掉下跌走勢的其他人，最後失去抗拒到底的意志力。關於這個主題，我最愛的名言是查爾斯•金德伯格（Charles Kindleberger）所說的：「沒有什麼事比眼睜睜看著朋友發財更能擾亂一個人的平靜和判斷。」（《瘋狂、恐慌與崩盤》〔*Manias, Panics, and Crashes: A History of Financial Crises*〕，一九八九年）眼睜睜看著別人賺走自己錯過的錢，會讓市場參與者感到無比痛苦，而且還會擔心趨勢（以及那一股痛苦感受）將進一步延伸。幾經思量後，他們將認定只要加入羊群就能停止這個痛苦，於是選擇放棄原來的堅持。最終來說，他們會在資產價格上漲多時之際買進，或在資產價格已然大跌後賣出。

換言之，未能在第一階段採取正確行動的他們，一錯再錯地等到第三階段才終於採取當初的那個正確行動，但到這個階段，那個「正確」行動卻已成了錯誤的行動。那就是投降，這是投資人在週期與週期之間常出現的行為，它的破壞力極為強大，而且是「心理面誘發型失誤」中最貼切且最嚴重的例子之一。

當然，當最後一個抗拒者終於放棄，並出手購買已經高漲（或賣出已經大跌）多時的資產，代表已經沒有人等著買資產或賣資產了。不再有買方意味著牛市的結束，相反亦然。最後一個投降者會促使頭部或底部浮現，並為相反方向的週期擺盪做好鋪陳的工作。總之，他就是那個「等到結束時才採取行動的傻瓜」。

以下這段歷史故事告訴我們，即使是最聰明的人都有可能淪為投降行為的犧牲者：

✉在「南海泡沫」（South Sea Bubble）時期擔任鑄幣局局長的艾薩克・牛頓公爵（Sir Isaac Newton）加入眾多其他英國有錢人的行列，投資了〔南海公司〕股票。這檔股票從一七二〇年一月的一二八英鎊，上漲到六月的一〇五〇英鎊。然而在漲勢剛啟動不久時，牛頓就已體察到這股熱潮的投機本質，並賣掉他手中價值七千英鎊的南海公司股票。有人問他對市場的方向有何看法，據說他回答：「我有能力計算天體的運行，但算不出人類的瘋狂。」到一七二〇年九月，泡沫終於破滅，股價跌到兩百英鎊以下，較三個月前的高點下跌八〇%。然而，到最後大家才發現，即使艾薩克公爵很早就察覺到那是一個泡沫，他卻和多年來的眾多投資人一樣，忍受不了眼睜睜看著身邊所有人獲取暴利的心理壓力。他在股價達到高點時買回先前賣掉的股票，最終虧掉了兩萬英鎊。這個故事讓我們了解到，即使是世界上最聰明的人之一，都無法免疫於重力帶來的這種慘痛教誨。（〈網路泡沫〉〔bubble.com〕，二〇〇〇年一月）

泡沫與崩盤

綜觀歷史，市場不是上漲就是下跌，未來也一定是如此。當市場持續上漲或下跌極顯著的幅度，一般就會稱之為牛市或熊市。而若市場漲勢或跌勢進一步延伸，就會被稱為熱潮、狂熱和瘋狂；崩落、危機和恐慌。如今描述極端牛市與熊市的常用名詞則是「泡沫」與「崩盤」。

早在很久以前就已經有人使用後來常見的這些用語。上述的「南海泡沫」狂熱和一家企業的投資活動有關係，外界原本評估南海公司可望獨占南美貿易的利益，並藉著這些利益順利清償國債，於是各方積極投資該公司的股票，但這個泡沫最終在一七二〇年的英國引發一場風暴。另外，導致經濟陷入大蕭條的市場崩盤則被稱為一九二九年大崩盤。不過，直到一九九五至二〇〇〇年間的「科技泡沫」、「網際網路泡沫」和「網路公司泡沫」，以及二〇〇七年告終的住宅與房貸泡沫，先後導致世界各地市場大崩盤，「泡沫」一詞才成為家喻戶曉的日常用語。

基於前述原因，近來世人，尤其是媒體圈喜歡把大幅度的市場上漲走勢形容為泡沫。在我撰寫本書之際的二〇一七年秋天，美國的標準普爾五百指數水準大約是二〇〇九年三月低點的四倍（含股利），美國高收益債券的殖利率也降到微不足道的五・八％。所以，很多人常問我，現在是不是又已形成一個新泡沫，而這一切是否意味崩盤可能即將發生。因此，我想花點時間說明為何我認為並非每一次的大漲走勢都代表泡沫。我認為「泡沫」一詞隱含一種特殊心理含義，有必要深刻了解且探究。

早在上述的科技股與房市泡沫發生前，我就親身經歷過更古早的泡沫。最好的例子之一是一九六〇年代的「漂亮五十」股票（Nifty Fifty）狂熱，那是指美國最優質且成長最快速的企業所發行的股票。我個人感覺，不同的泡沫都有共通的軌跡可循，而「漂亮五十」是闡述這個道理的好例子：一般人堅信，泡沫行情的主題資產：「沒有所謂『價格過高』的問題」。當然，這樣的信念導致一般人相信不管買進價格多高，都絕對會賺錢。

所謂智慧型投資只有一種，就是：釐清投資標的的價值，並以低於那個價值的價格買進。如果沒有先計算價值，並堅持在夠吸引人的價格才買進，就不可能達到智慧投資的目標。一個只根據某個概念而不考慮價格／價值關係的投資行動，絕對是不理性的投資行動。

一九六〇年代初期，「成長型股票」的概念開始受到青睞，因為投資人認為那些企業將經由技術、行銷與管理技術的進步而受惠，其獲利也將快速成長，而投資人也希望藉由投資這些企業的股票來分享它們的高獲利。就這樣，這一股熱潮持續加溫；到一九六八年時，我在第一國家城市銀行（花旗銀行〔Citibank〕的前身）投資研究部找到一份暑期工讀的差事，當時「漂亮五十」（即成長最快速且表現最棒）的股票漲幅非常大，所以，該銀行當年負責多數投資業務的信託部門對其他所有股票幾乎完全不感興趣。

當時差不多每個人都想要買一點全錄（Xerox）、國際商業機器（IBM）、柯達（Kodak）、寶麗徠（Polaroid）、默克（Merck）、禮來（Lilly）、惠普（Hewlett-Packard）、德州儀器（Texas

Instruments）、可口可樂，以及雅芳（Avon）等企業的股票。一般人認為這些企業表現太優秀，永遠也不會發生不好的事。而且，當時一般公認，不管買進價格多高都無所謂，就算買得稍微高一點也沒關係，因為這些公司快速成長的盈餘很快就能彌補這個小缺憾。

最後的結果不出所料。當一般人不管價格多高都樂意買進，顯然就代表他們是隨著情緒和大眾青睞度，而不是根據冷靜分析後的結論來投資。一九六八年，扮演那一波強勁牛市先鋒的「漂亮五十」股票，動輒達到八十至九十倍的本益比，但當熱情被澆熄，這些股票也急速下跌。到股票市場明顯轉弱的一九七三年，那些股票的本益比大幅降到八至九倍，這代表投資「美國最優秀企業」的那些投資人虧掉了八〇%至九〇%的資金。更值得一提的是，從那時候開始，上述某些「無懈可擊」的企業陸續破產或經歷嚴重的困境。

「價格永遠不嫌高」這類說法實在是讓人受夠了。世界上沒有任何一項資產或一家企業好到永遠不會有價格超漲的問題。那樣的概念當然一定要徹底摒除。

如果你認為投資人已透過「漂亮五十」股票記取教訓，那就錯了，讓我們快轉到一九九〇年代末期。這次「集三千寵愛於一身」的是科技股。一如企業創新引爆了成長型股票風潮，電訊（手機和光纖傳輸）、媒體（包括新娛樂頻道對「內容」〔content〕的無止境需求）和資訊科技股的上漲，再次點燃投資人無盡的想像力。

「網際網路將改變這個世界」成了當時的流行標語，而「電子商務股票的股價永遠也不嫌高」的口號便隨之而生。當年「漂亮五十」股票的本益比確實非常高，但網路股可沒有這個問題：因為這些股票根本沒有盈餘，當然也就沒有本益比可言。那些投資不僅純屬概念，很多企業也都還處於概念階段。所以，投資人不再計算那些股票的本益比，而是計算股價相對營收（如果有營收的話）或「眼球」（即有多少消費者上那些企業的網站瀏覽）的倍數。

一如「漂亮五十」股票，這一股投資風潮的背後多多少少也是有一點點事實根據；要維持泡沫，通常還是需要一點點可支撐泡沫的事實。不過，一旦投資人判斷價格不重要，他們的理智與紀律就會一點一滴地消失。投資人的觀點沒有錯，網際網路確確實實改變了這個世界，當前的世界真的和二十年前的模樣幾乎完全不同。不過，一九九九至二〇〇〇年間絕大多數熱門網路股的發行企業，如今都已不復存在。早年的「漂亮五十」股票雖導致投資人虧損八〇%至九〇%，但算起來那還稱不上最糟的，因為網路股讓投資人虧掉一〇〇%的資金。

結論非常清楚：我認為「價格不重要」的心態是構成泡沫的必要元素，也是泡沫的正字標記。相同的，在泡沫時期，投資人通常會斷定借錢來參與股票狂熱，絕對穩賺不賠。不管此時貸款利率有多高，投資人都認為股票的獲利率將超過貸款利率。顯然這是「分析式懷疑」（analytical disbelief）停止運作的另一個例子。

「價格永遠也不嫌高」的思維是構成泡沫的終極要素，所以，它也代表市場已超漲的鐵證。沒有任何方法可安全地參與泡沫，泡沫只會帶來危險。然而，值得一提的是，「價格超漲」絕對不等於「明天就會下跌」。很多風潮達到泡沫狀態後，還能延續非常久的時間。二〇〇〇年年初，有幾個長期抗拒參與科技泡沫的卓越投資人最後因承受不了痛苦而認輸，某些人則因客戶抽走非常大量的資金而沮喪不已，最終黯然離開這個行業；也有些人索性放棄抗拒，在崩盤的前一刻購買那些泡沫股票，以致錯上加錯。

上升或下降的種種徵兆

以下進程概述了市場週期上升階段的狀況。由這個進程可看出經濟、利潤、心理、風險趨避以及媒體行為的週期如何彼此糾結，終而將市場價格推升到遠高於其內在價值的水準；另外，你也可以從我對這個進程的描述，見到一個發展如何促成下一個發展。

- 經濟持續成長，經濟報告顯示情勢相當有利。
- 企業獲利持續上升並高於預期。
- 媒體淨是報導好消息。
- 證券市場轉強。
- 投資人愈來愈有信心，愈來愈樂觀。
- 一般認為風險不高且無害。
- 投資人將風險承擔行為視為確定獲利的途徑。
- 貪婪成為行為的動機。
- 投資機會的需求高於供給。
- 資產價格上漲到超過內在價值。
- 資本市場非常開放，容易從中募集資金或進行債務再融資。
- 債務違約狀況罕見。

- 鮮少人抱持懷疑態度，信心高漲，這意味著高風險交易可能發生且時有所見。
- 所有人都想像不到情況會有惡化的一天，並認為所有有利的發展似乎都可能發生。
- 每個人都假設情況將永遠不斷地變得更好。
- 投資人漠視虧損的可能性，一心一意只害怕錯失機會。
- 沒有人想得到賣出的理由，沒有人被迫賣出。
- 買方人數遠遠超過賣方。
- 每次市場下跌，投資人都會歡欣鼓舞地搶著買進。
- 價格創下新高點。
- 媒體歡慶這個令人興奮的事件。
- 投資人心滿意足並因此掉以輕心。
- 證券持有人讚嘆自己的智慧：甚至可能因此買進更多證券。
- 到目前為止仍在場邊觀望的人則是感到悔恨異常，最終忍不住投降並買進。
- 預期報酬很低（甚至是負數）。
- 風險很高。
- 此時投資人應該不要老想著怕錯失機會，而是要擔心虧本。
- 這正是應該提高警覺的時刻！

最值得一提的是，極度樂觀的心理、最多的可取得信用、最高的價格、最低的潛在報酬與最大的風險，都會在同一時間出現，而且通常這些極端現象會和最後一波猛爆性買盤同時發生。

相同的，以下進展概要描繪出市場下跌期間的狀況：

- 經濟成長趨緩，各項財經報告都呈現負面。
- 企業盈餘持平或正開始下降，未能達到預估目標。
- 媒體只報導壞消息。
- 證券市場走弱。
- 投資人變得憂心忡忡且心情沮喪。
- 放眼望去淨是風險。
- 投資人認為風險承擔行為是保證虧錢的途徑。
- 投資人心理受恐懼支配。
- 投資人對證券的需求低於供給。
- 資產價格跌破內在價值。
- 資本市場驟然關閉，難以透過市場發行證券或進行債務的再融資。
- 違約案例暴增。
- 懷疑心態濃厚且缺乏信心，代表投資人只從事安全的交易，甚至完全不交易。
- 沒有人認為情況有可能改善，而且認為還會有更負面的結果發生。

- 每個人都假設情況將永無止境地惡化下去。
- 投資人完全漠視錯失機會的可能性，一心只擔心虧本。
- 沒有人想得出任何買進的理由。
- 賣方人數超過買方人數。
- 「不要試圖接住高空掉落的刀子」的心態取代了「逢低承接」的心態。
- 價格抵達新低點。
- 媒體全神貫注在這個日益心灰意冷的趨勢。
- 投資人變得消沈且恐慌。
- 證券持有人產生無語問蒼天和夢想幻滅的感受。他們體認到自己並不是真的了解當初投資的理由。
- 先前迴避買進（或賣出）的人此時則感覺很踏實，並慶幸自己做了明智的決定。
- 在價格備受壓抑的水準放棄並賣出的人導致跌跌不休的狀況進一步惡化。
- 隱含期望報酬像天一樣高。
- 風險極低。
- 此時投資人應該漠視虧錢的風險，只要擔心別錯失機會就好。
- 這是應該要積極的時刻！

和市場週期上升階段所形成的「頭部」反轉時刻不同的是，此時心理面陷入絕望深淵，就在最後一個樂觀主義者終於認輸的底部位置，信用完全無法取得、價格跌到最低、潛在報酬達到最高，以及風險降到最低等現象同步出現。

以上概述的是一個簡化的進程。事實上，從表面看來，這些發展可能像一本「通往失敗之路」的連環漫畫。不過，上述一連串的發展絕非憑空想像，而且毫不誇大。每一個事件將朝兩個方向引發下一個事件……直到抵達一個不合邏輯的極端，整個脆弱的結構倒塌時為止，而這絕對符合邏輯。

這些事件不見得每次都會依照相同的順序發生，且並非每個市場週期都會發生以上描述的所有事件。不過，這些行為的確會發生，而且絕對是導致幾十年來市場不斷出現類似律動的要素。

當一個經驗不足的投資人首度經歷一個上升的市場週期，他可能會感覺整個歷程的初期發展看起來很合情合理——各種正面的要素結合在一起，共同促成一個牛市或泡沫，一切都很合邏輯。不過，儘管有很多好消息，投資人也感覺良好，這個牛市或泡沫的最終結局還是可能以虧損收場，而這麼急轉直下的事態，可能會讓沒經驗的投資人感到非常意外。當然，對缺乏專業知識的門外漢來說，感到意外是不可避免的，因為如果不是一開始的種種判斷失誤，各項事態就不會發展到極端狀態，市場也不會達到牛市的頭部，更不會有從牛市頭部崩盤的機會了（或者是：不會達到熊市的底部，並有從底部反彈的機會）。

週期的水準與潛在報酬之間的關係

我在43至45頁討論了「週期目前的所在位置」以及「那個位置所暗示的期望報酬」之間的關係。現在，為了歸納這一章的結論，我要進一步舉例說明這兩者之間的關聯性。

幾個星期前，就在我準備交出本書的定稿之前，我偶然找到一個方法來說明我心裡想要表達的那個關係：讓我們先假設市場週期正處於整段週期的中點。那通常意味著經濟成長處於趨勢之上，企業獲利狀況保持常態，就歷史的背景來說，估值指標處於合理水準，資產價格與其內在價值一致，情緒也未達到極端狀態。基於上述所有條件，報酬的展望也「維持常態」，意思就是，未來的分布狀況看起來就像43頁上的圖形（參見圖12-1）。

不過，如果取而代之的，市場正處於週期的高點，那又會如何？不管就基本面而言目前有何動靜，當市場處於週期高點，代表目前的估值水準過高，價格遠遠超過內在價值，而且過度樂觀的市場情緒已徹底反映在價格裡。在那樣的時點，報酬的展望低於平均水準，且朝負面傾斜，一如圖12-2的新分布狀況。

那麼，在週期低點又是如何？在這樣的時點，拜投資人心理抑鬱之賜，估值指標處於歷史低檔，那意味著撿便宜的超值機會將出現，而資產價格也遠低於其內在價值。在這個時點，和未來報酬有關的分布將明顯朝右邊移動，意味著獲利的潛力異常高（參見圖12-3）。

這一段概念性敘述點出了週期的水準與潛在報酬之間的關係。當然，這段描述一點也不科學，不過，據我所知的一切，這段敘述是正確無誤的。

圖 12-1

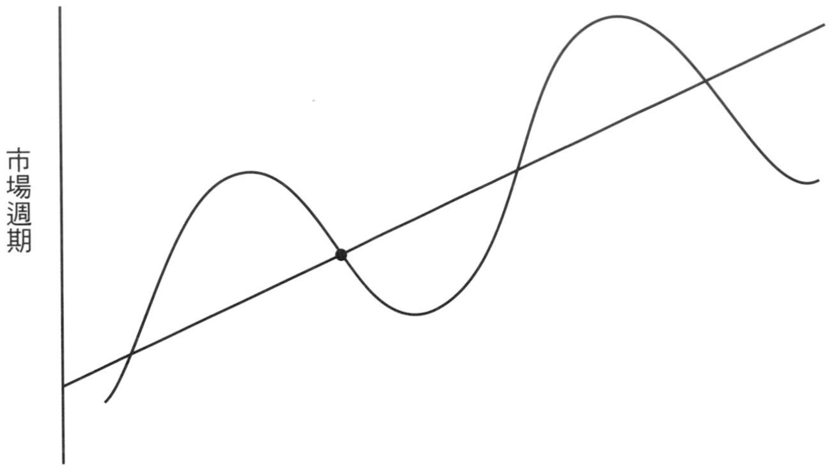

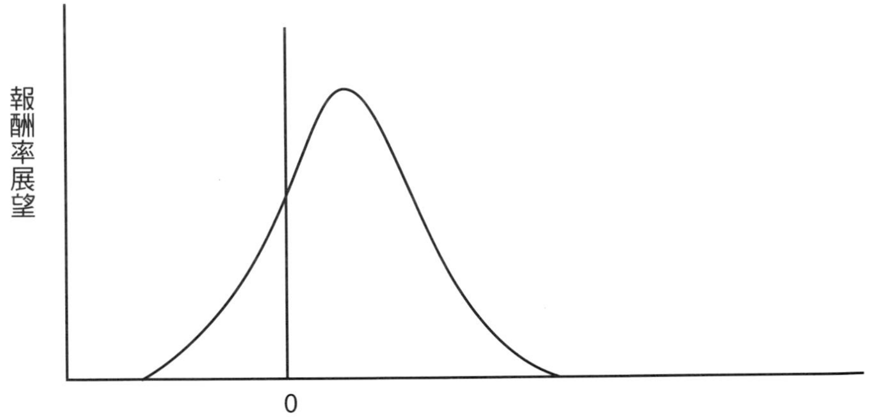

圖 12-2

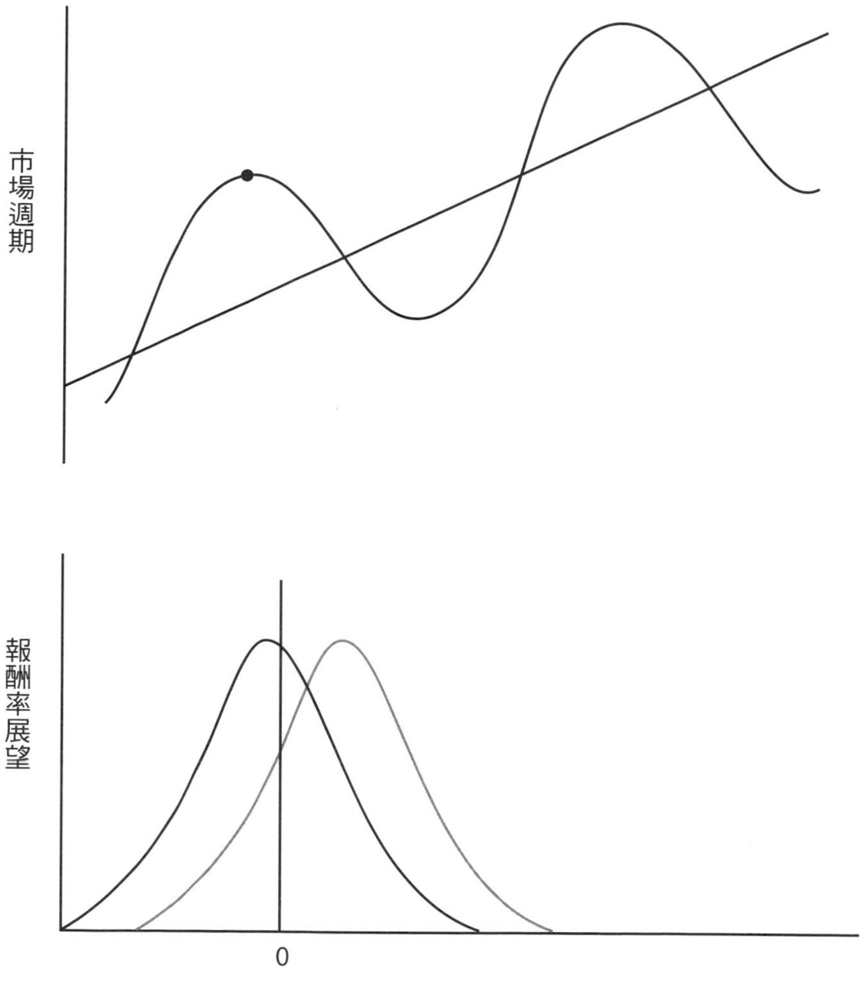

圖 12-3

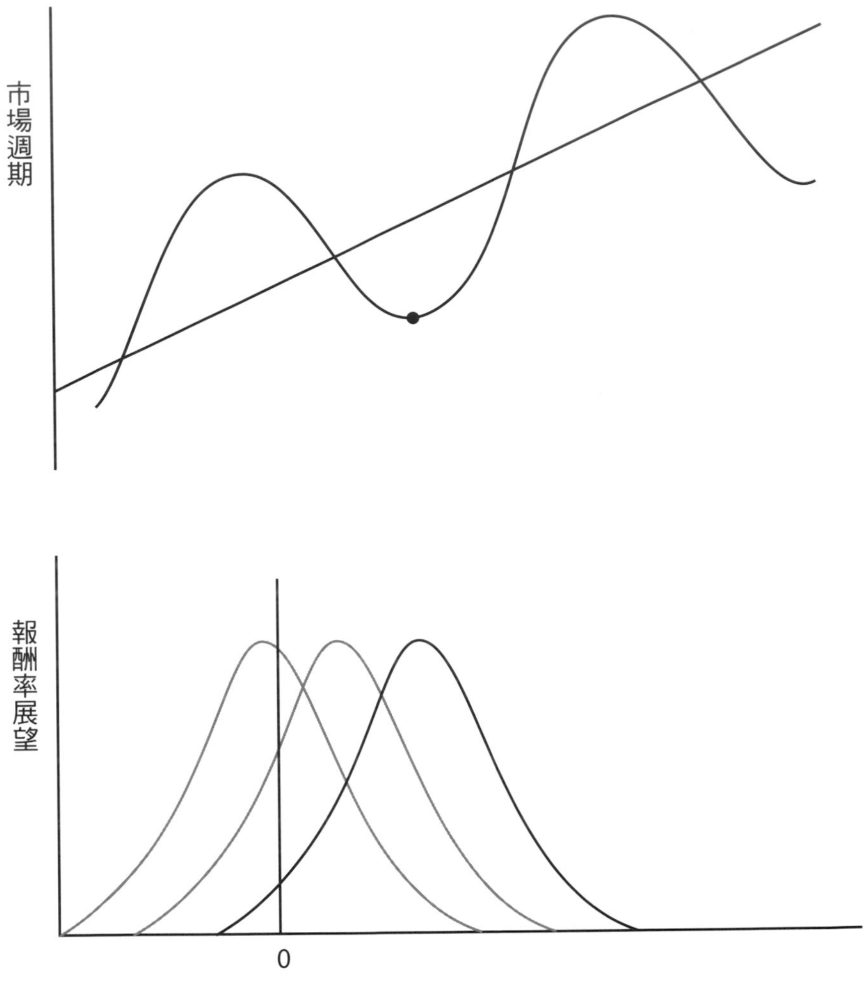

— 第13章 —

如何應對市場週期

這一切又一切的關鍵是什麼？答案是：了解心理的鐘擺和估值的週期目前擺盪到什麼位置；當心理面過度樂觀，投資人大方賦予資產過高估值，導致價格飆漲到高峰水準時，應拒絕買進，甚至賣出；而在心理面委靡不振，巨大賣壓製造了撿便宜的機會時，應勇於買進；因為在下跌的過程中，恐慌的投資人會放棄過往的估值標準，不顧一切地賣出，導致價格跌到低點。

投資人的目標是要藉由資金的部署，以便透過未來的發展獲取利益。投資人希望在市場上漲階段投入較多資金，在下跌階段投入較少資金，並持有較多漲勢較凌厲或跌勢較和緩的部位，持有較少漲勢較弱或跌勢較慘重的部位。投資人的目標清楚明瞭，問題只在於要如何達成這個目標。

要達成這個目標，第一步是判斷要如何因應未來的狀況。有些人相信經濟與市場預測，也相信應該要採取能呼應那些預測的行動。所以，當經濟與市場預測看好未來的事件發展，他們就會較積極投資，反之則較消極。

但誠如我先前清楚說明的，我個人不相信預測。很少人能明確知道未來的狀況，多數人也不太清楚未來的狀況會不會讓自己的報酬增加，而且，多數預測家的紀錄一向乏善可陳，包括比其他人更精準預測事件，並因此而獲得較他人更好的投資績效的人。每個時期都有一些人因一次傑出的正確預測而變得家喻戶曉，但通常那些人都要再經過很多年以後才能成功做出下一個正確的預測。既然我們缺乏預見未來的能力，要如何針對未來的可能情況部署投資組合？我認為這個問題的答案主要是：了解市場目前處於週期的什麼位置，以及這個位置意味著未來市場將出現怎樣的波動。誠如我在《投資最重要的事》一書所寫的，「我們可能永遠都不知道未來將走向何處，但是先搞清楚我們目前的所在位置應該會比較好。」

要做到這一點，需要了解週期的概要基本本質：促使週期波動的因素是什麼？促使週期向前推進到高峰與谷底的因素是什麼？促使週期脫離那些極端狀態的因素又是什麼？我們將大略討論幾個和我們有關的關鍵要素：

- 基本題材重複發生以及類似歷史重演的傾向；
- 各種事物具備興起與衰落的傾向，尤其是取決於人性的事物；
- 一個週期當中的每一項發展對下一個發展都有影響；
- 不同週期彼此互動與彼此影響的方式；
- 人類心理導致週期性現象超出理性水準的作用；
- 因此，週期有達到極端水準的傾向；

- 週期有從極端水準回歸到中點的傾向；以及
- 那個走勢越過中點後繼續朝相反極端移動的規律性。

這些就是影響著各式各樣週期的通則。此外，我們也必須知道影響市場週期的特有要素：

- 形塑投資環境的經濟與利潤週期；
- 人類心理過度反應其所處環境之各項發展的傾向；
- 一般人在某些時刻認為風險不存在且溫和，但在某些時刻又認為風險巨大、無法逃避且具致命性；
- 市場在某些時刻只反映正面因素並高估那些正面因素的影響，接著又在某些時刻只反映負面因素並漠視所有正面因素等。

這些就是我們必須察覺、留意並服從的根本法則——即和週期普遍相關且和市場運作具體相關的基本原理。我們必須利用從中獲得的獨到見解來評估市場目前的局勢，並評估當前局勢意味著市場未來將出現什麼走勢，最後再判斷應該根據前述評估結論，採取什麼因應措施。

辨識週期的位置

深刻了解上述內容後，我們將進一步討論如何釐清目前處於週期的什麼位置。

這一切的關鍵是什麼？答案是：了解心理的鐘擺和估值的週期目前擺盪到什麼位置；當心理面過度樂觀，投資人大方賦予資產過高估值，導致價格飆漲到高峰水準時，應拒絕買進，甚至賣出；而在心理面委靡不振，巨大賣壓製造了撿便宜的機會時，應勇於買進：因為在下跌的過程中，恐慌的投資人會放棄過往的估值標準，不顧一切地賣出，導致價格跌到低點。誠如約翰・坦伯頓（John Templeton）爵士所言：「要做到在別人心灰意冷地殺出時買進，並在別人貪婪搶購時賣出，需要具備最堅忍的精神，但也能獲得最大的報酬。」

當價格偏離公平價值並上漲到過高水準，通常是和以下重要因素的某種綜合影響有關：

- 普遍都是好消息；
- 對各種事件感到滿足；
- 媒體一面倒地樂觀看待後市；
- 無條件認同樂觀的評述，毫不存疑；
- 懷疑心態減輕；
- 缺乏風險趨避心理；
- 信貸市場門戶洞開；

- 整體情緒樂觀。

相反的，當價格從公平價值的水準重挫到物超所值的水準，通常是以下某些或全部因素共同產生的影響所致；

- 普遍都是壞消息；
- 對於各項事件的警覺性升高；
- 極端負面的媒體評論；
- 世人普遍認同驚悚的故事；
- 懷疑心態大幅升高；
- 風險趨避傾向顯著上升；
- 信貸市場驟然關閉；以及
- 整體情緒極端沮喪。

問題在於要如何分辨目前市場處於市場週期的什麼位置。重點是，促使市場上漲的要素會透過估值衡量指標，如股票的本益比、債券的殖利率、房地產的資本化回報率（capitalization ratio），以及收購案件的現金流量倍數等，讓我們了解目前的水準相對歷史常態值已經升高。上述一切現象都預示著未來的低期望報酬。當市場崩潰並導致資產價格下跌到物超所值的估值水準時，情況則相反。這些現象都是可透過觀察得知且可量化的。

除此之外，留意投資人目前的行為模式，將非常有助於了解週期定位（cycle positioning）。若想善加回應市場週期並理解市場週期所傳達的訊息，有個理解重於一切：投資的風險主要並不是來自經濟體系、企業、證券、股票憑證或交易所，而是來自市場參與者的行為，其他多數能獲取異常高報酬的機會也一樣，衍生自市場參與者的行為。

當投資人慎重行事、表現出趨避風險的態度、抱持懷疑之心，並約束自身的樂觀情緒，證券價格相對其根本價值就傾向於處於合理水準，在這種狀況下，市場就是安全的；然而，當投資人變得陶醉，他們過度熱情的買盤將促使價格上漲到危險的水準；而當投資人心灰意懶，他們的恐慌賣壓則會促使價格跌到物超所值的低點。

巴菲特告訴我們：「當別人愈不審慎處理他們的事情，我們就應該以更審慎的態度處理自己的事情。」當別人陷入陶醉狀態，我們反而應該戒慎恐懼；而當其他人戒慎恐懼，我們則應該趨於積極。決定投資成果的關鍵不在於你買什麼，而是在於你買它的價格。而你的買進水準（證券的價格相對其內在價值的關係）取決於投資人心理和投資人心理所衍生的行為。所以，若希望採取真正適合特定市場氛圍的行為，關鍵是要好好評估別人當下的心理和行為。你必須知道市場目前是否極端火熱，因而導致價格有超漲之嫌，或者市場乏善可陳，因而使價格處於物超所值的水準。

我在〈事實就是這樣〉（It Is What It Is）（二〇〇六年三月）備忘錄和《投資最重要的事》中，分別歸納了我所謂的市場熱度評估指南。我左思右想，認為還是有必要將這份指南納入本書的這個章節，而我也想不出有更好的替代品可取代這份指南。請注意，這些要點都非關科學、非量化且不可量化，甚

圖 13-1　市場熱度評估指南

經濟	生氣勃勃	死氣沉沉
展望	看好	看壞
放款人	急進	保守
資本市場	寬鬆	緊縮
資金數量	充沛	短缺
放款條件	寬鬆	嚴格
利率	低	高
利差	小	大
投資人	樂觀 開朗自信 急切想要買進	悲觀 悲痛苦惱 完全沒興趣買進
資產所有權人	樂於持有	急於脫手
賣方	少	多
市場	擁擠	極度缺乏關注
基金	多數人皆不得其門而入 每天都有新基金問世 一般合夥人占有顯著優勢	所有人皆得其門而入 只有最優秀的基金能募到資金 有限合夥人掌握議價能力
近期績效	優秀	差勁
資產價格	高	低
預期報酬	低	高
風險	高	低
流行特質	積極 廣泛	謹慎且謹守規範 精選
正確的因應方式	謹慎且謹守規範 精選	積極 廣泛
常犯相關的錯誤	買太多 追高 承擔太多風險	買太少 出場 承擔太少風險

至帶有一點打趣的意味。不過，透過這份指南，你應該就能體會出要特別留意什麼事物（參見圖13-1）：

誠如我在介紹這份指南時所言，「針對每一組項目勾選出你認為最能說明當前市場狀況的選項。如果你發現你勾選的選項多半位於左手邊的欄位，就應該看緊你的荷包。」

諸如此類的指示標記有助於了解我們目前處於週期的什麼位置，以及那個位置意味著未來將會如何發展。所以，我們能利用這類指示標記來進行我所謂的「量測市場熱度」。我在《投資最重要的事》一書，用以下文字描述這個流程：

如果我們保持警戒之心和敏銳的知覺，就能夠衡量周遭所有人的行為，並利用衡量的結果，判斷應該做什麼事。

關於這部分，最根本的要素是推理（inference），這是我最喜歡的字眼之一。每個人都知道每天發生什麼事，因為媒體上會報導每天發生的大小事。不過，有多少人會努力去了解那些日常事件說明了怎樣的市場參與者心理和投資氛圍，並進而釐清應該如何應對？

簡單說，我們必須努力設法了解周遭大小事所象徵的寓意。當其他人義無反顧並信心滿滿地積極買進時，我們應該抱持高度審慎的態度；當別人驚惶失措，以致不敢採取行動或甚至恐慌賣出，我們則應該轉趨積極。

所以，請環顧周圍的狀況，問問你自己：投資人目前是樂觀還是悲觀？媒體上的名嘴是鼓吹你積極介入市場還是退出市場？投資人對新穎的投資方案照單全收，或是不屑一顧？投資人將新發行的證券和基金視為致富的機會，還是潛在的陷阱？信貸週期使得資金容易快速取得或無法取得？

相較於歷史水準，目前的本益比是高還是低？利差（yield spreads）小還是大？上述每個因素都很重要，但其中沒有一項需要預測。只要根據當下的實測結果，就能制定絕佳的投資決策，不需要猜測未來會怎麼樣。

關鍵在於仔細留意諸如此類的事態，並讓那些現象告訴你該做什麼。雖然市場不會每天都循著這些情節，緊急要求你採取行動，但在極端狀態下，市場自然會主動告訴你該做什麼，這時市場的宣示極端重要。

世界、經濟體系和投資環境時時刻刻都在發生大量的狀況。沒有人有能力研究、解析、了解所有狀況，當然也就不可能將所有狀況列入投資決策的考量。事實上根本無需嘗試這麼做。無論如何，每個週期都會發生不同的事件，事件的發生順序也不盡相同，而且會產生不同的結果。

但我並不是強調所有細節都很重要。關鍵在於（1）釐清哪些細節是重要的；（2）從那些重要的細節來推斷目前正處於什麼樣的環境（接著或許也盡可能一併考量一些不那麼重要的細節），以及（3）從那些推理來斷定最能代表當前投資環境的一、兩個特質，以及那些特質要求我們採取什麼行動。換言之，我們應該配合週期的發展及那些發展的重要性來調整我們的回應。

然而，尤其當市場週期發展到極端，各種估值指標都會偏離常態水準。估值是投資人心理所造成的結果，因此具備表徵或暗示投資人心理狀況的意義。

以上所列的心理及情緒要素的根本影響是，這些要素會說服投資人相信過去的估值標準已變得不重要，可以棄之不顧。當投資人因賺錢而情緒高昂，很容易會隨便尋找各種能自圓其說的理由，辯解為何資產價格應該擺脫常態估值水準的束縛。這類辯解通常會以「這次不一樣」之類的字眼作為開場白。一旦這種樂意自動擱置懷疑精神的不祥預兆出現，就必須謹慎以對。相同的，當資產價格因崩盤走勢而大幅下跌，那通常是因為投資人假設過去支持資產價值的所有因素，未來都已不再值得信任。

所以，要了解處於週期的什麼位置，關鍵取決於兩種形式的評估：

- 第一種是徹底量化的評估：測量估值。這是一個適當的起點，因為如果估值未脫離歷史水準，市場週期就不可能大幅朝任何一個方向延展。
- 第二項是徹底質化的評估：洞悉目前周遭所發生的情況，尤其是投資人的行為。重要的是，即使是在觀察這些大致上非量化的現象時，你還是有可能保持自制。

綜上所述，關鍵的疑問可歸納為兩個：（1）市場如何為各種資產訂價？以及（2）周遭的投資人有何行為？若能以一致且紀律嚴謹的標準來評估這兩項要素，有可能令人受益良多。我們將能從這兩個問題的答案，領略到目前處於週期的什麼位置。

我要在這個主題的結論重申我先前反覆叨絮的觀點：即使是能精準測量出目前實際狀況的人，也無法告訴我們未來將發生什麼事……最多只能讓我們了解未來的傾向。

由於每個市場週期的廣度、波動的速度和延續期間等都不相同，缺乏規律性，所以，我們無法根據過去曾發生的情況，準確推斷接下來將發生什麼事。所以，若從週期的任何一個特定位置出發，市場有可能朝任何一個方向前進：上漲、持平或下跌（參見圖13-2）。

但那並不代表上漲、持平或下跌這三種情況的發生機率都是相同的。儘管我們目前所處的週期位置無法確切地決定未來的發展，卻會影響到未來發展的傾向或機率。在其他所有條件都相同的情況下，當市場處於週期的高點，向下修正的機率一定比持續上漲的機率高，反之亦然。當然，不盡然每次的情況都絕對如此，但那樣的推測終究是安全的。總之，評估目前的週期所在位置雖無法讓我們確知接下來將發生什麼事，但至少能告訴我們哪些情況較可能或較不可能發生。就算只是如此，也是大有幫助了。

量測市場熱度的案例

要教導別人如何辨識週期性的不節制，最好的方式是透過舉例來說明如何辨識極端狀態下的不節制行為，因為這種狀態下的不節制行為最攸關重大。所以，我將利用接下來幾頁的篇幅，回顧最近兩個泡沫以及第二個泡沫破滅後形成的崩盤。即使這兩個泡沫並不相同，但

圖 13-2

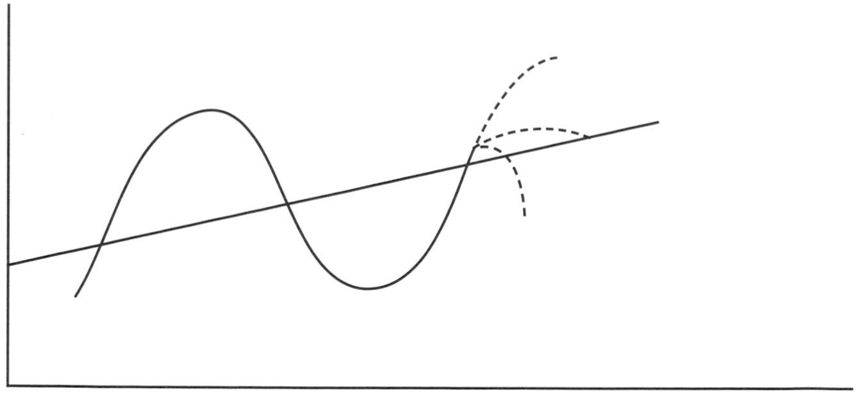

這三個市場事件（譯註：兩次泡沫與一次崩盤）全都以實例闡述了量測市場熱度的重要性。首先，讓我們檢視一九九〇年代末期與二〇〇〇年初期的股票急速飆漲走勢，尤其是網路泡沫的形成。在那段時期，機警的投資人理當注意到哪些現象？

- 在一九九〇年代那十年間，美國經濟享受了史上最長的和平時期擴張。
- 一九九六年十二月，當標準普爾五百指數達到七二一點時，聯準會主席亞倫・葛林斯潘（Alan Greenspan）問：「我們要如何得知非理性繁榮是否已經過度推升了資產的價值？」不過，關於這個主題，所有人都把他的話當作耳邊風，即使是標準普爾五百指數在二〇〇〇年時抵達前述水準的一倍——一五二七點時，也沒有人深思這個問題的意義。
- 一九九四年，華頓商學院的傑瑞米・席爾格（Jeremy Siegel）教授發表了《長線獲利之道：散戶投資正典》（*Stocks for the Long Run*）一書，他在書中指出，股票的績效有時確實未能領先債券、現金與通貨膨脹，但那樣的狀況都為期不久。
- 芝加哥大學的研究人員在更早之前就斷定，美國股票的常態報酬率大約是每年九％，而在一九九〇年代期間，標準普爾五百指數的平均報酬率接近二〇％。
- 股票的表現愈好，投資人配置到股票的資金就愈多。明顯作為市場領先族群的科技股尤其如此。
- 愈來愈多科技股被納入諸如標準普爾五百之類的股票指數（那意味著指數型投資人或類指數型投資人必須購買更多科技股），這類買盤促使科技股上漲，而因此產生的漲勢吸引更多資金投入這類股票。這就是典型的「良性循環」，而且沒人想像得到這個循環也會有結束的一天。

- 多數「新經濟」企業並沒有盈餘可言，因此投資人索性完全不考慮這些股票的本益比是否合理。
- 在泡沫的末期階段，某些網路股的價格上漲到比ＩＰＯ高好幾倍的價格。此時想要介入這些股票的投資人為了說服自己，以遠高於ＩＰＯ的價格購買那些新股票，不得不推斷（１）那些公司的創辦人非常樂意以遠低於其真實價值的價格，將公司的股票賣給其他人；或（２）創辦人比投資人更不懂這些股票的價值。問題是，這兩個推斷都極端沒有說服力。
- 為了透過這類奇蹟分一杯羹，同時為了避免承受眼睜睜看著別人賺大錢（而自己一毛也沒賺到）的痛苦，投資人紛紛介入很多尚未有盈餘（有時甚至連營收都沒有）的企業的ＩＰＯ，而且是在不太了解或完全不了解那些企業的商業模型的情況下就貿然買進。
- 一九九九年，詹姆斯・格拉斯曼（James Glassman）與凱文・哈塞特（Kevin Hassett）發表了《道瓊指數三萬六千點》（*Dow 36,000*）一書，他們在書中主張：由於股票的風險非常低（參考上述的席爾格觀點），所以，股票不再需要提供像過去那麼高的風險溢價。那代表股票價格應該立刻上漲到足以令預期報酬率適度降低的水準。因此，道瓊工業平均指數理應上漲到比當時的一萬點高兩倍以上的水準。
- 在科技股熱潮時期，標準普爾五百指數的本益比在經濟大幅成長與科技股的推波助瀾下，最高上升到三十三倍，是戰後常態水準的兩倍整，也是標準普爾五百指數截至當時為止歷來最高的估值水準。

那麼，當時實際上出現的要素又有哪些？

- 良好的經濟消息；
- 有利的文章與書籍；
- 投資人掉以輕心且不在乎風險的行為；
- 異常高的投資報酬率；
- 股票估值水準極端高，遠高於歷史水準；
- 即使無法透過合理分析來解釋股價為何漲到那麼高，一般人普遍還是樂意以那樣的高價購買股票；
- 深信這一部恆動機器永遠不會停止運轉（譯註：相信漲勢永遠也不會停歇）。

最後一點尤其重要。誠如我先前提到過的，剛開始，每個泡沫多少都有一點點的事實根據，但在泡沫時期，投資人會高估那一點點事實根據的重要性和獲利潛力；在這個時期，所有人都會暫時擱置懷疑，並一致相信自己將永遠不斷地賺錢。

當然，一個客觀的市場熱度量測者理當要知道，當時的所有狀況都顯示一個巨大的泡沫可能即將破滅。以下是我在〈網路泡沫〉備忘錄（二〇〇〇年一月）中描述的某些現象：

✉
- 一九九九年開始營業的網路小貨車集團（Webvan Group）的銷貨收入為三百八十萬美元，那一年九月為止，該公司的季盈餘為三十五萬美元。但此時的股票市場卻賦予它七十三億美元的價值。

- 十二月九日當天，VA Linux公司以三十美元的價格公開掛牌交易，並在當天飆漲到每股二三九美元，漲幅達六九八％，它的總市值因此上升到九五億美元，大約是蘋果公司的一半。但到那一天為止，該公司一九九九年的銷貨收入是一七七〇萬美元，淨虧損為一四五〇萬美元（相較之下，當時蘋果公司向前回溯十二個月的盈餘是六億美元）。
- 由於網路公司的本益比實在高得離譜（通常是負值）所以，一般人在談論這類股票的估值時，常不得不採用股價／銷貨收入比。舉個例子，至一九九九年八月為止的那一季，以年化的營收來計算，紅帽公司（Red Hat）的這項比率大約是一千倍。
- 在非網路的科技公司當中，雅虎（Yahoo!）的市值高達一一九〇億美元，比通用汽車（General Motors）和福特（Ford）的合計市值更高。以它當時每股股價四三二美元及該公司一九九九年的預估盈餘計算，它的本益比超過一千倍。

在上述種種不尋常的情勢下，一九九九年十二月十日《華爾街日報》上的一篇文章寫道：「在衡量一家企業的績效時，股票的估值變得異常重要。」換言之，由於缺乏其他訊號可供參考，一般人只好透過觀察股價來推測一家公司的經營狀況。那不是開倒車嗎？在早年，投資人會先釐清一家公司的營運狀況，接著才確認多高的股價方能反映它的營運狀況。

在這個缺乏有意義的估值指標的環境下，購買股票的決策似乎是受「樂透彩票心理」支配。若根據預估盈餘和本益比的投資模型來分析科技與網路股的潛在報酬率，年度報酬率連二〇％或三

○%都不可能達成，但若根據概念來評估，結果甚至可能顯示其潛在報酬率高達一○○○%。當時常聽到的股票推銷話術包括：「我們正為了一家估值三千萬美元的企業籌募第一輪資金，而我們認為這家公司將在兩年內以二十億美元的價值完成IPO。」或是：「IPO價格將訂在二十美元，股價有可能在掛牌當天上漲到一百美元，並在六個月後上漲到兩百美元。」聽到這樣的說詞，你會參與這一檔股票嗎？你承擔得起說「不」並因而犯下大錯的風險嗎？在那種情況下，不得不買進的壓力有可能極為龐大。

創造鉅額利潤的概念、股票和IPO案件隨時都會出現。但在過去，「非參與這些案件不可」的壓力不像現在那麼巨大，因為在過去，贏家能賺到的錢至多是幾百萬、幾千萬，不像現在動輒賺幾十億甚至百億，而且，以前的人通常要花幾年的時間才能賺到數以百萬計的財富，現在的人則有可能在短短幾個月內賺到幾十億。到目前為止，一旦一筆交易成功了，它的上漲空間是過去的一百倍（介於十倍至一千倍）。由於那類成功交易的潛力巨大，故（1）潛在上漲空間變得令人難以抗拒，且（2）就算成功機率不是很高，也大有充分的理由投資。我過去曾說，雖然市場是受恐懼與貪婪驅動，但有時候，最大的誘發因素是害怕錯失機會的那種恐懼。值此時刻，這樣的恐懼尤其明顯，而這只是讓「加入買進行列並進一步承擔更多風險」的壓力變得更大。

結論是，在諸如此類的極端泡沫行情中，理性的投資人根本就不需要具備分析細微端倪的能力，只要有能力一眼看出旁人的行為是否瘋狂就夠了。當時我並未親自參與這一場科技股投資遊戲，而是以超然的態度在場邊觀察；在當時的我眼中，科技／網路狂熱事件和安徒生的某一則童話有著異曲同工之妙。每一個參與這場狂熱的人都希望熱潮能永遠延續下去，所以沒有人願意挺身而出，直指國王沒穿衣服的事實。上述那類發展正是每個泡沫都會發生的集體歇斯底里現象。

透過一九九〇年代股票（尤其是科技股和網路股）致富的人，理所當然地根據那些股票當時的表現，預言一個新的繁榮與財富創造時代即將來臨，並根據此前的獲利經驗而一再提高對未來報酬的期望（一如查理・蒙格引用古希臘政治人物暨演說家德摩斯梯尼〔Demosthenes〕的名言：「世界上最容易的事就是自欺，因為每個人都希望自己相信的事真的會發生」）。不過，較冷靜的人則推斷，一九九〇年代那一股受陶醉心理驅動的買盤，是以超漲的價格搶購名不符實的股票——因為當時的股價已提前反映了那些企業的未來績效；於是，他們認定那樣的狀況隱含極端負面的寓意。果然不出幾年，事實就證明這些冷靜的投資人的觀點正確無誤。

上述種種事態在二〇〇〇至二〇〇二年間形成的最後結果是（1）股票市場出現一九二九至一九三二年以來首度連續三年下跌的走勢，標準普爾五百指數從高峰到谷底，共大跌四九％（未計入股利所得）；（2）科技股重挫；以及（3）很多網路與電子商務股票下跌一〇〇％。

沒有穩贏不輸的投資

通常一般人會預期那樣一個極端泡沫（泡沫是受過度樂觀與過度容易受騙的傾向驅動）一旦洩氣，那痛苦的過程理當能留下嚴肅的教育性影響，換言之，照理說，一個極端的泡沫破滅後，應該要再花上十年或二十年，才可能再度形成類似的泡沫。但事實不然。因為這件事實在攸關重大，因此，我一定要再次引用高伯瑞有關人類能否記取金融教誨的說法：

造成……陶醉感是目前及過去鮮少被注意到的另外兩個因素。第一個是金融記憶極端短暫。也因如此，金融災難很快就會被遺忘。進一步的結果是，當相同或相近的情況一再發生——有時是在短短幾年內再度發生，通常較年輕，而且總是超級有自信的新一代投資人會大力吹捧，將其視為金融圈乃至整體經濟環境了不起的創新發現。

的確，短短幾年後的各項事件，又開始促成次級房貸熱潮（稍前篇幅已充分說明），這個絕佳案例闡明了週期性的不節制是從一連串失誤逐漸醞釀而來：

- 誠如我在139至140頁說明，某些美國領袖級人物判斷提高住宅自有率只有好處沒有壞處。
- 於是，負責承作房屋貸款的聯邦政府機關「揣摩上意」，不斷設法提高房屋貸款的可用額度。
- 持續降低的利率使人民愈來愈有能力負擔房貸，乃至住宅自有權。
- 隨著人民愈來愈有能力負擔房貸，加上房貸更容易取得，購屋行為因而增加——住宅需求大幅上升。
- 購屋需求的上升促使住宅價格大幅上漲。「房價只漲不跌」的錯誤觀念以一傳百地漸漸成為一個公認的事實，而這個認知又進一步回饋，創造了更多的住宅需求。
- 上述事態進一步醞釀出「全國性房貸違約潮不可能發生」之類的陳腔濫調，這促使很多人（尤其是金融機構）將房貸擔保型證券納入主要的潛在投資標的。

- 接著，華爾街發展出一種證券化模型，將單調但可靠的住宅抵押貸款轉化為好幾個層級的擔保債務憑證（collateralized debt obligations，以下簡稱CDO），並宣稱這是一種全新的高報酬／低風險產品。
- 銀行業者因建構與發行CDO及其他房貸擔保證券（以下簡稱MBS）等業務，利潤得以大幅提升。
- 法規的鬆綁允許銀行採用遠比以前高的財務槓桿，銀行可用資金因而大增，於是，它們將多出的可用資金再投資到發行MBS所需之權益。
- MBS包裝商品的巨幅成長，使得這項商品的根本原料（即新承作的房貸）的需求快速上升。
- 為了增加房貸承作金額，放款機構推出各種創新方法，努力吸引貸款人前來申請房貸：例如只需要償還利息的房貸，這種房貸取消「本金餘額與利息必須同步償還」的傳統規定，將月付款降到最低；變動利率房貸，讓貸款人得以因極低的短期利率而受惠；以及最重要的「次級」房貸（有時也被稱為「騙子貸款」，以下簡稱次貸），這種貸款不要求貸款申請人提出所得與就業等證明文件。
- 以往放款機構承作房貸後會繼續保有這項債權，但因次貸被包裝成各種證券並轉售給投資人，那代表次貸放款人將那些證券賣掉後，從此不再保留次貸的債權，於是，放款人不再重視貸款人的信用度，而是全力衝刺貸款金額。由於放款人能因承作貸款而賺到手續費，還能立刻將這些貸款「出清」（因此完全無需承擔貸款的違約風險），所以，放款人也沒有理由擔心貸款人的信用度。這樣的狀況明顯構成讓放款人墮落的誘因（在全球金融危機爆發期間，很多人形容諸如此類的誘因——讓參與者可以從事冒險的行為，又不需要擔心後果——創造了「道德風險」〔moral hazard〕，這個用語後來被廣泛使用。儘管近幾年比較少聽到這個用語，不過，相關的概念依舊延續了下來，而且一樣很危險）。

- 次貸擔保證券之所以那麼「成功」，關鍵在於「計量學家」和眾多博士級人物的「財務工程」高強的實力，問題是，其中很多計量學家或博士都是涉世未深的職場新手。他們根據一些有缺陷的基本假設——假設房貸違約案件之間彼此不相關，且違約案件將和過去一樣維持溫和水準——來進行風險造模，最終引爆危機。
- 鉅額次貸ＭＢＳ的發行，意味著信用評等機構將有很多生意上門，而信用評等機構的認可，是發行這類證券的根本要件。不過，唯有願意賦予那類證券最高信用評等的機構，才可能爭取到這些獲利豐厚的商機。於是，信用評等機構成了被ＭＢＳ發行機構選購的對象，這進一步製造了更多的墮落誘因，這一層誘因導致信用評等變得普遍過度膨脹。
- 這些趨勢導致信用評等機關發出成千上萬個３Ａ評等給各式各樣的房貸擔保證券（相較之下，當時只有四家美國企業享有這種３Ａ評等）。信用評等機關的從業人員雖負責為複雜的ＭＢＳ評估價值，但他們卻顯然對那些證券缺乏徹底的了解。
- 銀行業者及其他金融機構在諸如「風險值」（Value at Risk）之類的「風險管理」技術慫恿下，購買龐大數量的ＭＢＳ，問題是，那類風險管理技術高度依賴短期的良性歷史和過於大方的評等，因而大幅低估買方所承擔的風險。

• 由於當時盛行「風險已遠去」的說法（見第140頁），一般人對於風險抱持漫不經心的態度，並進而導致以上所述的種種情況發生。

那麼，這個泡沫構造的根源是什麼？根據〈現在一切都很糟？〉備忘錄（二〇〇七年九月）所言：

> 一個證明具徹底煽動性的標準組合：
>
> • 貪婪心態瀰漫；
> • 週期上升階段帶來了優良的報酬；
> • 陶醉與驕傲自滿的心態；
> • 自由且寬鬆的信貸市場；
> • 華爾街的薪酬誘因和推銷術；以及
> • 投資人的天真無知。

以上各項因素造成的發展，明顯讓上升走勢變得更如火如荼：

• 風險趨避態度大幅減輕，懷疑論者徹底消失；
• 民眾普遍認同和住宅及房貸有關的籠統樂觀概述；

• 對諸如財務工程與風險管理之類的新工具過度有信心；以及

• 集體漠視不當動機對這個過程的眾多參與者的影響。

除了記憶短暫、心理不節制與邏輯偏誤，房貸擔保證券領域的泡沫還因另外兩個因素的助長而壯大：

• 因為這個新泡沫是發生在土地抵押貸款領域（金融市場的這個環節和爆發股票、科技股泡沫的那個金融市場環節完全不同），受這個新泡沫吸引的固定收益投資人和金融機構，並未第一手經歷科技及網路股泡沫的傷害，所以也未曾從中吸收到教訓。

• 股票在不久前的可怕表現讓股票投資人倍感挫折，加上鴿派立場鮮明的聯準會將利率維持在低檔，使得固定收益型投資標的的收益率江河日下，於是，投資人不再奢望透過股票與債券獲取優異的報酬。那樣的背景促使投資人極端容易受新來源的零風險報酬承諾——即房貸擔保證券——吸引，並因此受害。

談到這裡，我要闡述一個寶貴但稍微有點離題的觀點。投資人反覆犯的最大錯誤之一，就是相信這個世界上有穩贏不輸的投資，也就是能提供零風險報酬的資產，即我所謂的「銀色子彈」（silver bullet，這個典故可回溯到一九五〇年代的西部電視影集《獨行俠》〔*The Lone Ranger*〕，這部影集描述一個槍法百發百中的執法者的故事）。它體現了德摩斯梯尼的名言：「每個人都希望自己相信的事真的會發生」，但這樣的信念毫無道理可言。如果這個世界上真的有銀色子彈：

- 誰會把那顆子彈賣給你而不留著自己好好利用？
- 難道其他人不會搶著買這顆子彈，結果導致它的價格上漲到它不再穩贏不輸的水準嗎？

在我進職場四十八年期間，別人向我兜售過的銀色子彈不下數十顆。但事實最後都證明那些子彈並非百發百中。世界上沒有任何一個投資策略或戰術永遠能實現零風險的高報酬，尤其是對缺乏高深投資技巧的買方而言。想獲得卓越投資成果，唯一的管道就是要擁有高超的技巧（或是少數純屬幸運的時刻）。

誠如我先前提到過的，泡沫通常並非空穴來風，泡沫多多少少都有一點事實根據，只不過，那些事實最後被過度誇大罷了；而一旦泡沫最終被戳破，就會在投資圈造成最大的痛苦。很多泡沫導因於投資人相信銀色子彈存在的心理。當投資人願意相信能在零風險的狀況下獲得報酬的某種承諾時，代表此時投資人絕對已幾乎摒棄懷疑的態度，他們的心理變得過度熱中，並導致標的資產的潛力遭到高估，它的價格因此也可能已經超漲。所以，一定要小心上述現象，如果出現這樣的現象，應盡可能抗拒介入。可惜基於人性本質，鮮少人會對泡沫提高警覺，更遑論敬而遠之。我要用以下方式來歸納我的關鍵結論：次貸泡沫的成因是：廣大的民眾公認「過去從未見過的現象，未來將會發生」。所以，在分析各種投資工具時，應該做到（1）抱持懷疑心態，並進行保守的假設；以及（2）檢視較長遠的歷史，包含某些令人痛苦萬分的時期的歷史。顯然在次貸泡沫時期，沒有人做到這兩點。

事實上，多數（甚至全部）泡沫都具備以下特色：一般人無條件且毫不質疑地認同某些過去從未真正發生的事物將會發生；毫不質疑地接受嚴重脫離歷史常態的估值水準；以及／或毫不質疑地接受從未經過試驗的投資技巧與工具。

人的態度與行為改變，市場也會改變

次貸泡沫以實例闡述了一個極端重要但我以前從未提及的原則：金融和投資環境以及投資技巧和工具的績效，並非永遠一成不變。誠如我談到週期時一再言明的，金融和投資環境等事物會因人類的參與而受到影響。

市場是由人類組成，所以世界上沒有一個市場可以和人類劃清界線，也沒有一個市場會不受人類影響。人類在市場上的行為會改變市場——當人的態度與行為改變，市場也會改變。

以近期的案例來說：

- 誠如以上所述，市場動力改變了參與者的動機；
- 改變後的動機進而改變了參與者的行為；以及
- 最後的結果明顯將取決於參與者改變後的行為。

我們可從中清晰見到一個根本進程：

- 世人舉歷史為例，宣稱全國性的房貸違約潮不可能發生。
- 人類心理對這種良性歷史的認同，促使他們投入大量資金在房貸擔保證券。
- 世人大量投資房貸擔保證券的結果，促使相關機構積極建構更多這類證券。
- 這也促使信用評等機關開始假設過去的良性經驗將延續到未來，並給予那類證券高信用評等。
- 最重要的是，房貸擔保證券的強烈需求使得它的「原料」——房屋抵押貸款的需求大幅增加，這促使放款機構熱中於承作更多房貸，最後導致放款標準嚴重崩壞。
- 這些發展產生的綜合影響是：全國性的房貸違約潮保證會發生。

誠如我先前提到過的，漫不經心的放款作業（當時鮮少人注意到或討論謹慎放款的重要性，就算有注意到，也漠視這件事的重要性），最終導致一九九〇年代末期至二〇〇七年間承作的房貸的違約率遠高於歷史的違約率；整體房貸違約率比房貸證券建構機構和信用評等機構設想過的最差狀況還要糟，也比房貸證券的買方的造模結果更糟。促成次貸泡沫的重要因素之一，就是世人普遍漠視房貸違約的可能性，而這個現象的發生也引爆了後來那場危機。

關鍵在於了解投資人的行為有可能會改變市場的狀況，並進而改變投資人對市場結果的預期心理。這反映了喬治・索羅斯（George Soros）的反射理論（theory of reflexivity）：

> 當一個局勢的參與者擁有思考能力，參與者……的扭曲觀點有可能會影響到他們本身所處的局

勢，因為錯誤的觀點會導致參與者採取不正當的行為。（〈索羅斯：反射通論〉〔Saros: General Theory of Reflexivity〕，《金融時報》，二〇〇九年十月二十六日）

所有試圖了解經濟與金融圈事務運作方式的人，都應該牢記這個教誨。

觀測並做出結論

只要其中一個或兩個假設以及某些通則的運作失靈，這一部恆動機器就會停止運轉：

- 利率不只會下降，也會上升。
- 陳腔濫調有可能不成立。
- 不當的誘因可能引發有害的行為。
- 意圖在事前量化風險，尤其是缺乏歷史軌跡的新穎金融商品的風險，通常將是徒勞無功。
- 實際的狀況很有可能比「最糟假設狀況」還要糟糕。

事後回顧，以上所述種種情況的失誤總是一目了然。不過，由於當時和房貸與房貸擔保證券有關的高風險作業（這在當時已變成主要且重要的活動）是在金融圈的某個隱祕角落進行，因此，除了潛在的房貸投資者（即放款人），各機構的投資長、投資組合策略分析師、股票投資人、另類投資經理人、傳統債券買主……幾乎所有人都未能察覺到那些作業的風險有多高。

在後來演變成全球金融危機的房貸泡沫形成的那幾年，橡樹資本的同仁很幸運，因為我們適時體察到信貸週期已過度向上方延伸，並因此推斷市場已愈來愈不穩定。這樣的推理促使我們賣出資產，並大規模出清不良債權基金，一改過去小規模處分的做法；另外，我們提高風險意識，變得更加保守；我們還前所未見地數度提高備用基金水準，希望等到不良債權的大好投資機會終於來臨時，再善加利用那些機會獲利。

我們是根據什麼理由而做出上述推斷？事後回顧，那似乎是個輕而易舉的判斷……只不過，在當下，那絕對不是輕易就可做出的判斷。在二〇〇五至二〇〇七年間，你真正需要做的就是整理出以下整體觀測意見：

- 為了消除科技泡沫破滅所衍生的壓抑性影響，同時考量到世人對二〇〇〇年（千禧年）的疑慮，聯準會已將基準利率降到極低水準；
- 由於可透過國庫券與高信用評等債券取得的殖利率很低，加上一般人對股票的夢想幻滅（因股票在二〇〇〇至二〇〇二年間，連續三年下跌），投資人迫切想把資金投入另類投資工具；
- 二〇〇〇年科技泡沫破滅、二〇〇一年至二〇〇二年電信股重挫及企業醜聞不斷等，對投資人造成極大痛苦，並因此對股票敬謝不敏；
- 投資人幾乎沒有任何的風險趨避心態（尤其是在股票以外的領域，因為此時股票已經失寵），這使得投資人普遍急於投資奇特的結構性組合工具；以及

• 以上所述種種狀況導致劣質債券、結構不佳的投資工具與未經試驗的另類投資工具的發行市場門戶大開。

以上就是我們當時的觀測意見，而那是最近一個最引起我們關注且確實發展中的負面趨勢。我感覺當時我和布魯斯・卡許好像每天都會到彼此的辦公室，向對方抱怨某一檔新發行的證券；我們當時常說：「這種垃圾實在不該發行。這種垃圾也能發行，代表市場出了什麼問題。」總之，那些高風險的交易告訴我們，當時市場上戒慎恐懼、懷疑與趨避風險的傾向不足，而貪婪、容易上當與承擔高風險的傾向又過高。每次這幾項要素結合在一起，絕對不會有好事。

上述所有要點全都顯而易見，也毫無辯駁的餘地。重要的是你是否整理出這些觀測意見，並進而歸納出適當的結論。你不需要徹底了解次級房貸出了什麼問題，也不需要解析房貸擔保證券和高度結構化的擔保債務憑證的價值。我們當然也沒那麼做。

順帶一提，在房貸泡沫持續膨脹的那幾年，股票市場的表現並不好，股票的估值也未達到過高水準，經濟並沒有欣欣向榮（因此也不盡然會邁向衰退）。但如果你整理出以上所條列的觀測意見，你應該會歸納出和我們相同的結論：此時應該降低投資組合的總風險量。這才是真正應該做的事。

圖13-3是房貸泡沫破滅與因此而產生的感染效應所造成的結果，從某些標準的投資指數在二〇〇八年（也就是崩盤那年）的表現便可見一斑；顯而易見的，那是極端需要降低風險的一年。

趁低檔買進

最後，談到要如何偵察與回應市場週期的極端狀態，我想再次回頭檢視二〇〇八年九月雷曼兄弟聲請破產後所引爆的全面恐慌狀態。

雖然次貸危機起源於金融與投資圈的一個隱祕小角落，它引起的衝擊卻很快就遍傳到各處，感受尤深的是低估房貸擔保證券的風險的金融機構，因為這些機構低估相關的風險，結果投資了過多的資金在那類證券。而由於這些舉足輕重的金融機構過度投資房貸擔保證券，並因此面臨重大威脅，一開始的次貸危機遂轉移到每個國家的股票和債券市場，接著又擴散到世界各地的經濟體系，最終形成了全球金融危機。

於是，誠如我先前的描述，美國政府被迫出面為貨幣市場基金和商業本票進行擔保。許多大型銀行和金融機構先後倒閉或被迫接受紓困、拯救或被整併。當時沒有人知道這場大屠殺將擴大到什麼程度。股票和債券市場也難逃崩盤的命運。到這時，籠統概化的

圖 13-3

標準普爾 500 股票	(37.0)%
道瓊工業平均指數	(31.9)
那斯達克綜合指數	(40.0)
摩根士丹利歐澳遠東股票（MSCI Europe, Australasia, Far East Stocks）	(45.1)
花旗集團高收益市場指數（Citigroup High Yield Market Index）	(25.9)
美林全球高收益歐洲發行者指數（以歐元計）（Merrill Lynch Global High Yield European Issuer Index）	(32.6)
瑞士信貸槓桿貸款指數（Credit Suissie Leveraged Loan Index）	(28.8)
瑞士信貸西歐貸款指數（以歐元計）（Credit Suisse Western European Loan Index）	(30.2)

論述偏向負面：在一個看似永無止境的惡性循環中，世人普遍相信「金融體系有可能全面瓦解」。

由於籠統概化的論述一面倒偏向悲觀，這部老是犯錯的機器開始朝相反方向發展。貪婪不復存在，只剩恐懼。沒有樂觀，只有悲觀。沒有風險承擔，只有風險趨避。沒有能力看見樂觀因素，只能看到悲觀因子。沒有意願正面解讀各項事物，只是一味負面解讀。沒有能力想像良好結果，滿腦子想的都是負面結果。就這樣，我在151至152頁討論的那一天終於來臨——在退休基金主管眼中，只要是和潛在違約有關的假設，全都嫌不夠保守。

最根本的觀測意見是什麼？以下是我在〈負面心態的局限〉備忘錄（二〇〇八年十月）中寫下的內容：

> ✉反向操作，即從事和其他人相反的操作，也就是「逆風而行」，是獲得投資成就的根本要旨。不過，當信貸危機在上週達到最高峰，多數人都屈服於這股逆風的力量，放棄抗拒。我發現市場上極少人抱持樂觀的想法，多數人在某種程度上都抱持悲觀態度。有些人變得徹底沮喪——即使是我認識的幾個偉大投資人也不例外。很多人認為災難即將到來，並透過電子郵件交流愈來愈負面的流言蜚語。沒有人發揮懷疑精神，也沒有人說「那個驚悚的故事不可能成真」。悲觀引發更深沉的悲觀。一般人心心念念只想著要用什麼保護措施來協助自己的投資組合順利度過即將來臨的崩盤走勢，要不就是忙著籌錢應付贖回潮。上個星期，他們唯一沒做的事就是積極買進證券，所以價格一跌再跌，一次跌好幾美元，以古老的方式來表達，那是「跳空下跌」的走勢。
>
> 一如往常，關鍵在於應該對「每個人」齊口同聲說的話和一窩蜂做的事存疑。你理當這麼想：

「當然，這則負面報導最終可能證明是真實的，但那則報導絕對已充分反映在市場價格上了。所以，如果現在才斷定那則負面報導是事實，並根據這個推斷採取行動，可以從中獲得的利益已經不多。然而，如果那則報導最後證明不是真實的，價格從今天這個備受壓抑的水準回升的幅度將會非常大。所以我要買進！」那則負面報導看起來可能極具說服力，但有效的（且迄今仍有效的）正面報導（也就是鮮少人相信的報導）才真正具備較大的獲利潛力。

在這個市場週期的極端，所有消息真的都很負面……而且，那些負面消息當然不是純屬想像。當時每個人見到我，都只問兩個問題：「情況還會惡化到什麼地步？」以及「影響將會是什麼？」由於當時的資產價格完全只反映和這些事態有關的極度悲觀思維（我認為那是近乎自殺式的想法），在這種氛圍之下，獲利與否的關鍵就在於你是不是能認清一個事實：即使消息全面看壞，未來展望也很糟糕，我們還是不能排除「市場已悲觀過頭，因此資產有可能已達到超跌水準」的可能性。

當時過度瀰漫的悲觀心態，正是促使我在二〇〇八年十月的信貸市場低潮時刻撰寫（負面心態的局限）備忘錄的主因。我在那篇備忘錄裡指出，誠如在風險態度那一章提到的，優秀投資人必備的根本懷疑態度：「要求在過度樂觀時轉趨悲觀，但也要求在過度悲觀時轉趨樂觀。」當然，在市場最黑暗的那些日子，市場上完全缺乏那類懷疑態度。

當雷曼兄弟在二〇〇八年九月十五日聲請破產不久後，布魯斯．卡許和我歸納出以下結論：（1）沒有人知道金融機構的這場突發性災難將惡化到什麼程度；但（2）負面心理絕對已達到近乎猖獗的程度，非常有可能已有過度消極之嫌，且資產看起來便宜得要命。接著，我們秉持策略性思考，做出關鍵的決定：如果金融圈的末日真的來臨（沒有人能排除這個可能性），那麼不管我們買或不買，結局都會一樣；但如果金融圈的末日沒有來臨，而我們又沒有趁低檔買進，那麼，我們就有失自己的職責了。

這個想法一出，我們開始積極購買債券。從那年九月十五日到年底之間的十五個星期當中，橡樹資本每個星期投資五億美元。在那段期間，事態的發展有時讓我們認為自己有點太急躁，但有時又感覺自己手腳太慢；但那樣的現象意味著我們的判斷很可能是正確的。最後的結果是：世界末日沒有來臨；金融機構內爆的惡性循環在雷曼兄弟破產的那一刻停止惡化；資本市場重新開啟；各金融機構也陸續恢復生機；債務再融資重新展開；相對過往的歷史，這一次最後的破產案件相對極為稀少；而我們購買的資產也在後來大幅增值。總之，我們掌握到這個週期。

否定「等待底部浮現才開始買進」

雖然我們目前是在回顧二〇〇八年年底的氛圍，但此刻也是討論投資人因應市場趨底走勢與市場底部的行為的適當時機。

首先，什麼是底部？底部是指一個週期當中最低價格出現的那個時點，所以，底部可視為最後一個恐慌持有者賣出的那一天，也就是賣方支配力量超過買方力量的最後一天。不管是基於什麼理由，底部會出現在下跌趨勢的最後一天，即價格達到最低點的那一天（當然，這些定義極度誇大。所謂「底部」，一如「頭部」的說法，其實是指一段期間，而非一天。所以，「最後一天」的字眼多半只是一種比喻）。底部出現後，價格會開始上漲，因為到達底部位置時，已經沒有等著投降且賣出的持有人，換句話說，此時買方想要買進的意願已經強於賣方想要賣出的意願，所以價格就會開始上漲。

在此，我真正要探討的問題是：「何時應該開始買進？」我在先前幾章提到「從高空掉落的刀子」概念，這是非常重要的概念。當一個市場處於連續下跌的狀態，你可能會經常聽到投資人說：「我們不打算接從高空掉落的刀子。」換言之，他們想要表達的意思是：「趨勢向下，無從得知跌勢何時才會停止，所以，何必在還沒確定底部是否浮現前就趕著買進？」

不過，我認為那種說法的真正意思其實是：「我們很害怕，尤其怕在跌勢停止前買進會讓自己看起來很蠢，所以我們一定要等到底部浮現，一切塵埃落定且不確定性解除後再買進。」不過，但願我已經說得夠明白——等到塵埃落定，投資人恢復鎮定，物超所值的撿便宜機會早已消失。

橡樹資本強烈否定「等待底部浮現才開始買進」的概念。

- 首先，沒有任何方法可得知底部是否已浮現。底部位置並不會出現霓虹燈那類的訊號。唯有底部已浮現，我們才能在事後辨識出那是底部，因為底部的定義是——開始反彈的前一天。就定義來說，唯有事實發生後，我們才可能辨識出那是哪一天。
- 其次，通常在市場下跌期間，你才可能從放棄抵抗的賣方手中，買到你想要的最大量資產，因為此時不想接從高空掉落刀子的人還在場邊觀望，不會和你搶購被拋售出來的資產。相對的，一旦跌勢在底部位置達到最高潮後，就定義來說，還想拋售的賣方已經減少，而且買方將在後續的反彈走勢中取得支配地位。於是，賣壓枯竭，潛在的買方也會面臨愈來愈大的競爭。

雷曼兄弟在二〇〇八年九月中聲請破產保護後，我們立即開始購買不良債權，而且直到那年年底都沒有縮手；在這段期間，不良債權的價格還是持續走低。到二〇〇九年第一季，其他投資人才開始恢復鎮定，並意識到當時的資產已物超所值，而且也籌到一些可投資的資金。可是隨著積極的賣方不再拋售且買盤開始浮現，為時就已過晚，到這時，那些投資人已經買不到大量資產了。

一如投資圈其他很多追求確定性與精準度的事務，等待底部浮現才開始買進是最愚蠢的例子之一。那麼，如果試圖鎖定底部是錯誤的，那究竟應該在何時買進？答案很簡單：當價格低於內在價值時。那麼，如果價格繼續直直落，該怎麼辦？答案是加碼，因為此時可能是更物超所值的機會。就這個層面來說，要追求終極的成就，你需要做的只是（1）估算內在價值；（2）在情緒上做到百折不撓；（3）最終讓事實證明你估算的內在價值是正確的。

必須參與到週期性反彈

圖13-4是隔年幾項主要投資指數的走勢。二〇〇九年的報酬說明了辨識週期的負面極端且在伴隨著負面極端狀況而來的渾沌狀態下買進（或至少在那時堅持到底）有多麼重要。

談到這裡，我又要提出另一個離題的想法：如果你觀察最後兩個顯示二〇〇八年鉅額虧損與二〇〇九年鉅額利潤的表格，就很容易歸納出一個結論：這兩年合起來計算，根本好像什麼事也沒發生。舉個例子，如果你在二〇〇八年開年的第一天投資一百美元到瑞士信貸槓桿貸款指數（Credit Suisse Leveraged Loan Index），那一年你應該會虧損二九％，到年底時，資產價值只剩七一美元。但接下來，你將在二〇〇九年獲得四五%的報酬，到那年年底，資產價值已回升到一〇三美元，所以，那兩年期間，你的淨利潤是三美元。以上所列幾個資產類別的兩年期報酬率，都介於溫和淨虧損至溫和淨獲利之間。

然而，你在這段期間的具體作為卻攸關重大。沒錯，如果你一直按兵不動，應該能收復多數損失，最終的結果將一如以上所描述，還算差強人意；但如果你失去理性，選在底部位置賣出——或者你原本是用借來的錢買進，市場大跌導致你面臨融資追繳，更不巧的是，你無力在被追繳時償還融資，最終只好接受被斷頭的命運——那麼，你體驗到的就只有跌勢，未能享受到回升走勢，換言之，在這個「什麼事也沒發生」的兩年期間，你的投資成果卻會是一場災難。

基於這個原因，我們必須強調，等到市場下跌後才退出市場，因此而未能參與到週期性反彈，絕對是投資的原罪。在週期下降階段，你一定會體驗到按市值計價（mark-to-market）的帳面虧損，但只要你能堅持持有到回升階段，那種虧損不盡然是致命的；只

圖 13-4

標準普爾 500 股票	26.5%
道瓊工業平均指數	22.7
那斯達克綜合指數	45.4
摩根士丹利歐澳遠東股票（以美元計）	27.8
花旗集團高收益市場指數	55.2
美國銀行美林全球高收益歐洲發行者指數（BofA Merrill Lynch Global High Yield European Issuer Index）*	83.0
瑞士信貸槓桿貸款指數	44.9
瑞士信貸西歐貸款指數（以歐元計）	47.2

* 譯註：此時美林已被併入美國銀行

是如果你選擇在底部賣出，把單純的下降波動轉化為永久性的虧損，那就真的是可怕的事了。

所以，了解週期，並培養能順利度過各個週期所需的情緒與財務實力，才是獲得投資成就的根本要素。

危機復原的歷程

在正式宣告我們在全球金融危機期間及後續那段期間獲得勝利以前，我必須堅定地聲明，同仁和我透過這個週期賺錢並因此而享受到成功的甜美果實，並不是那麼理所當然的事。根據艾若伊・迪姆森的核心思想，我這麼說的原因是，當時我們的作為原本也可能帶來其他不同的成果，不見得能最後這麼優異。我確信，如果漢克・鮑爾森（Hank Paulson）、提摩西・蓋特納以及班・柏南克（Ben Bernanke）當時沒有採取那些作為，或者採取不同的作為，或甚至他們的作為不像當時那麼成功，金融災難絕對難以避免，而且勢必會導致大蕭條重演。在那種情況下，我們團隊所採取的行動就不會成功，也不會有慶功的理由了。

我很怕一般人在回顧二〇〇八年的下跌與後續的快速復原後，會貿然斷言所有下跌走勢一定都會立即且輕易反彈，並因此認為一點也不需要擔心下降週期的問題。那樣的想法絕對是錯誤的，那並不是我們應該從這場危機學到的教訓，因為根據「另類歷史」（alternative histories，這是套用納西姆・尼可拉斯・塔雷伯的說法），類似危機的結果是有可能比我們這一次實際體驗到的糟上很多。而且，如果一般人錯把那些不正確的想法當成應該記取的教訓（我相信某些人確實是這麼想的），他們可能會因此採取一些不正確的行為，導致未來另一個激烈的榮枯週期的振幅擴大，最後對投資人和社會上的所有人造成更嚴重且更深遠的潛在後果。

不過，市場從這場危機復原的過程中，我們和所有「作多」的投資人確實都有所突破。無疑的，我們為顧客的投資組合所做的部署正確地掌握到後來的實際發展，而那多半是因為我們正確掌握心理與市場週期的運作模式。鑑於沒有人有能力預測未來，我們認為那已是最好的表現了。

無需預測未來

泡沫與崩盤自有其型態：然而，不同泡沫與崩盤的本質總是非常類似，這是一種邏輯，或不合邏輯。以上檢視的三個場景說明了最極端的週期擺盪，但願這些場景能讓我們理解如何辨識與因應週期。

在此，我要提出幾個最後的要點：

- 首先，只要投資人能擺脫情緒和扭曲知覺的拖累，就能在事件發生的當下，清楚見到上述和整個進程有關的每個元素。
- 第二，要歸納出完美的推理並進而採取適當的行動，不需要做任何預測。有關實際進程的描述已經足以令人信服，完全無需對未來進行任何猜測。你的行為能不能創造獲利，取決於各種事件和因各項事件而衍生的週期性不節制。
- 然而，最後，儘管我說當時的各項事件不言而喻且其寓意顯而易見，但我最後還是必須聲明，在事情發生的當下，一切都不是那麼容易。即使是我們當中最優秀且最不情緒化的人都和其他每個人一樣，容易受到相同資訊與刺激的影響。當時我們完全不敢確定未來會如何，但幸好最終我們做了正確的選擇。雖然引爆全球金融危機的種種失誤幾乎可說是一覽無遺，但那些失誤何時會開始修正，則根本無法預測。最優秀的投資人能做的，就是根據他們在當下環境的所見所聞採取行動。然而，不管是多麼優秀的投資人，還是必須謹記凱因斯的名言：「市場有可能在你破產之後還維持不理性狀態」。

即時量測市場熱度的例子

在針對「如何應對週期性事件」的主題做出結論以前，我要提出另一個發生在一九九一年的例子。由於一九八〇年代時，有意收購企業的買家都很容易就能取得鉅額的債務型資本（他們取得的資本常介於總收購價格的九五%至一〇〇%），槓桿收購（Leveraged buyouts）遂蔚為風潮。這導致很多標的企業事後背負鉅額的債務，並在接下來的經濟衰退期陷入無力償還的窘境，到最後，債務違約及破產案件大增，更演變成高收益債券領域的第一場危機。這些發展大約就發生在我們成立第二檔不良債權基金及其附屬基金的關鍵時刻前後。我在一九九一年一月二十三日，就當時的環境寫了一份評估報告給那兩檔基金的投資人，我在報告中提到：

整體而言，不良公司債的市場價格在一九九〇年是下跌的。下跌的原因局部和基本面因素有關——在這段期間，所有資產的市場價值都因經濟狀況而趨於疲弱；另一方面，不良公司債的跌價也局部和「技術面條件」有關，意思就是，這種債券的供給量大增，買方因此打消介入的念頭並撤出。

經濟與心理氛圍的惡化，讓我們有機會在大量潛在投資標的中精挑細選，並以物超所值的價格買進。目前的環境的確相當慘澹，所以不管買什麼，它的報價幾乎很快都會繼續下跌，市場上毫無熱情可言。

但這正是我們想要投入的工作情境。當買方自得其樂，以及當買方為了「一買就漲」的所有資產（這讓他們感覺自己很聰明）而彼此興奮祝賀之際，市場的「痛苦指數」太低，買方的膽子會變得愈來愈大。

如今的情勢告訴我，此時此刻比所有人都開心慶祝的那種時間點更能找到撿便宜的機會。目前市場上比較少買方會和我們競爭，也不會有那麼多買盤會推高我們鎖定的目標資產的價格。介入的購買價格一次比一次低的可能性大於一次比一次高。總而言之，對從事反向操作投資領域的我們來說，這是投入資金的好時機。

我們不能假設要等到經濟與市場觸底的那一天才開始投資。我們只期待最低價會出現在我們積極將基金投入市場的那段期間，而我們將在最低價出現的時刻來臨前及那段期間內持續加碼，並在那個觸底時刻出現後繼續加碼。

這是即時量測市場熱度的好例子……不僅因為當時量測熱度的人是我本人，也不僅因為我們的行動最終證明是正確的（當時我們為那幾檔不良債權基金所創造的投資報酬率，是我們歷來實現的最高報酬率之一）。這個例子好在我們當時偵察到導致其他所有人不願買進的壓抑性情緒影響力，並出手反制這些影響力。這個例子顯示，我們體察到當時的「慘澹」情勢和依市值計算的帳面虧損正促使買方一個接一個退出市場，對想要獲取高額報酬的人來說，這樣的狀況隱含有利而非不利的寓意，總之，下跌價格對買方來說是好事一樁，而非壞事。

了解各種事態的真正意義，而非那些事態導致投資人產生什麼感覺，是在各種時期採取正確作為的第一步。

雙風險

這一章的篇幅實在很長，接下來，我就要用一段概要的敘述來收尾。這段敘述將討論，如何隨著市場的週期性波動來思考投資組合的部署。

我認為採用我所謂的「雙風險」（twin risks）方法很有幫助，這是一個條理分明的方法。在此，我要談的風險是指投資人每天必須因應兩種不同潛在失誤來源的事實。第一個很顯而易見：虧錢的風險。第二個就稍微比較難以捉摸：錯失機會的風險。投資人可以消除其中一種風險，但在消除的過程中，就會導致自己完全暴露在另一種風險之中。所以，多數人會試著平衡這兩種風險。

面對這兩種風險，投資人的標準立場理應是什麼？是採兩者平均的平衡立場，或者偏好其中某一種？這個問題的答案多半取決於投資人本身的目標、環境、個性和耐受風險的能力（以及投資人的客戶的這些要素——如果你有客戶的話）。

另一個問題是，投資人應該偶爾偏離標準立場，稍微改變一下這個平衡嗎？如果應該，又該怎麼做？我認為，如果（1）投資人感覺自己擁有必要的洞察力，以及（2）願意投注心力並承擔犯錯的風險，就該試著適當調整自己的立場。投資人應該根據目前市場所處的週期位置來進行上述調整。總之，當市場處於週期的高點，投資人應該著重於限制虧錢的可能性，而當市場處於週期的低點，投資人就應該著重於降低錯失機會的風險。

但要怎麼進行立場的調整？試著設想未來與回顧過去的狀況。你認為你到了二〇二三年比較可能說：「回顧二〇一八年，我多麼希望自己可以更積極」，或是「回顧二〇一八年，我多麼希望自己可以更保守」？還有，你現在是否有可能說：「在二〇一八年，我錯失了買進XYZ公司的機會，那是一生只有一次的機會」嗎？你認為你幾年後可能說的話，說不定有助於釐清你現在應該做些什麼。

以上決策和「積極」與「防禦」的選擇直接相關。當一個投資人想降低虧錢的風險，他應該採取更防禦的投資立場。而如果你更擔心錯失機會呢？在那種情況下，就需要提高積極度。你應該根據市場在週期的所在位置來調整自己的立場，而要判斷市場的週期所在位置，可以參考市場的估值與其他投資人當下的行為（這是先前提到的兩項市場評估要素）。

當多數投資人的行為都很積極，就意味著市場目前可能已達危險的境界，因為此時很少人採取規避風險的立場，而且投資人的積極參與很可能已直接促使資產的市場價格大幅上漲。誠如我在234頁提到的，就這兩種狀況來說，其他人的積極性會導致市場變得危險（對我們而言）。

思考這個決策的好方法之一，是考量哪些特質適合當前的市場環境。在二〇〇八年年底與二〇〇九年年初，投資人只需要具備兩個要件就能賺大錢：可投資的資金和投資這些資金的勇氣。如果一個投資人同時具備這兩項要件，就能在接下來幾年賺到非常多錢。回顧當時，他需要的不是謹慎、保守、風險控制、紀律、精挑細選的態度和耐心；他具備的這些特質愈多，賺的錢就愈少。

那代表「資金和勇氣」絕對是獲得投資成就的確定配方嗎？絕對不是。如果一個投資人在二〇〇七年年初有資金和勇氣，他就難逃全球金融危機的徹底打擊。因為在那個時刻，他需要的是謹慎、保守、風險控制、紀律、精挑細選的態度和耐心。此外，即使是在二〇〇八年年底和二〇〇九年年初，明智的投資人也無法完全放棄謹慎和紀律，因為他們完全無法得知市場會那麼快速從全球金融危機中復原，也不知道後續的發展竟能免於對投資人造成太大的痛苦。當時橡樹資本的同仁投資了非常多資金，但我們主要也只著重在優質企業的優先債券，而非劣質企業的次級債券；而如果當初我們投資較多資金在後者，最後理當會賺更多錢。

讓投資那麼有趣的因素非常多，其中之一是：沒有任何一個戰術或方法永遠管用。要達到「隨著週期的波動採取正確的投資組合部署方式」的目標，唯一的方法就是做出充分理性的判斷，並調整你採用的特質。不過，這件事並不容易。

一般人回應近來種種挑戰的方式之一是詢問：「目前是在第幾局？」從二〇〇八年年底那一場金融災難爆發以來，經常有人問我這個問題。提出這個問題的人其實是想知道「我們目前處於週期的什麼位置？」在二〇〇八年第四季，發問者其實是想知道「我們已經承受了多少分的痛苦？未來還要再忍受多少痛苦？」但最近他們主要是想知道信貸週期的狀況：它的上升趨勢還要延續多久（讓人更容易借錢），以及可取得信貸規模何時會開始緊縮？

我一向根據我對目前各項事態的感覺來考量這些疑問，並迎合提問者的需要來回答：第二局（比賽剛開始）、第五局（比賽進行到一半），或第八局（接近尾聲）。不過，最近我愈來愈意識到這個方法的極限：週期並不是正規的棒球比賽，我們無從知道一個特定的週期將延續多久時間，因為週期的長短沒有規律可言。一場正規的棒球比賽有九局，但一個經濟或市場週期有可能有七局、九局，但也可能有十二局或十四局。這些事物都是不得而知的。

這些方法都無法直截了當地提供一個簡單的投資組合部署決策技術，只能告訴你要如何有條不紊地思考某個沒有簡單答案的問題。不過，但願這些方法提出了一個比完全根據情緒、猜測或盲目跟隨群眾更好的決策途徑。

「如何應對週期」是投資最重要的事之一。每個人一定都會碰上很多不同的週期，而你的回應方式是決定個人成敗的關鍵。

第14章

週期定位

要成功地針對未來的市場走勢善加部署投資組合，關鍵在於你採取什麼作為（轉向積極或防禦）以及何時採取這些作為（根據對週期的深刻理解，推估市場的未來動向，並進而適時採取作為）。

我曾認識一個先天樂觀且積極的人，或許是因為他含著金湯匙出生，而且生活非常愜意，所以理所當然能抱持樂觀又積極的態度。他從未表現出自我懷疑，似乎也從未質疑過他的預測是否正確，而且，他好像也不曾想過他的策略或許有失敗的可能。總之，從我認識他的那一天開始，他一直是個積極的人，事後來看，那段期間正好也是最適合採取積極策略的期間。那個經驗促使我想到應該創造什麼樣的說法來說明促使他成功的動力：

成功的要素有三個：積極、時機的掌握與技巧——而如果你在正確的時機足夠積極，就不需要有那麼多的技巧。

掌握幸運的時間點

二〇一七年二月，我趁著在印度度假時，著手撰寫本書最後一章的內容。其中有一天，我到世界上最偉大的景點之一琥珀堡（Jaipur's Amer Fort）參觀，並試著利用相機捕捉各個角落的美景。事後在回顧當天拍攝的照片時，偶然地幸運發現我在此前幾個月在另一個異地——中國——拍攝的照片。

那一次到中國時，一個北京客戶對我提出一系列挑釁意味濃厚的疑問，而在回答那些問題的過程中，我一如往常地在一面白板上塗鴉。那一天，我突然想到我過去未曾出現過的答案。體察到這些概念的價值後，我在離開前用手上的iPhone拍下那一面白板上的塗鴉（手機真是很棒的創新，二十多年前，我做簡報時根本沒有隨手的相機可用）。三個月後，當我在琥珀堡回顧我親手拍的照片時，偶然發現我在中國拍攝的照片，於是，我首度開始回想那些概念，而那些概念也讓我得以更行雲流水地撰寫這一章的內容。

現在，經過一夜的睡眠（印度和紐約相隔十・五小時的時差，導致我睡眠時間縮短），我躺在印度某處的床上。基於某種原因，我突然領悟到上述有關成功的話題、我在北京拍攝的照片，以及如何應對週期的問題之間，存在著某種關聯性。總而言之，我想到要如何解析投資技巧的主要組成要素（請留意，我用的字眼是「突然頓悟到……某種關聯性」而非「我推斷出……某種關聯性」。在此，我蓄意採用被動式時態的理由是，我真的經常感覺自己是被動的，因為各種概念常「突然出現在我腦海」，我一點也不覺得那些概念是我透過某種蓄意的過程努力發展出來的。我的很多獨到見解都是這麼產生的，而且，我通常還會將那些想法簡化為圖解，一如我在中國的塗鴉，以歸納出更成形的概念。這是我的大腦運作的模式）。

回到先前我想到要用什麼說法來解釋成功的動力的那個時間點；我所謂「時機的掌握」是指「幸運的時間點的掌握」。畢竟能在一個幸運的時間點採取積極的作為是最好不過的。不過，躺在印度的床上時，我注意到，良好的時機不純然是幸運的結果；在投資領域，良好的時機有可能來自兢兢業業評估我們所在的週期位置，接著再根據這個評估結果採取正確的作為。研究週期的真正目的，是要釐清如何就未來可能發生的結果來部署你的投資組合，簡單說，這正是本書所要傳遞的主要概念。

讓市場傾向成為助力

我要回頭討論上述有關成功的動力的那一段簡單說法，並進一步思考成功投資的配方。我的結論是，我們應該從六個（或三組）主要的成分來考量：

- **週期定位**——根據你對主要週期的判斷，決定投資組合的風險立場的流程。
- **資產的選擇**——決定要針對哪些市場、市場利基和特定證券或資產加碼權重（overweight）或減碼權重（underweight）。

週期定位和資產的選擇是投資組合管理的兩大工具，儘管有過度簡化之嫌，但我認為投資人的所有作為都屬於其中一個範疇。

• **積極**——承擔較高的風險：投入更多資金在冒險用途；持有較低品質的資產；進行較需要有利的總體經濟成果才能得到好表現的投資活動；以及／或採用財務槓桿或投資高貝他值（beta，市場敏感度）的資產和策略。

• **防禦**——降低風險：投入較少資金，轉而持有現金；著重在較安全的資產；購買即使在經濟不繁榮時也能表現相對良好的資產；以及／或迴避槓桿和貝他值。

積極和防禦之間的選擇，是投資人推斷出自身所處的週期位置以及那個所在位置意味著怎樣的未來市場發展後，在投資組合部署方面所採取的主要立場。

• **技巧**——透過一個可重複的心智歷程，並根據和未來有關的合理假設，考慮周全（儘管絕對不可能每次都面面俱到）地做出正確決定的能力。

• **運氣**——在很多情況下，事實會證明技巧和合理假設完全無用武之地，這時就得靠運氣了；換言之，當隨機性對事件的影響高於理性流程的影響時，就會造成「好運」或「霉運」。

技巧和運氣是決定投資組合管理決策之成敗的主要元素。如果投資人缺乏技巧，就沒有理由期望他的決定會創造成功的結果。事實上，有一種東西叫「負技巧」，受「負技巧」纏身的人，不如投擲硬幣或乾脆放棄做決定，說不定成果還會好一點。運氣則是萬用牌；它可能讓好決策失敗，也可能讓爛決策成功，不過，運氣的影響多半是短期的。長期而言，我們可以合理預期「技巧」的影響力將勝過「運氣」。

我在印度的部分頓悟源自於我在中國的反思，和資產的選擇與週期定位之間的二分法有關，也和技巧對這兩項事務的結果的影響有關。

市場總是為所欲為，未來這樣的狀況並不會改變。市場的某些結果將是經濟事件與企業獲利能力所造成；某些結果則取決於投資人心理和投資人因其心理而產生的行為；某些結果則是取決於隨機性或運氣。我們可能對未來各種事態及隨之而產生的市場表現懷抱某種定見；這些定見可能來自良性的推理，也可能來自有缺陷的推理，而事實也可能會證明那些定見是正確或錯誤。不過，讓我們以市場未來的績效（無論績效如何，不管是可知或不可知），來作為眼前這一段討論的起點。且讓我們以機率分布的模式來表達一般人對市場行為的期望（參見圖14-1）。

這是一個投資人的行動的起點或基線——如果你願意，可以把它看成一個帳篷。最後的結果取決於他是否擁有透過積極的決策制定來改善市場績效的技

圖 14-1

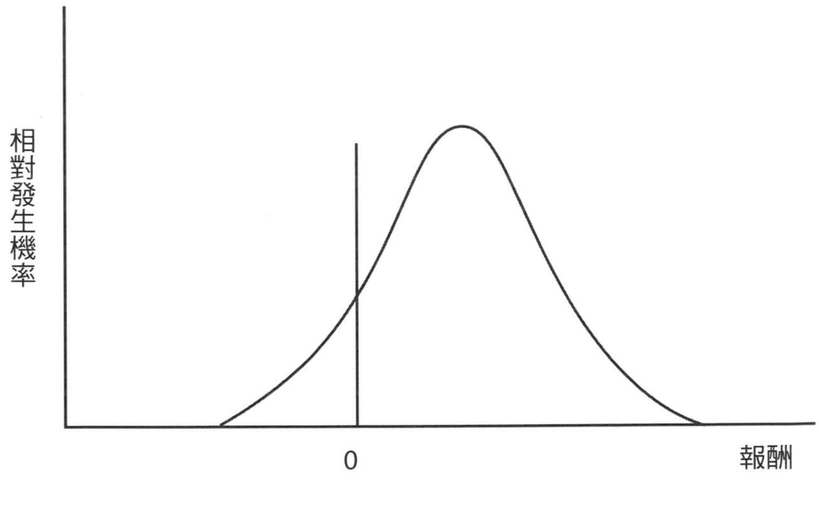

巧，抑或選擇放棄那麼做，改為消極地投資，勉強接受市場績效。我在以上篇幅提到投資人提高報酬的兩個主要方法：週期定位與資產的選擇。我將開始深入討論第一項。

我也在以上篇幅提到，我相信週期定位主要牽涉到積極和防禦立場的抉擇：即提高或降低你對市場波動的曝險程度。

假定你的結論是，目前正處於一個一帆風順的好環境：

- 經濟與獲利週期看升，且／或可能達到或超過一般人的期望；
- 投資人看待風險的心理和態度受到壓抑（或至少嚴肅），而不是一頭熱；因此
- 資產價格相對其內在價值處於中庸或偏低水準。

在那類情況下，必須抱持積極的心態，並進而增加投入資金，拉高風險立場和「貝他值」（市場敏感度）。圖14-2的虛線即是你的未來績效展望。如果市場果真表現良好，你已提高你的獲利潛力；但如果市場表現不好，你虧損的可能性也會上升。

如果市場以上漲來印證你的判斷正確，上述那種積極部署的投資組合將上漲更多，因為這個投資組合的市場敏感度已提高，在這種情況下，你的績效將超越市場，如圖14-3所示。

在此，成功的祕訣包含（1）仔細思考並分析市場目前所處的週期位置；（2）根據分析結果，提高積極度或防禦度；以及（3）讓事實證明你是正確的。這些事項可統稱為週期定位的「技巧」和「阿法值」（alpha，非市場報酬）。當然，（3）讓事實證明你是正確的——並不是任何人可以徹底掌控

圖 14-2

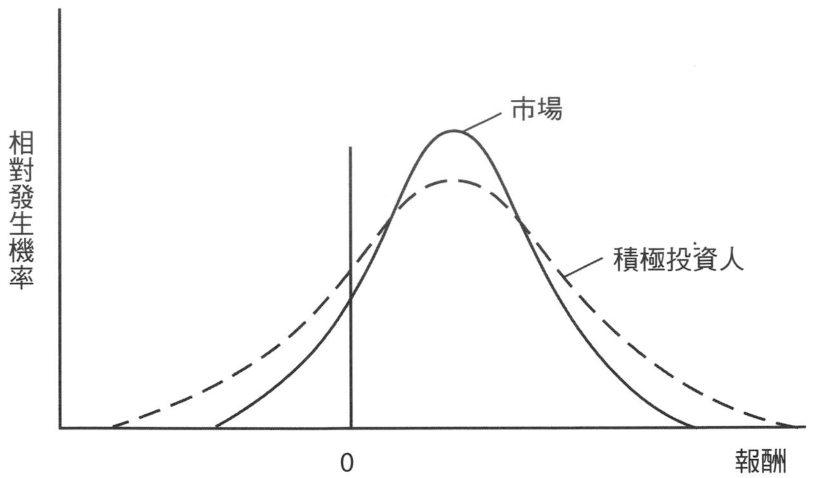
市場
相對發生機率
積極投資人
0
報酬

圖 14-3

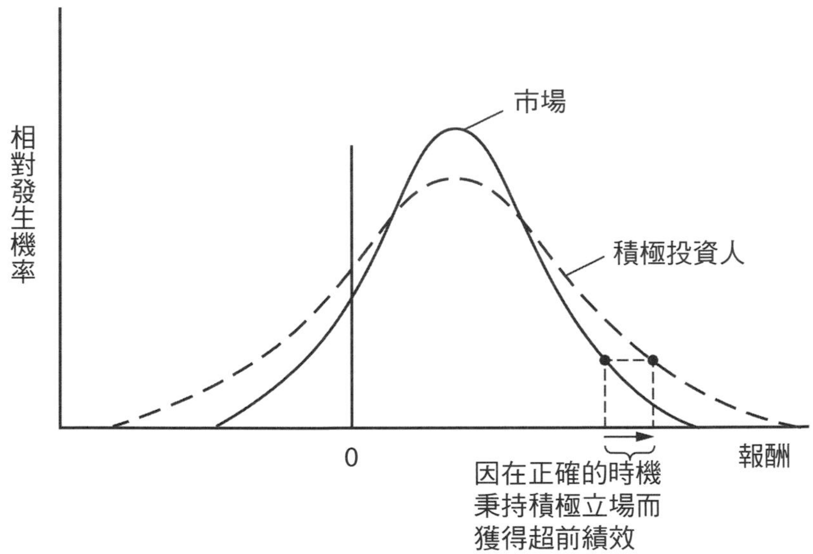
市場
相對發生機率
積極投資人
0
報酬
因在正確的時機
秉持積極立場而
獲得超前績效

圖 14-4

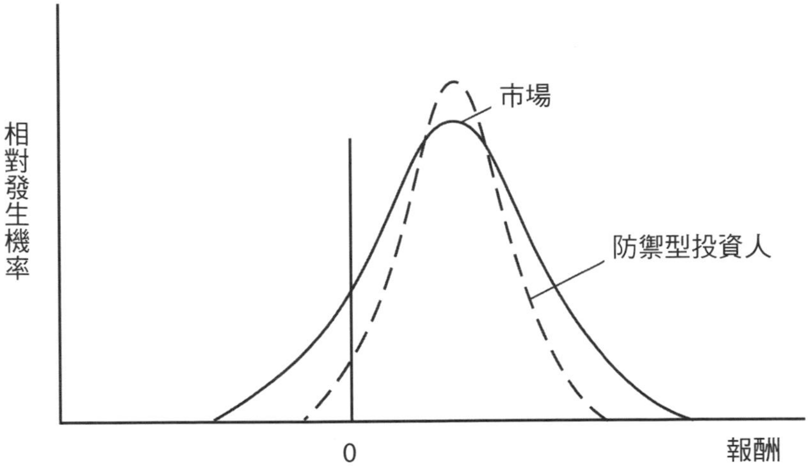
市場
相對發生機率
防禦型投資人
0
報酬

圖 14-5

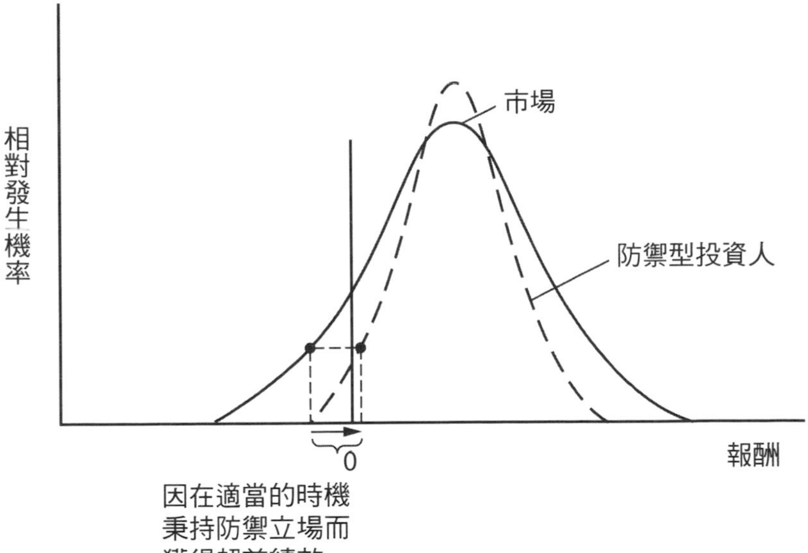
市場
相對發生機率
防禦型投資人
0
報酬
因在適當的時機
秉持防禦立場而
獲得超前績效

的祕訣，尤其這個項目在某種程度上會受到隨機性的影響。所以，你並不是每一次都會被證明是正確的，即使是非常善於市場推理且技巧純熟的投資人，也不見得每次都會被證明是正確的。

然而，你也可能在仔細分析過後，察覺到目前的週期定位不理想，例如經濟走疲、投資人心理過度樂觀，以至於資產價格超漲，那麼，這代表你應該朝防禦立場傾斜。在那樣的狀況下，你應該收回一部分資金，並用圖14-4所描述的投資組合來降低你的風險。

現在，你的貝他值已經降低，而且也做好因應惡劣時期的準備。如果你對週期所在位置的判斷正確，市場的表現將落在機率分布的左手邊，而你所採取的防禦型部署立場，將讓你的績效在那樣的市場上勝出，換言之，你的虧損將較少，一如虛線所示。防禦型投資組合對市場走勢的曝險程度將較低，所以這樣的投資組合適合疲弱的市場（參見圖14-5）。

當然，並非每個人都非常了解週期；所以，並非所有人都能成功做好週期定位這件事。假定一個投資人缺乏週期定位的技巧，而他決定改採防禦立場，並將市場曝險程度降到圖14-6所示的水準。在這種情況下，如果市場意外向上發展，他的決定就會是錯誤的，而他的投資績效也會落後市場。

我在第一章介紹了「趨勢」的主題。我們應該透過某種機率分布來考量市場的未來展望，而透過那項機率分布（如果建構得夠精密的話），你將能約略了解市場的可能趨勢。誠如我在第225至228頁說明的，市場在週期當中的波動會改變機率分布的形式，並進而影響它未來的可能趨勢。

當市場位於週期的低檔區，賺錢的可能性會比平常高，虧損的可能性則比平常低；而當市場位於週期的高檔區，就會發生相反的狀況。根據你對市場的週期所在位置的判斷而採取的週期定位行動，說穿了，就是為做好因應未來各項事件的準備而設法適當部署你的投資組合。儘管你根據邏輯推斷將發生的事件經常未真的發生（這種情況本來就很有可能，而且經常如此），但良好的週期定位決策還是可能讓你在市場傾向的判斷上獲得更高的正確率，從而有機會獲得較好的績效。

一九七七年時，紐約市發生一波情侶幽會地點謀殺案，那些案件是人稱「山姆之子」（the Son of Sam）的連續殺人犯所為。二〇一四年時，我看到當年逮捕那名殺人犯的警探提摩西・陶德（Timothy Dowd）的訃聞。訃聞當中引用一段他描述自身工作的說法，我很喜歡引用那段文字：「隨時做好迎接好運的準備。」由於我對未來的觀點一定是模稜兩可，而且我的觀點將受到極大的隨機性影響，所以，我認為那是很棒的思考方式。雖然你可能會因此認為我鼓吹大家採取被動的做法，將一切交給機率決定，但事實上，一個投資人再怎麼優秀，他的投資成果最多也只會呈現一種有利的歪斜機率分布，他的平均打擊率終究不可能達到一・〇〇〇。優秀的投資人也

圖 14-6

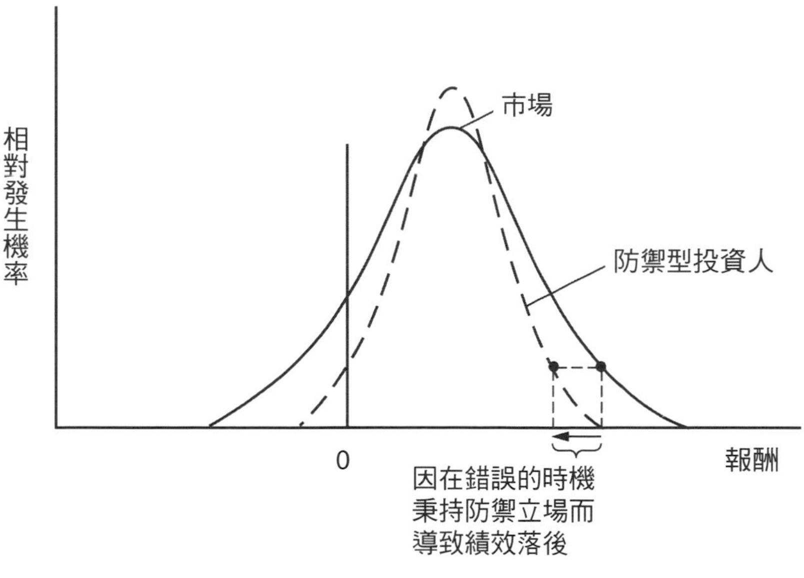

需要東風相助：他們一樣需要運氣的加持。

要享受優秀投資人的那種有利的歪斜機率分布，最好的方法之一就是設法讓市場的趨勢成為你的助力。你永遠也無法控制最後的結果，但如果你在市場趨勢對你較有利時投資，就等於得到東風相助；而如果市場朝不利的趨勢發展，而你又堅持在此時投資，就會遭遇逆風阻擋。若能以精熟的技巧來分析週期，就會比平常人更了解市場的可能傾向，從而更有機會針對未來的可能發展來適當部署你的投資組合。

偉大且罕見的投資人

接下來的內容和週期的主題完全無關，所以，如果你只對週期有興趣，可以略過以下內容。不過，為了更完整說明投資人改善績效的應有作為，我還是要補充和上述另一個要素「資產的選擇」有關的說明。

資產選擇的作業包含以下事項：辨識哪些市場、市場產業以及個別資產將比其他市場、產業及個別資產表現更好，並進而在投資組合中加碼或減碼那些市場、產業或資產的投資權重。當一項資產的價格相對愈高於其內在價值，應該賦予較低的預期報酬率（在其他條件都相同的情況下），反之亦然。就這方面來說，獲得優異績效的必要條件是：比一般人更透徹了解該項資產的內在價值、該內在價值的未來可能變化，以及該內在價值和這項資產當前的市價之間的關係。

所有在追蹤特定資產的投資人都（理當）對那一項資產的內在價值懷抱某種看法。資產的市場價格所反映的是眾人的一致看法，那代表市場價格是由投資人集體設定——市場價格是買方和賣方同意買進和賣出的價位。買方願意在這個價位購買的原因是，他們認為以當前價格來說，這項資產是一項聰明的投資，而賣方願意賣出的原因，則是他們認為這項資產的價格已不再有上漲空間或甚至已超漲。那麼，我們如何釐清他們的見解是否精確？

- **理論**：效率市場假說（The efficient market hypothesis）主張，所有可用資訊都已「有效率地」反映在價格上，所以每項資產的價格都是公平的，投資人無法藉由資產的選擇來「打敗市場」。
- **邏輯**：我們現在討論的是比一般投資人更正確做出上述買賣判斷，並進而獲得優於平均報酬的能力。然而我們可以肯定的一件事是：平均來說，所有投資人都是一般人。因此，邏輯告訴我們，不可能每個投資人都做出優於平均的判斷。
- **實證**：績效研究顯示，非常少投資人能一貫做出比其他人更正確的上述判斷。多數投資人的表現比市場差，尤其是在扣除交易成本、管理手續費和各項支出後。這是被動指數型投資愈來愈風行的理由。

儘管如此，那並不代表沒有人打敗市場。每年都有很多人打敗市場，但通常那樣的成績主要來自隨機性的幫忙；根據隨機性假設，能經常性地打敗市場的人勢必存在，但在現實世界裡，能一貫打敗市場的人比根據隨機性假設推估出來的人數更少，也因如此，其中某些打敗市場的高手就變得非常有名。那些高手能這般優秀的根本要素是，他們擁有洞察內在價值的卓越能力。我稱之為「第二層思考」：即以不同於集體意見的方式思考的卓越能力。

我不再花篇幅進一步討論和內在價值（實質價值）、價格與價值的關係或和第二層思考有關的內容，因為那些主題已在《投資最重要的事》中詳細說明。不過，我要強調的是，卓越的投資人，即有能力進行第二層思考的人，有辦法挑出較多績效超前的資產，挑選較少績效落後的資產，並因此投資較多前者，較少後者。要達到卓越的資產選擇成果，祕訣就是那麼簡單。

那麼，如何分辨你的資產選擇判斷是否卓越？答案是：如果投資績效的機率分布不對稱，代表你的資產選擇判斷能力很強：

不具備優異資產選擇技巧的投資人，選上的贏家型資產／輸家型資產的比率和市場相同。所以，當市場表現好時，這個投資人的績效也會好；而當市場表現疲弱，他的績效也不理想（參見圖14-7）。

一個在選擇資產方面受「負技巧」纏身的投資人，選上的輸家型資產會比贏家型資產多，所以不管是在上漲或下跌階段，他的績效都會比市場差，如圖14-8所示。換言之，他的機率分布將會朝市場的左側偏移。

不過，擁有卓越資產選擇技巧的人，選出的贏家型資產／輸家型資產的比率將比市場高，所以，他會投資較多資金在贏家型資產，投資較少在輸家型資產，而且透過贏家型資產獲得的利益將高於因輸家型資產產生的虧損。

圖 14-7

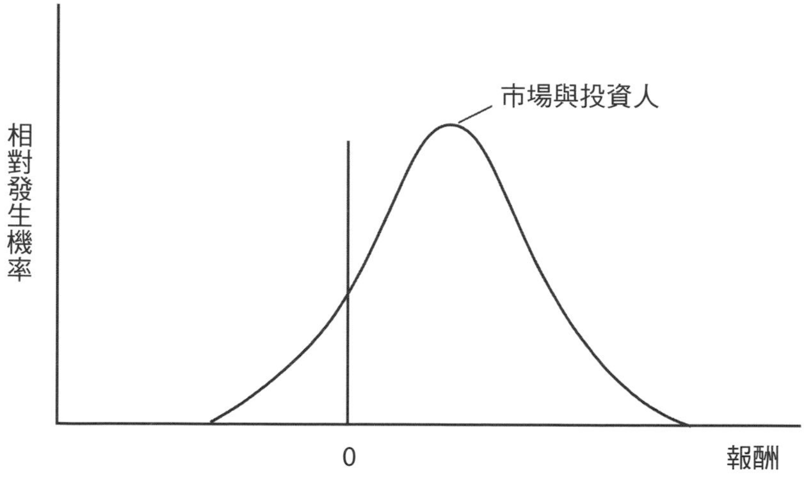
市場與投資人
相對發生機率
0
報酬

圖 14-8

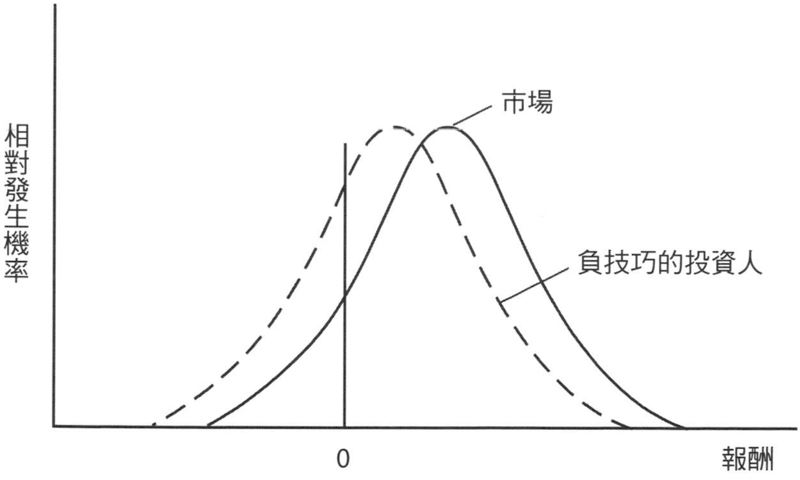
市場
相對發生機率
負技巧的投資人
0
報酬

- 習慣性積極且擁有卓越資產選擇能力的投資人，將在市場上漲的階段獲得優於市場的績效，但也可能在市場下跌階段虧得比市場多。但他在上漲階段的優勢邊際（margin of superiority）將超過下跌階段的劣勢程度，那是因為他有能力選出能實現上漲潛力但又不帶來同等下跌風險的資產。所以，在市場上漲階段，他的表現將會優於市場，而在下跌階段，即使他一向採取積極的立場，他的表現也不會像市場那麼糟糕。圖14-9是優異投資人的不對稱績效的例子。
- 相同的，習慣性防禦且擁有卓越資產選擇能力的投資人，將在市場下跌階段表現得比市場好；而在上漲階段，即使他習慣採取防禦立場，但他優異的資產選擇技巧，將使他的績效不致全面落後市場。總之，他優異的資產選擇技巧，會讓他找到「跟著市場上漲的潛力」和「跟著市場下跌的風險」不成正比的防禦性資產，最終他的績效也因此將呈現不對稱的分布（參見圖14-10）。

擁有卓越資產選擇技巧的投資人（包括積極與防禦型）的績效，相對市場都呈現不對稱分布。換言之，他們的績效分布都朝有利的方向傾斜。他們的獲利潛力都和虧損風險不相稱（只不過是透過不同的方式達成）。這就是資產選擇的阿法值的自我體現方式。

最後，不習慣積極也不習慣防禦、但擁有判斷週期定位和資產選擇的優異技巧的投資人，則能在適當的時機正確調整自身的市場曝險程度，並因此擁有不對稱績效，他們的不對稱績效來自他們持有贏家型相對輸家型資產的比率優於平均值。這種投資人才是世界上最優秀的投資人（參見圖14-11）。

圖 14-9

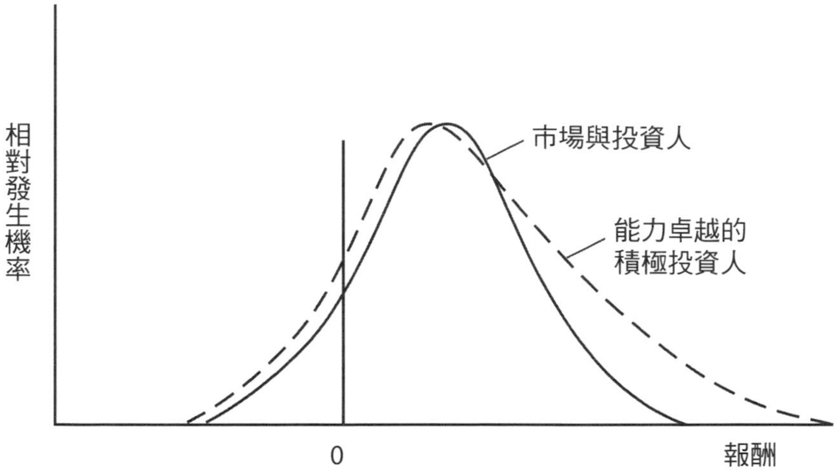
相對發生機率
市場與投資人
能力卓越的
積極投資人
0
報酬

圖 14-10

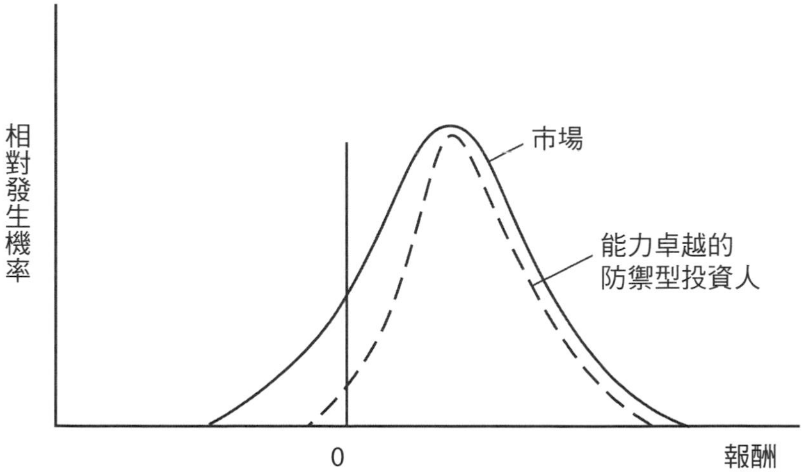
相對發生機率
市場
能力卓越的
防禦型投資人
0
報酬

在市場上漲階段，幾乎所有人都能賺錢；而當市場下跌，幾乎所有人都會虧本；幾乎每個人持有的贏家型資產／輸家型資產的比率，都和市場的整體比率相同。唯獨擁有改善上述幾個事項的卓越技巧並進而創造不對稱績效的人，才會成為卓越的投資人。

請注意，在上述討論內容中，我有點刻意地以二分法，區隔了「週期定位」和「資產選擇」這兩種技巧。這麼做的目的是為了闡述這兩項影響績效的要素有何差異，不過，很多偉大的投資人兼具兩項要素，而多數其他投資人則完全不懂這兩種技巧。兼具這兩種技巧的投資人較有能力感知市場的可能傾向，並因此能研擬出較適合未來可能市場環境的投資組合（就贏家型資產與輸家型資產的比例而言），這是他們成為偉大且罕見投資人的理由。

圖 14-11

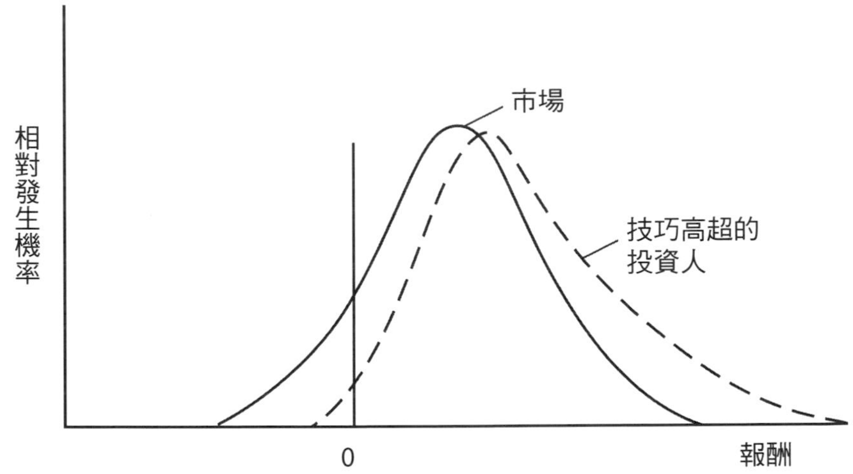

小結

我在印度的頓悟讓我領悟到，要成功地針對市場未來走勢善加部署投資組合，關鍵在於你採取什麼作為（轉趨積極或防禦）以及你何時採取那些作為（根據對週期的深刻理解，推估市場的未來動向，並進而適時採取作為）。本書的目標就是希望能在那幾個事項上為投資人提供協助。

— 第15章 —

應對的極限

我個人認為，試圖根據對市場週期的了解來調整立場，以期改善長期投資成果的做法百分之百合理。不過，請務必了解，這個做法的成效有其極限，也請務必了解這個做法需要使用什麼技巧，更要體察到這些技巧的難度。

我著手寫這本書是為了讓自己有機會記下個人對週期的了解，雖然這麼做的原因之一是我向來樂在寫作，但主要目的，誠如我先前所言，還是要幫助讀者善加因應市場的起起落落。我已在先前的篇幅中討論很多在了解週期的過程中必須留意的考量，也說明了會導致一般人對自己了解週期的能力缺乏信心（這是必然的）的各種變化多端的事態。這一章的目標是要重申這些考量並做出一個結論。

誠如先前提到的，投資就是基於透過未來事件獲取利益的目的來部署資金。我也說過，沒有人知道未來將會發生什麼事，也不會知道自己將朝什麼方向發展。儘管如此，我們還是應該竭盡所能地分辨自己目前身在何處，因為週期的當前所在位置對於我們應對未來可能狀況的方式具有重大意義。

我們目前所在的週期位置對未來的市場傾向隱含極為深刻的意義，換言之，這個位置對未來可能發生的事，甚至這些事何時發生等影響重大。誠如我在第一章討論並在上一章舉例說明的，我們的週期定位會改變決定未來局面的機率分布。

世事難料，很多事都有可能發生。每個人都知道自己每天得面對不確定性和風險。我們對未來的可能了解，充其量只是我們對各種結果的發生機率的了解。平均來說，若能了解各項可能結果的發生機率，就比較能歸納出比一般人更正確的判斷。不過，請務必牢記，就算你知道各種結果的發生機率，也不代表你精確知道未來將發生什麼事，這兩者的差異非常大。

問題是我們別無選擇，所以，就算只知道機率，我們通常也不得不滿足。不過，每一個結果的樣本（例如每一年的GDP成長率或每一檔股票明年的漲幅），通常都僅限於一個觀察值——一個經驗——由此可知，雖然很多事可能發生，但最後實際會發生的只有一件事。世界上不會有足夠的觀測結果能讓我們假設未來實際發生的狀況，將是機率顯示最有可能發生的那一個……當然，最有可能發生的結果也不見得很快就會發生。

舉一個受陶醉感驅動的泡沫的後續修正為例。理論上來說，那樣的泡沫理當是可以避免的。但週期的現實告訴我們，（1）那樣的泡沫最終勢必會發生，以及（2）時間過愈久都沒發生的話、且週期上升階段延續得愈久，預期中的修正走勢將愈可能（且通常愈快）發生。

當然，當這個符合邏輯推理的事件（即泡沫後的修正）拖得愈久才發生，且週期朝上升方向波動的幅度愈大，一般人將更會推斷「週期的法則不知為何已暫時失效，因此原本眾人預期將發生的修正永遠也不會發生」。諸如此類的推斷可能促使市場出現二〇〇〇年那種強烈的買氣，最終衍生極端痛苦的結果。

我們必須努力捍衛我們的投資組合（以及我們的投資管理事業），讓它不會因最可能發生的事（即根據我們對週期的了解，推斷最可能發生的事）遲遲未發生而受傷。另外，我們也必須鍛鍊堅強的情緒，才能度過等待這個理由充分的推論成真的潛在漫長時間滯後。

週期定位並不容易

且讓我們回顧一段歷史。一九九〇年代中期，我個人極為敬重的一位老經驗基金經理人推斷科技股已嚴重超漲。根據他對攸關數據的有效解讀，他的推理非常具有說服力，而且他的論點最終也證明是正確的。然而，市場過了很多年才證明他是對的，而且誠如史上最重要的投資箴言之一所說的：「言之過早無異於犯錯。」即使這個經理人的結論有其充分根據，但他因此受惠的程度卻非常有限；在修正走勢終於在二〇〇〇至二〇〇二年發生之前，他管理的很多資金已先遭到投資人撤出。

幸好促使他做出最終證明正確的結論的那一股敏銳才智，加上足夠的信念，讓他得以堅持堅守謹慎立場，因此不像很多在最後一刻投降並盲目追高的人。事實最終證明他是正確的，他的聲望因最後的事實而獲得平反，他管理的資產規模也漸漸恢復原有水準。不過，在這個過程中，他絕對經歷了非常多痛苦。

讓我們快轉到二〇一七年秋天；此時這名投資人又做了相同的推斷。他認為美國股票的報酬率將會降低，所以決定降低持股，但這導致他錯失了後來的部分大漲行情。他的某些客戶因此再次撤出資金，而在我撰寫這些內容之際，他公司管理的資產又減少了極高的百分比（而這發生在一個上漲的市場）。

這一次他的推理還會是正確的嗎？事實是否將再次證明他對未來事件的看法正確？市場是否很快將進入修正，讓他得以享受「看對行情」的喜悅？他只是一個幸運看對一次行情的「死空頭」嗎？或者他是一個優秀的戰術分析師，基本上正確，只不過到目前為止，仍因投資世界難以預測的因果關係而遭到挫敗的折磨？這些問題多半沒有答案。不過，對讀者來說，最重要的是注意一個關鍵教訓：週期定位並不容易。

世界上沒有什麼事是百分之百肯定的

我個人認為，試圖根據對市場週期的了解來調整立場，以期改善長期投資成果的做法百分之百合理。不過，請務必記得，這個做法的成效有其極限，也請務必了解這個做法需要使用什麼技巧，更要體察到這些技巧有多麼困難。

重要的是，我希望提醒讀者留意一個顯而易見的事實，而不是留意每天的市場漲漲跌跌；第十二章討論的清晰案例都和「一生只有一次」的那種週期性極端狀態（但近來那種極端現象似乎每十年就會發生一次）有關。我舉這些案例的原因是，首先，泡沫和崩盤的極端狀態，尤其是演變成極端狀態的過程最能清楚闡述週期的實況，而透過那些討論，我們更能了解該如何回應週期的各種狀況。第二，我們應付的狀況愈極端，成功的可能性理當愈高。

市場的波動會對我們所在的投資環境造成什麼影響？以下是我個人的見解：不可否認，這是一個簡化的見解，而且這個見解暗示這個世界可明辨，並遠比實際的狀況更規律。不過，簡化歸簡化，這個見解是我幾十年來所秉持的概要框架，它也讓我獲得許多良好的成果，而且，這個見解「打趴」所有試圖將這個世界解讀為一系列不規律急速隨機起伏的人（參見圖15-1）。

根據定義，在「超漲」與「超跌」的極端之間，也就是週期處於「合理」水準的中間地帶時，價格和價值之間的關係，並不像極端狀態下那麼明確。因此，

- 我們很難經常性地區分出價值和價格的差別，也很難正確區分出這兩者的差別。
- 所以，相較於極端狀態，在中間地帶，可透過這兩者的差別獲得的利潤並不是那麼高；而且我們不能期待能藉由區分這兩者的差別，而可靠地獲得良好的結果。

圖 15-1

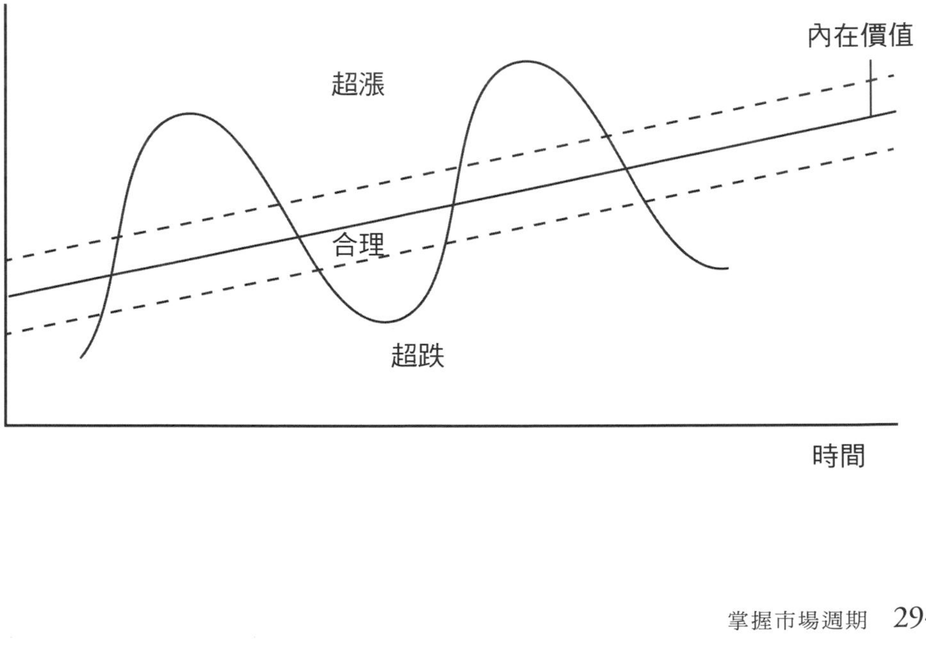

所以，偵察出極端狀態並利用那種狀態賺錢，才是我們真正夢寐以求的，而我相信透過那種方式，才較能篤定賺錢——如果你有分析能力、有洞察力、經驗豐富（或精通歷史），且不流於情緒化。然而，那也代表你不該期望能每天、每個月或甚至每年都能歸納出一些有利可圖的結論。

我們無法透過對市場週期的了解來創造掌握市場買賣時機的大好機會，這些機會由市場決定，市場將決定何時讓我們得到那樣的好際遇。記住，如果此時此刻沒有什麼聰明的事可做，那麼企圖展現你的聰明才智，反而容易犯錯。

除非你預期到某個好機會即將到來，否則沒有理由投注太多心力，妄想掌握週期的時機。如果你經常基於想釐清「明天將發生什麼事？」或「下個月可能發生什麼事？」等，而試圖找出目前處於週期的什麼位置，你絕不可能成功。我將那種努力形容為「故作聰明」。沒有人有能力經常或每次都正確地分辨出上述問題的答案，並藉此大幅提升投資成果，也沒有人知道透過週期定位而推斷出來的「可能」市場發展何時將會成真。

然而，針對大型週期來部署投資組合，一向是橡樹資本主要的成功因素之一。同仁和我在一九九〇至一九九三年、二〇〇二年和二〇〇八年轉趨積極，在一九九四至一九九五年與二〇〇五年至二〇〇六年間轉趨謹慎，並陸續減碼，過去幾年間，我們某種程度上也是趨於謹慎及減碼。我們試著利用週期位置的研判來維持我們的優勢，並為客戶創造更多價值，而且，我敢說我們在那些情境下的週期定位多半是正確的。此外，我們也沒有錯失任何大好機會。

所以，到目前為止，事實證明我們對主要週期的觀點都是正確的。「都」這個字眼聽起來會讓人以為我們好像每次出手都會成功。但我個人所謂的「都」，其實只包含四十八年當中的四次或五次出手。

我只在最大的週期極端狀態發生時提出我的判斷，而藉由這樣的方式，我也得以將自己的正確機率極大化。沒有人（當然包括我）每次都會成功，極端狀態下或許除外。

所以請注意，我總是會努力提醒別人注意：這件事絕對不容易，我不想讓讀者誤以為這件事很簡單，也不想讓讀者因為無法輕易做到這件事而感到失望。誠如我在〈帶投資人去看心理醫生〉備忘錄（二〇一六年一月）中提到的：

✉ 我要清清楚楚地說明，當我在二〇〇六至二〇〇七年間建議投資人要謹慎、在二〇〇八年年底建議投資人應積極買進、在二〇一二年重新建議投資人要謹慎，或是在二〇一六年年初建議投資人可以採取稍微積極的立場時，我心裡其實很不篤定。我的判斷來自我個人的推理，當然，我是根據個人的經驗（以及我和橡樹資本的同仁的共同研究）而歸納出那些推理，而那些推理也可能因此而比其他人正確，但我從不認為我的建議有可能一〇〇%正確，我甚至沒把握說那些判斷有八〇%的正確率。當然，我認為那些建議是正確的，不過，我提出建議時總是戒慎恐懼。我讀的報紙和每個人讀的一樣。我看到的經濟數據也和大家相同。我也如同其他人一般，受相同市場趨勢的蹂躪。我的情緒一樣會受到相同的因素影響。或許我對自己的推理稍微有信心一點，當然，我的經驗也比多數人更豐富。但關鍵是，基於任何理由，我一向能奮起對抗自己的情緒，並切實依循我的判斷。在我做出每一個判斷的當下，都沒有任何證據或資料可證明或查核我的判斷是否正確。如果有證據或資料可證明那些是正確的判斷，那麼，多數明智的人就能以和我相同的信心水準，歸納出和我一樣的判斷。我說這些只是為了傳達我的感受：每個人都不該因為不確定自己的判斷是否正確而擔心無法勝任這件工作。世界上沒有什麼事是百分之百肯定的。

彼得・伯恩斯坦曾就這個主題貢獻了一些實用的智慧。我將以他的見解來做這一章的結論：

> 擔任這個職務二十八年及擔任這個職務之前的二十二年資金管理經驗，讓我能用以下方式，歸納出我在這段漫長的時光中所累積的智慧：訣竅並不是成為最熱門的選股高手、最成功的預測家或最精巧的模型打造者；那種成就都是一時的。訣竅是設法活下來！而要實現這個訣竅，需要很能忍耐判斷錯誤後的痛苦，因為每個人一定會比自己預期的更常判斷錯誤。沒有人知道未來將會如何，但知道「錯誤不可避免且正常，不是什麼可怕的悲劇，不是什麼嚴重的推理失誤，甚至在多數情況下也不算倒楣」是有幫助的。**這項活動的結果取決於不可知的未來，所以，判斷錯誤就在所難免……**（傑夫・索特〔Jeff Saut〕，〈判斷錯誤也賺錢〉〔Being Wrong and Still Making Money〕，追求非市場風險報酬〔Seeking Alpha〕，二〇一七年三月十三日，粗體部分為作者所強調）

第16章 成功的週期

箇中的重要教誨（在這個彼此息息相關且消息靈通的世界尤其重要），是每一項能創造罕見獲利的標的，勢必會吸引愈來愈多的資金介入，最後導致這個領域變得過度擁擠且徹底機構化（institutionalized），到那個時點，它調整風險後的報酬展望將朝中庸（或更糟）靠攏。對應來說，一段時間都表現不理想的標的，最終將變得非常便宜，因為它們的相對跌幅較大，且投資人對它們興趣缺缺——所以，這類標的即將創造超越市場的表現。諸如此類的週期（而非每個人都認為會持續上升的週期）是投資成功的關鍵。

但願你現在已經做好辨識、評估以及回應週期的萬全準備。這項萬全的準備有可能給你帶來重大貢獻，最終助你獲得傑出的投資成就。不過，即使是最優秀的投資人也不可能每一次都成功，這是做好這件工作的重要認知。一如本書提及的其他很多事物，成功總是來來去去，時有時無。

事實上，回顧我個人的職涯歷程，我察覺到成功是有週期的。成功的來來去去，有很大的程度源自於人性的影響，一如我曾說明的其他週期。而我也要再次強調，週期的每一項發展都有其因果關係。長期以來，我一向秉持我在58頁提到的信念：「成功本身就是失敗的種子，而失敗為成功之母」，而我過去投資不良債權與財務艱困企業的二十九年經驗，更大大強化了我的這個信念。

查理・蒙格的傳記作者暨葛蘭納公司（Glenair，一家傑出的航空零組件生產商）執行長彼得・考夫曼用以下方式來說明辯證唯物主義（dialectical materialism）的運作：「隨著任何一個系統朝它的最大或最高效率成長，它將逐漸發展出遲早會反過頭來導致它衰退並崩潰的內部矛盾與弱點」（他的第四十九篇短論〈永恆的蹺蹺板〉〔The Perpetual See-Saw〕，二〇一〇年）。這個說法貼切地闡述了「事實將證明，成功絕對具週期性」的流程。

人性的作用

我對此的另一個形容方式為：「成功對多數人並不好」。簡單說，成功可能會改變一個人，而且通常不是朝好的方向改變。成功會讓人自以為聰明；那樣的想法無傷大雅，但那樣的改變也可能衍生負面的後果。成功也傾向於讓人變得比較有錢，而一旦有錢，就會變得比較沒有動機。

就投資而言，謙卑和自信之間的關係非常錯綜複雜。因為最物超所值的機會通常只存在於尚未被發現或不受重視的領域，而若想投資成功，投資人必須對自己的判斷有足夠的信心，才能採納成就斐然的耶魯大學捐贈基金（該基金的績效非常優異）投資長大衛・史文森（David Swensen）所說的那種「令人坐立不安的獨特投資組合（uncomfortably idiosyncratic portfolios），也就是在約定俗成的觀點中看起來徹底輕率的投資組合」（《先驅投資組合管理》〔*Pioneering Portfolio Management*〕，二〇〇〇年）。根據定義，明顯物超所值的價格多半只可能存在於備受約定俗成觀點輕蔑的領域，而正因為受約定俗成的觀點否定，所以那種投資標的會讓投資人感到不安，而且投資人也難以理解那些標的的價值。唯有內在力量非常強大的人才出得了手投資這些標的。

當那些部位最初未能隨著那個投資人的期望而上漲，或甚至反向下跌，這個投資人必須擁有堅定持有那些部位或甚至加碼部位的信心。他不能將價格的下跌視為一種肯定的「賣出」訊號；換言之，他不能預設立場地假設市場比他知道得更多。

然而，這個投資人也必須知道自己的極限，而且不能假設自己永遠不會犯錯。他必須體認到，沒有人百分之百知道總體經濟的未來將會是什麼模樣。他對經濟、市場與利率的未來走向可能有自己的看法，但他必須承認自己的看法不盡然正確。另外，和上述矛盾的，他絕對不能永遠假設自己是正確的，市場是錯誤的——並因此無限制持有或加碼，完全不重新檢視他面臨的現況與他的推理——因為那樣就流於自傲了。

一而再、再而三的成功常會使人認定自己很聰明。而且，一般人在表現強勁的牛市中賺了很多錢後，通常會斷定自己已精通投資之術。於是，他們會對自己的意見和直覺愈來愈有信心，不再那麼懷疑自己的投資決策，而這意味著他們不會再那麼仔細設想自己犯錯的可能性，也不再那麼擔心虧本的風險，而這又可能會導致他們不再堅持先前讓他們嘗到成功果實的完整安全邊際。這就是最古老且最重要的投資格言之一所要傳達的智慧：「別誤把牛市當成自己的聰明才智。」

成功無法讓我們吸收到太多教誨，這是一個赤裸裸的事實。成功很可能會讓人忽略一個根本的事實：那些成就有可能純粹來自好運或他人的幫助。就投資而言，成功會讓人以為賺錢很容易，所以不需要擔心風險——而這是尤其危險的兩項教誨。

嘗到成功果實的人會認定，每個讓他們成為大贏家的小機會都可無限擴大，但事實多半並非如此。而且，很多人（包括因一次成功事蹟而變得家喻戶曉的投資人）會因此認定自己有能力朝其他所有領域發展：換言之，這些人常認為，既然他們的聰明才智能造就第一個史詩般的成就，同樣的聰明才智一定能廣泛應用到各種領域。

諸如此類的因素導致投資成就非常難以複製，意思就是，事實可能證明，成功是週期性而非連續性的。事實上，「一次的成功」本身反而可能會導致第二次成功的機率降低，而不是意味著下一次成功即將到來。在此，我要引用所羅門兄弟公司（Salomon Brothers）前首席經濟學家亨利・考夫曼（Henry Kaufman）的說法：「有兩種人會虧大錢：一種是什麼都不懂的人，另一種是什麼都懂的人」（〈華爾街的阿基米德〉〔Archimedes on Wall Street〕，《富比世》〔*Forbes*〕雜誌，一九九八年十月十九日）。

世界上有很多著名的倒楣鬼*——例如在《運動畫刊》（*Sports Illustrated*）或《富比世》雜誌封面上出現的那些倒楣鬼——他們會成為倒楣鬼是有充分理由的。一個人可能單純因為一次轟動的成就而成為雜誌的封面人物，問題是，那個成就很可能只是來自某個無法重複的獨特幸運機會，或者單純來自莽撞風險承擔後的僥倖成功。另外，讓人得以成為雜誌封面人物——包括《富比世》過去曾盛讚的成功投資

* jinx，譯註：指原本自信能表現良好，但最後卻慘遭滑鐵盧的人。

人——的那個良好成果，也可能會導致那些人變得更有自信甚至太過自信，並因此不再那麼守紀律，不再那麼努力……而那絕非成功的處方。

人氣所扮演的角色

成功衍生失敗種子的主要管道之一就是透過人氣的上升。我剛剛提到，只有在群眾難以理解、會讓人感到不安且會輕易忽略的領域，才能找到物超所值的標的。短期投資績效多半是一場人氣競賽，而多數物超所值機會之所以存在，都出於一個簡單的理由：因為羊群尚未介入這些標的，換言之，這些標的的人氣還不旺。相反的，表現良好的資產通常會因它們顯而易見的優點而變得很有人氣，而由於人氣高漲，這類資產的價格通常已經很高。

且讓我們思考一下這對投資策略的意義。無論如何，一定要了解「人無千日好，花無百日紅」的道理：世界上沒有任何一個方法、法則或流程的績效能永遠領先。首先，多數證券和方法只在特定環境和週期的某些位置適合投資，在其他環境和位置並不適合投資。第二，過去的成功本身就會使未來的成功機率降低。

一九六〇年代，美國人開始廣泛接受股票投資的概念，當時一般大眾看中的是產業領導者和所謂的「藍籌」股。最初，小股本的股票多半不受重視，但最終一般人還是漸漸留意到這類股票，並開始介入。這一股買氣促使小型股的表現優於大型股。而當大眾注意到小型股在這個「補漲」階段的優異報酬率後，紛紛朝這個領域前進，於是，接踵而至的買盤又進一步推升小型股的股價……最後使得小型股的價格充分反映其價值，相對大型股也不再顯得便宜。到那個時點，投資人又開始將注意力轉回大型股，而大型股也重新成為領導族群。

相同的，在一九九〇年代末期，成長型股票和科技股的表現遠遠超過「柴米油鹽醬醋茶」概念的價值型股票。這兩類族群的分歧表現在一九九九年達到最極端，成長型股票績效超越價值型股票的程度接近二十五個百分點。不過，成長型股票的戲劇化超前表現導致它們的股價超漲，而當股市在二〇〇〇至二〇〇二年間陷入修正，成長型股票的跌幅也遠高於原本不受垂青並因而變得便宜的價值型股票。

換言之，「績效超前」充其量只代表一項資產的增值幅度超過另一項資產罷了，而且很顯然的，績效不可能永遠超前。不管一項資產看起來多麼有價值，「a」不可能永遠比「b」有價值。那代表如果「a」持續相對「b」增值，到了某個時點，「a」勢必會變得相對比「b」超漲。而等到最後一個人因為「b」的落後表現而放棄「b」並買進「a」，那就代表「b」（目前相對「a」而言極端便宜）績效超前的時機已到。

已經成功一段時日的策略、投資人或投資管理公司，會因各種強勁動力的影響而難以再創佳績。我在上述內容中提到，多數概念不可能無限延伸。關於投資，最根本的事實之一是，大致上來說，好的結果會引導資金流向「熱門」的資金經理人和策略，而如果放任這樣的狀況持續發生且不加以控制，更多資金勢必會造成績效劣化。

二〇〇〇年代中期，可轉換證券套利活動的人氣快速上升。就算一個投資人對特定股票的展望沒有任何看法，他也願意購買可轉換成那一檔股票的債券，只因為他可以在適當的「對沖比率」（hedge ratio）下放空標的企業的股份（請見我的〈貼切的案例〉〔A Case in Point〕備忘錄，二〇〇五年六月）。報導指稱，可轉換證券的套利者在所有市場環境下，都獲得了非常優異的調整風險後報酬……但等到大量資金與競爭者受這個策略吸引後，就再也沒有人能找到和過去一樣有價格吸引力的部位了。

尤其在這個彼此息息相關且消息靈通的世界，上述種種的重要教訓是，每一項能創造罕見獲利的標的，勢必會吸引愈來愈多的資金介入，最後導致這個領域變得過度擁擠且徹底機構化，到那個時點，它的調整風險後報酬展望將朝中庸（或更糟）靠攏。

對應來說，一段時間都表現不理想的標的，最終將變得非常便宜（因為它們的相對跌幅較大，且投資人對它們興趣缺缺），所以，這類標的即將創造超越市場的表現。諸如此類的週期（而非每個人都認為會持續上升的週期）是投資成功的關鍵。

這一切和潮起潮落的道理相同。就投資領域來說，原本行得通的做法總有行不通的一天。誠如波克夏海瑟威（Berkshire Hathaway）公司的阿吉特・亞恩（Ajit Jain）有一天告訴我的投資概念：「現在很容易，總有一天會變得不容易。」例如：

- 當低價小型股上漲到不再便宜的水準，它們的績效就無法繼續超前。
- 順勢操作或動能型投資——持續持有贏家型標的——一段時間內行得通。但最終輪動與買進落後補漲型股票的風潮將取而代之，成為勝出的策略。
- 「回檔承接」讓投資人得以透過特定標的一時弱勢來獲益；但一旦重大問題浮上檯面（或單純因市場沒有復原），它的價格將一跌再跌，無法快速反彈；在那種情況下，這個策略就會讓人得不償失。

- 風險性資產的價格在達到較接近安全資產的水準以前，都能保持超前績效（績效超前的原因是，這種資產的估值因其風險性而遭到過度低估）。但接下來，除非它們的價格回到足以提供適當風險溢價的水準，否則其績效將落後安全資產。

所以結論簡單明瞭：人無千日好，花無百日紅。不過，一定要體認到，當每個人都相信某個標的將永遠表現優異時，就是那個標的不再表現優異的時刻。我認為「在投資領域，所有重要的事都違反直覺，所有人都顯而易見的事一定是錯的」。

關於人氣的作用力（反作用力），最佳案例應該堪稱一九七九年發生的一個狀況，當時參與其中的多數投資人至今都不曾淡忘那件事。那一年的八月十三日，股票歷經幾近十年令人痛苦不堪的糟糕表現後，《商業週刊》雜誌刊登了一篇名為〈股票之死〉的封面故事。那篇文章根據和本書所有建議徹底相反的論述，做出了一個結論：股票玩完了。

這篇文章提出一連串的理由，說明為何股票的績效將繼續低迷：

- 有七百萬個人放棄投資股票。
- 很多其他形式的投資的績效都優於股票。
- 退休基金轉向諸如黃金等「實體資產」。
- 通貨膨脹傷害了企業提高利潤的能力。

它接著評論：

即使是到目前為止還留在金融市場上奮鬥的機構，都將資金投入短期投資標的以及諸如房貸擔保票據、外國證券、創投資本、租賃、擔保保險契約（guaranteed insurance contracts）、通貨膨脹率連結債券、股票選擇權和期貨等「另類股權」型投資標的。

這篇文章的結論是：

購買穩健股票來作為畢生儲蓄與退休老本的那種過時心態，如今已徹底消失。一名年輕的美國企業高階主管表示：「你最近有去參加任何一家美國企業的股東大會嗎？與會者都是一些守舊的老頭子。股票市場死氣沉沉，毫無活力。」

總而言之，〈股票之死〉一文表示，股票已失去人氣，永遠也不會再有好表現。它引導頭腦極端簡單的人以第一層思考模式，斷定股票先前的差勁績效已使股票不再受青睞，並認為那意味著股票的績效將繼續惡劣下去。相對的，別具洞察力的人則會秉持第二層思考模式，認定過去的惡劣績效雖導致目前股票失去人氣，但那意味著目前的價格已經很低，且未來的績效將轉趨良好。

〈股票之死〉一文正好是在一九八二年史上最大牛市展開前刊登，而它的論述實質上為這個大牛市的形成提供了最完整的論據。在那篇文章發表時，標準普爾五百指數只有一〇七點，到二〇〇〇年三月，它已上漲到一五二七點，那是超過十四倍的價格漲幅，換算成平均年報酬率，在那近二十一年期間，平均每年的報酬率為一三・七％（而且這個數字還不含股利，如果加上股利，整體漲幅達到二十八倍以上，年化總報酬率則為一七・六％）。這篇文章帶給我們的教誨非常簡單：投資人應該對高人氣的資產抱持戒心；相對的，不受青睞的資產才是買方的好朋友。

企業的成功也有週期

就「成功」來說，企業的表現也有高低起伏，而企業的興衰也導因於一系列的因果事件。關於這一點，全錄公司的發展歷程，是我見過最能闡述這個概念的案例。

一九六〇年代末期，剛成為辦公室設備業新手分析師的我第一批拜訪的企業之一，就是這家辦公室影印巨擘，它是史上第一家成功停止採用「濕式」顯像流程（這種流程必須先把文件送到相片實驗室複製）的企業。在當時，全錄公司在「乾式」影印領域占有壟斷地位，而且它看起來似乎能完全掌握自身的命運。一個比我資深的分析師和我曾與全錄公司的「分析師聯絡人」見面，他幫助我們針對該公司每一款影印機的內部預測——包括隔年將出租的影印機數量以及每一台機器的年度租金收入——進行三角分析。

由於全錄公司掌握了支配市場的地位，所以，它多半能達到上述的預測值——由於它掌握壟斷權，所以能利用強大的訂價能力來微調出租機器數量所造成的差異，而且還能維持非常高的邊際利潤率；另外，該公司還堅持短租的模式，拒絕會導致它失去影印機控制權的銷售或長租模式。這種堪稱恆動的營運模式實在太誘人了！

不過，當年全錄公司的經營階層應該忽略了一個可能性：高邊際利潤率有可能無法永續維繫。果然，到了一九七五年時，全錄公司遭控告控制影印機市場，為了從一項反托拉斯纏訟中脫身，該公司同意了一份合意判決，並開始授權外界使用它的強大專利組合。於是，競爭者參與生產並銷售它們自家的影印機，並以低於全錄的價格，取代全錄的部分出租機器。這個發展導致全錄在美國的影印機市占率從近一〇〇%降到一〇至一五%，而該公司的獲利自然也受到顯著侵蝕。作為長期高高在上的市場領導者，全錄公司很難回應價格競爭，因為一旦回應，現有的業務也可能受到侵蝕。在更早之前日本人就曾經那麼做，那就是目前一般人所說的價格破壞。

一九六八年，拜壟斷地位、強勁的成長與極高獲利能力之賜，全錄公司成為我先前提到的「漂亮五十」股票的領導者之一，當時一般人認為這類公司表現強勁且成長快速，所以「不可能發生什麼壞事」，且「股價永遠也不嫌高」。不過，樹再怎麼長也不會長到天上，成功也多半會有結束的一天。由於全錄的行為引來它意想不到並無法善加因應的競爭，加上其他理由的影響，該公司在二十一世紀初那幾年陷入嚴重的困境。

所以，成功的企業和成功人士一樣，有可能採取導致原有成就被毀滅的行為。換言之，企業也可能：

- 流於自滿並變得「心寬體胖」；
- 流於官僚化且步伐緩慢；

- 未能採取行動來捍衛自身的地位；
- 停止創新，不針對新的情勢進行調整，最後成為平庸大眾的一員；以及／或
- 斷定它們幾乎無所不能，並因此介入它們無法勝任的領域。

經由上述及其他很多方式，成功真的會帶著失敗的種子。不過，幸好（我先前提到過），失敗也是成功之母。

- 一旦遭受攻擊，企業有可能會重新找回原本的動機以及明確的目標。
- 企業可能因此甩開官僚氣息，認真迎戰競爭壓力，進而獲利。
- 要獲得最終極的成就，企業可能得先歷經破產、縮減規模、裁撤虧本的事業部門、銷售點無法獲利、背負義務繁重的契約以及沈重不堪的債務等痛苦過程（但當然破產企業的老闆通常會失去他們的全部職位）。

所以，亞漢・亞吉詹（Jahan Janjigian）在二〇〇二年針對全錄公司寫了一段評論：

〔二〇〇〇年時〕一組新經營團隊完成了許多以恢復公司獲利能力為目標的重組創議，包括積極的成本縮減計畫，以及總額達一萬三千六百人的裁員計畫。全錄也賣掉它的中國和香港事業部，並將富士全錄公司的五〇％股權賣給富士軟片公司。此外，全錄公司也放手讓奇異資本公司

（GE Capital）接手應收帳款融資事宜，該公司當時已收回二十七億美元的應收帳款。最後，全錄公司也退出小型與家庭企業等艱困業務。

那年四月，全錄公司同意支付一千萬美元給證券交易委員會（SEC），解決SEC對該公司長達兩年的調查爭端。稍後，該公司根據這項協議的規定，徹底重編它過去的財務結果。此外，該公司成功和債權人合作，重新協商債務條件，從而讓債務負擔回復到較容易管理的狀態。或許最重要的是，該公司的產品目前無論是在價格或品質方面，都變得更有競爭力。

由於上述種種努力的成功，全錄公司比預期更快恢復獲利能力……鑑於該公司的營運狀況顯著改善，我們認為目前全錄公司的價格非常值得介入買進。（〈破產邊緣走一遭的全錄公司〉〔Xerox Back from the Brink〕，《富比世成長型投資人》〔*Forbes Growth Investor*〕，二〇〇二年十月）

由於企業的存續能力不像經濟體系與市場那麼長久，所以，企業長期成功週期的延續時間也可能不像市場或經濟體系的長期週期那麼漫長。不過，在企業的存續期間內，它的獲利有可能導致它走向虧損，而虧損則可能奠定下一個獲利的基礎。總之，企業的成功是有週期性的。

時機的作用

不管是對個人或企業來說，成功的重要貢獻因素之一是時機。此外，當你從事一件工作的時間比一般人長久，成功機率勢必會高一些（當然，我們不能排除其他因素的影響）。這就是全錄在一九六〇年代崛起的原因，我個人也因這麼做而獲益良多。

一九七八年八月，原本擔任花旗銀行股票研究部門主管的我轉戰債券部門，管理債券投資組合，當時我接到一通改變我一生的電話。我上司對我說：「加州有一個叫米爾肯的人，他在搞一種稱為高收益債券的東西。現在有個客戶正好想要建立一個高收益債投資組合，你能弄清楚那是什麼東西嗎？」

直到一九七七或一九七八年，高收益債券才首度正式在機構圈亮相。當時麥可・米爾肯首度成功說服投資人相信低於投資等級的企業也可以發行債券，而且他也讓投資人相信，如果利率高到足以補貼相關風險的話，一般機構也可以投資這種債券。在我最初涉入這個領域之際，構成高收益債市場的債券總值還不到三十億美元。絕大多數的投資機構都規定不能購買低於投資等級的債券——當時這類債券被稱為「垃圾債券」。另外，穆迪公司（Moody's）也明確否定低於B級的債券，他們表示，那類債券「不具備理想投資標的的特質」。

這些沒有人氣的債券怎麼會不是被低估的物超所值機會？及早介入怎麼可能會不賺錢？

接著，十年後，擁有合法專業能力與策略洞察力的布魯斯・卡許加入我的團隊，他和專長信貸領域的謝爾登・史東的能力彼此互補，於是，我們成立了大型金融機構中最早期的不良債權基金之一。有什麼事比投資破產企業或一般認為注定會破產的企業的債務更危險並因此而更不體面？有什麼投資概念會比不良債權投資概念更令人嫌惡？換言之，有什麼標的比不良債權債券更能安全獲利？

在上述兩個實例與其他情況中，我很幸運地找到尚未被發覺、還不擁擠並因此能以物超所值的價格介入的資產類別。當一個市場多半只屬於某個人的天下，投資會變得非常輕而易舉。透過這種投資所得到的利潤，高於試圖在每個人都已發現、理解、介入並因此而變得擁擠的市場獲取的那種中庸報酬。後者絕對稱不上成功的處方。「一開始就聰明的人」不會太晚介入已經變得擁擠的領域，相對的，太晚介入的人更有可能變成「最後的傻子」。幸運能及早（而非過晚）介入這個市場的我們知道——或當然應該知道——我們的成功不能全部歸功於我們的所作所為和努力。時機也必須配合。

而那讓我想到亨利・菲普斯（Henry Phipps）一段絕妙的經驗之談，菲普斯是十九世紀最偉大的商人之一安德魯・卡內基（Andrew Carnegie）與亨利・克雷・弗里克（Henry Clay Frick）的合夥人，但他的名氣不像那兩位合夥人那麼高。他在一八九九年寫了以下看法：

> 像眼前這樣的好時機會造成壞時機；這個法則和鐘擺的擺盪一樣。我們擁有了解這些根本事實的經驗，但我們是否有將其付諸實現的智慧？（喬治・哈維〔George Harvey〕，《真男人：亨利・克雷・弗里克》〔*Henry Clay Frick: The Man*〕，二〇〇二年）

一如人類（一般人可能相信成功是進一步成就大事的指標，但其實不然，人類每次的成功可能都屬偶發的獨立事件），時機也可能不會一直維持在有助於連續成功的狀態。好的時機可能會促使一般人做出唯有仰賴好時機永遠不消失才能成功的投資決策，但其實那種好時機反而可能帶來壞時機，而這些壞時機將以一般人難以承受的方式來考驗那些投資決策。

好時機之後不僅遲早會出現壞時機，好時機通常還會製造壞時機，這和其他很多週期的例子相同。原因是，好時機可能會導致企業不明智地浮濫發行債券（一如我們在不良債權週期中所討論）或興建過多建案（一如我們在房地產週期中所討論）。

同樣的，一如摩根士丹利投資管理公司的全球策略長魯秋爾・夏馬（Ruchir Sharma）在他的著作《民族國家的興起與衰敗》（*The Rise and Fall of Nations*）中，針對新改革者的影響所寫的：「改革會帶來成長和好時機，而好時機會促使世人產生傲慢與自滿的心態，而那樣的心態將引爆新的危機。」

菲普斯指出，歷史清楚顯露出這些趨勢。關鍵的問題在於我們是否能足夠機智且不情緒化地了解到，好時機不盡然會帶來更好的時機，因此，成功真的有可能是週期性的。

且讓我們回到查理・蒙格引用的德摩斯梯尼名言：「每個人都希望自己相信的事真的會發生。」換言之，通常多數人一定難免流於癡心妄想，而這可能會導致投資人相信好時機之後將是更好的時機。不過，那樣的想法漠視了各種事物總是周而復始的本質，尤其是成功的週期性。

—第17章—

週期的未來

一般人流於不節制的傾向永遠也不會改變。而由於各種不節制最終必須修正，週期也必然會發生。在過去，經濟體系和市場從來都不是維持直線發展，未來也不可能如此。那代表有能力了解週期的人一定會找到獲利的機會。

到目前為止，我討論了很多和過去有關的事，也說明了一些和現在有關的事。如今，在接近尾聲的階段，我要把主題轉向未來。

終我一生職涯，我在無數場合親自聽過很多大師級人物表示某一類型的週期已經告一段落，不會再發生之類的評論；他們是基於經濟活力、金融創新、敏銳的企業管理，或是誤以為中央銀行官員或財政部部長無所不知等原因，提出「經濟週期」或「獲利週期」將不再會有起伏的評論。

我曾在〈這次是否會不一樣？〉（Will It Be Different This Time?）（一九九六年十一日）備忘錄中，用了一點篇幅探討這個主題。首先，我描述一篇在此之前幾天刊登的報紙文章：

✉它列舉了「目前還處於零衰退的經濟擴張狀態」的論據。這篇文章的第一段是這麼寫的：

> 從企業會議室到家庭的客廳，從政府辦公室到交易大廳，一個新的共識正開始產生：惡性的大型商業週期已被馴服。
>
> 到目前為止長達六十七個月的經濟擴張已遠超過戰後的平均經濟擴張期。然而，五十三位接受「藍籌股」（Blue Chip）投資快訊調查的「頂尖經濟學家」（我最喜愛的專家，也是我的一九九六年七月備忘錄〈預測能力對投資人一生的影響(二)〉（The Value of Predictions II）的主題）當中，有五十一位預測明年的經濟成長將達到一・五％以上。另外，密西根大學的調查發現，預期未來五年經濟將繼續維持榮景的消費者，比預期未來五年情況將轉趨惡化的消費者多。
>
> 西爾斯（Sears）百貨公司董事長表示：「沒有任何大自然法則規定經濟一定要衰退。」而根據艾莫科（Amoco）石油公司董事長的說法：「我認為沒有理由相信（復甦）無法延續到這個世紀結束。」莎拉莉（Sara Lee）公司執行長則說：「我不知道會發生什麼引發週期性衰退的事。」（〈很多人提出警告，商業週期已被馴服〉〔The Business Cycle is Tamed, Many Say, Alarming Others〕，《華爾街日報》，一九九六年十一月十五日）

很顯然的，這些人在一九九六年提出上述說法後，週期也沒有不再發生。相對的，二〇〇一年經濟陷入溫和的衰退，接著，短短幾年後便爆發了二〇〇八至二〇〇九年的大衰退（Great Recession），那是當今多數還健在的人未曾體驗過的最強大週期性事件。

我在〈這次是否會不一樣？〉備忘錄中，繼續引用其他備受推崇的領導人物曾說過的很多類似評論：

✉「目前的繁榮景象將不會被打斷。」

「我不得不大聲反駁……『未來我國的繁榮一定會消失並逐漸減弱』的說法。」

「未來這個盛況將被史冊記載為黃金年代，而目前我們才剛進入這個年代的開端。」

「這個國家的基本商業活動……是建立在一個健全且繁榮的基礎之上。」

在評估這些說法的合理性時，請務必留意，這些說法分別出自皮耶亞洛汽車公司（Pierce-Arrow Motor Car Company）總裁、紐約證券交易所總裁、布西碼頭公司（Bush Terminal Company）總裁，以及美國總統。即使你不知道我說的總統是賀伯・胡佛（Herbert Hoover），也應該能從第一位與第三位人士的立場看出一點端倪——那些說法來自非常遙遠的過去。那兩位總裁級人物是在一九二八與一九二九年相繼提出這些說法，換言之，他們是在導致整個世界陷入十多年災難的大蕭條即將來臨之際提出以上看法，因此他們的說法絕對稱不上吉利的徵兆。我在寫這篇備忘錄時就想「不會減緩的經濟繁榮以及週期已死」等說法真的是夠了。

不過，到二〇〇〇年代，「經濟永久繁榮」的期望卻再次興起。雖然沒有人特別主張「週期不再存在」，但很多投資人、銀行業者和媒體圈人士卻明顯相信風險已經遠離，而這樣的信念和「經濟永久繁榮」的想法基本上如出一轍。

所謂的永久繁榮

前財政部長提摩西・蓋特納在他的自傳《壓力測試》中，描述了他在二〇〇三年到聯準會任職時的氛圍：

> 經濟學家開始辯論美國長期以來的穩定：「大穩定」（Great Moderation），一個能立即從衝擊中復原且近乎永久穩定的世代，是否會形成一個新常態。當時有愈來愈多人信心滿滿，他們認定衍生性金融商品及其他為了規避與分配風險而設計的金融創新，配合更能善加因應經濟衰退的優質貨幣政策，以及能平緩存貨週期的更優質技術，已讓危機成為過去式。

當時，這種所謂的永久繁榮還被冠上「大穩定」之類的稱號，這顯示「永久繁榮」觀點已深植人心。因此，這符合我所描述的最危險環境：一般人普遍相信世界上已經沒有任何風險。我在139至140頁說明媒體評論對此的影響——那些媒體列舉的許多現象，如聯準會無所不知、擁有充沛現金的國家對證券的需求永無止境，以及華爾街方面最新的發明等，都是導致風險意識消失的力量。

但上述所有和「週期已死」有關的說法不僅全然錯誤，更值得一提的是，每次這種說法一蔚為風潮，正好都會出現週期的高點——當然，這些說法本身也是促成週期高點的導因之一。而那些週期高點出現後發生的事件都令人感到異常痛苦，像是一九二九至一九三九年的經濟大蕭條、二〇〇〇至二〇〇二年連續三年的股市重挫（從一九二九年以來首度出現那種下跌走勢），以及二〇〇七至二〇〇八年間的全球金融危機。

我在〈這次是否會不一樣？〉備忘錄中，進一步回溯上述那類盲目樂觀的說法，作為我對這個主題的根本結論：

> ✉ 當然，這些觀測意見所傳達的訊號並非週期不會重複，相對的，這些評論反而讓人感覺那觀察家過度有信心。只要人類持續參與關鍵決策的制定，經濟體系、企業和市場的週期就會繼續發生，而我認為那代表週期永遠都會發生。
>
> ……等到時機成熟，我們自然可以主張情況將會好轉，那個時機就是市場諸事不順且每個人都以跳樓大拍賣的價格出脫資產的時刻。當市場處於歷史高點，並促使一般人樂觀地合理化過去未曾真正發生過的正面事態時，危機時刻就已來臨。那樣的情況曾經發生，未來也會再次發生。

在商業界，最危險的字眼莫過於「這次不一樣」，如果某件事物已達到過去理當被稱為極端的狀態，又有人說出這幾個字時（通常在這種狀態，會有很多人說出這樣的話），尤其需要小心。

當一般人說「這次不一樣」，意思通常是指過去造成週期的法則和流程已經暫時失效。問題是，以往的週期性金融行為並非導因於自然或科學運作法則。科學領域的因與果之間，存在一種可靠且可重複的關係，所以，我們大可信心滿滿地做出「如果 a，就會產生 b」的推斷。但金融圈和商業界雖有某些運作原則可循，最終的現實發展卻總是和科學法則運作的結果迴異。

箇中原因就是我已一再重申的：人類的參與。人類的決策對經濟、商業和市場週期的影響至為巨大。事實上，經濟體系、商業與市場純粹就是由人與人之間的交易組成，而人類的決策制定一點也不科學。

有些人會把歷史、事實與數據列入決策考量，有些人則以「經濟人」的方法來制定決策。不過，即使是最不情緒化且最沒有欲望的人，都深受人性影響力與容易失去客觀性的傾向等問題左右。

著名的物理學家理查・費曼（Richard Feynman）曾寫道：「想像一下，如果電子（electrons）有感覺，物理會變得多難！」換言之，如果電子有感覺，就不會產生科學預期它們將產生的結果，在那種情況下，物理法則也只有在某些時候會產生作用。重點是，人類確實有感覺，所以，人類不會受神聖不可違背的原理約束。人類在制定經濟和投資決策時，總是難以徹底排除個人情緒和怪癖的影響。這導致一般人總是會在錯誤的時間點變得陶醉，並在錯誤的時間點感到心灰意冷；在一帆風順時誇大上漲的潛力，並在諸事不順時誇大下跌的風險，且進而將趨勢帶向週期的極端位置。

我要重申《投資最重要的事》一書的幾個段落，來說明為何週期不會消失，這些內容是很好的論據：

> 人類的參與是導致這個世界產生週期變化的根本理由。機械式的東西有可能沿著直線移動，時間也是連續向前推移。一台獲得充分電力的機器能連續不斷地向前進，但在諸如歷史和經濟等牽涉到人類的領域，相關歷程的結果勢必是多變且具週期性的，只要有人類參與，結果便是如此。我

認為箇中的主要原因是，人類總是情緒化且前後矛盾，不夠堅定且不夠冷靜。當然，客觀因素確實也會對週期產生影響——諸如量化關係、世界各地發生的事件、環境變遷、技術發展以及企業決策等之類的要素。不過，人類面對這些事物的心理狀態，會導致投資人過度反應或反應不足，因此也決定了週期性波動的廣度。

當人類對事情的發展感覺良好且樂觀看待未來，他們的行為就會受到強大的影響。這時他們花起錢來會比較大方，不太考慮存錢的問題。他們會透過借錢來增加享受或提升獲利潛力，即使借錢會導致他們的財務狀況變得比較不穩定（當然，在樂觀時期，諸如「不穩定」這樣的概念會被遺忘）。另外，他們也願意為了取得當前的價值或未來的某些事物而付出較高的代價。

投資人傾向於只關注當下進行中的流程，認為那些流程具備機械式可靠性的特質，信任那種可靠性，並推斷那些流程將繼續無限延伸；他們忽略了情緒的作用：上漲時的貪婪和下跌時的恐懼。情緒會對週期產生雙向的影響：情緒會導致促使週期走向極端（最終需要修正）的動力變得更強大，也會導致市場參與者在最需要辨識出不節制的關鍵時刻（此時也是最有獲利潛力的時刻），漠視週期性事物的週期起伏特質，那些關鍵時刻就是212至214頁說明的牛市與熊市第三階段。

以下幾個段落引用自《投資最重要的事》，或許這些內容可作為「週期一定會再次發生」論點的結論：

> 週期永遠也不會停止發生。如果世界上真的有所謂的完全效率市場，而且如果人類真的是以慎重

且不情緒化的方式制定決策，或許週期（或至少週期的極端）會消失。但人類永遠不會用那種方式制定決策。

隨著消費者因經濟要素或外部事件（包括地緣政治或大自然事故）而產生的情緒回應而增加或減少支出，經濟勢必也會上下起伏。在上升週期，企業一定會看好未來的發展，並因此過度擴張產能和存貨；而當經濟狀況急轉直下，過多的產能和存貨勢必會變成負擔。當經濟狀況一帆風順，資本的提供者一定會過度大方，以廉價的資金慫恿企業過度擴張，而當情況不再順利，他們就會收回資金甚至變得過於緊縮。當企業營運狀況良好，投資人一定會高估企業的價值，當局勢變得艱困，投資人又會低估企業的價值……

漠視週期並推斷趨勢將永遠不斷延伸，是最危險的投資人行為之一。投資人通常會認定目前表現良好的企業將永遠表現良好，目前績效領先的投資標的將永遠領先（反之亦然），並根據這樣的推斷採取行動。但取而代之的，事實比較可能和上述推斷相反。

本書的關鍵要點之一，是要引導讀者深入了解情緒以及情緒可能引發的誇張行徑。週期性偏離趨勢線的情況，多半導因於不節制的誇張行為以及事後遲早會發生的修正。證券市場尤其如此，因為證券市場其實就是由眾多希望能藉由決策的制定來獲利的人組成（而這些人通常以羊群般的相同心態制定決策）。不過，經濟體系和企業也差不了多少；經濟體系和企業看起來或許是獨立且運作順暢的機器，但事實上，經濟體系與企業同樣是由一群制定決策的人類所組成，所以也具備所有和證券市場相同的特質。

新手投資人初次見到這個現象發生時，可能會認同「某些過去未曾（週期的停止）發生的事可能會發生」，這樣的想法是可以理解的。不過，第二次或第三次見到這個現象的投資人應該已經很有經驗，應該要能體會「未曾發生的事永遠不會發生」的道理——並根據這樣的體認，做真正對自己有利的事。

下一次如果有人帶著一個預測「週期將停止發生」的買賣找上你，千萬記得，那筆買賣絕對會是虧本生意。（《投資最重要的事》）

一九六八年的我還是個年僅二十二歲的投資界新手，那是我第一次接觸到「漂亮五十」股票。當時很多遠比我有經驗的人，全被那些企業了不起的表現、看似永無止境的成長潛力、過去未曾發生任何惡劣的狀況等特質吸引，認定那些股票的價格不會有任何上限。當時我也深信那些題材的可信度，過了很久以後，我才終於理解前輩們那種極端的想法有多麼不合邏輯。就這樣，我很幸運地在非常年輕時就吸收到和週期起伏、價值與風險有關的第一個教誨，而且幸好當時我投注在這些錯誤概念上的資金相對較少。

到了一九七三年，石油價格從每桶二十美元飆漲到六十美元，能源產業分析師紛紛認為幾乎沒有任何因素能阻礙油價繼續上漲，不過，當時負責籌劃花旗銀行對阿拉伯石油禁運的回應方式的我，已經不像幾年前那麼天真無知了。另外，當電腦奇蹟促使眾多硬碟機公司在一九八〇年代成立時（事後證明那些新公司導致市場供過於求），我更不是個天真的小夥子。

不過直到更久以後，累積了幾十年經驗的我，才終於有能力辨識一九九〇年代末期科技／網路／電子商務泡沫的不節制，以及引爆二〇〇七至二〇〇八年全球金融危機的那種絲毫不懷疑現況的合理性的資本市場行為。這個和市場不節制行為、以及不節制行為對週期的影響有關的學習過程，是每個投資人的成長過程中必經的環節。

小結

一般人流於不節制的傾向永遠也不會改變。而由於各種不節制最終必須修正，週期也必然會發生。在過去，經濟體系和市場從來都不是維持直線發展，未來也不可能如此。那代表有能力了解週期的人一定會找到獲利的機會。

第18章

週期的重點

我將在這一章收錄本書的某些段落，因為我認為這些段落是了解週期、週期的起源以及如何因應週期的關鍵。若有必要，我會適當修改那些段落的文字，以便能將之獨立列示在這一章。所以，這一章並非本書的總結，而是本書某些關鍵評述的扼要重申（如果你能接受，只要閱讀粗體字就足以概覽那些摘要內容）。

霍華・馬克斯

1

投資成功就像簽樂透贏家，都是從一堆彩券（所有可能的結果）抽出一張（真正的結果）。每個情況都是從眾多可能性選擇出一個結果。

優秀的投資人，就是能夠對於缸裡的彩券有很好的判斷力的人，因此能夠判斷參加這場樂透是否值

得。換句話說，優秀的投資人就跟其他人一樣，無法確切知道未來究竟會發生什麼事，但是他們對未來趨勢的了解比一般人要多。（38頁）

2

隨著我們在週期裡的位置改變，勝算也跟著改變。如果不順應時勢，進而改變投資立場，就是消極的在看待週期。換句話說，我們對提高成功機率的機會視而不見。但是如果我們應用對週期的一些洞察，就能在成功機率較高時加碼到更積極的投資標的上，而且可以在成功機率較低的時候減碼，增加防禦性投資。（43至44頁）

3

在我看來，在特定時間點配置最佳投資組合的最好方法，是決定該如何在積極型與防禦型投資上做出平衡。而且我相信，隨著投資環境的狀態改變，以及一些要素在週期中的位置變化，積極型與防禦型投資的平衡應該要做出調整。

關鍵是如何「調整」，你應該對投資的金額、在各種投資機會中的資產配置，以及所承擔的投資風險都進行規劃，不斷在積極型與防禦型投資間進行調整……當價值被低估時，我們應該更加積極；當價值被高估時，我們應該放慢腳步。這本書的主要內容就是討論如何調校投資組合的立場。（35至36頁）

4

重點是，在投資人所處的世界裡，週期有起有落，鐘擺會來回擺盪。週期和鐘擺會用很多形式擺盪，而且與各式各樣的現象相關，但是它們發生的潛在原因，以及它們創造的模式，有很多相同的地方，而且隨著時間流逝，它們往往有些一致。或許就像盛傳馬克・吐溫說過的話（雖然沒有證據顯示他確實有說）：「歷史不會重演，但總有相同的地方。」

不管馬克・吐溫有沒有說過這句話，這句話都把這本書談到的很多東西做了很好的總結。週期會因為原因與細節、時機與範圍而改變，但是上下起伏（以及它們產生的原因）永遠都會發生，會對投資環境造成改變，因此會產生預期的行為。

不變的事實是，這些事情的表現在短期受到其他事情、參與的人，以及極不穩定的人強烈影響。相反的，他們有時往往會因為一些事情波動，我們常把這些事情都歸類在「心理學」這個廣泛的標題下。因此人們的行為會變化……毫無疑問會隨著環境變化，但就算環境沒有改變，也會變化。（48頁）

5

週期會圍繞中點擺盪。一個週期的中點通常會被認為是長期趨勢、基準、平均值、平均或快樂的中點，而且通常在某種意義上被認為是「正確而適當的」。另一方面，週期的極端被認為是「偏差或過度的」，未來會回歸正常，而且一般會如此。雖然週期變化往往會有很多時間在上方或下方，但通常的規則是最終會往中點的方向移動。不論是從極端高點或極端低點往中點移動，這樣的變動常常被說是回歸平均值，在大多數產業中，這是一個強而有力、並且非常合理的趨勢。但回想上面列出的週期階段，也能看出週期的模式通常包括從合理的中點往一個可能輕率的極端變動，再從一個極端回到中點一樣，而「起」與「伏」的出現頻率相同。

理性的中點一般會產生一種磁吸力，使得週期性的事物從一個極端往「正常」的方向返回。但是它通常不會長久留在正常的位置，因為往中點擺盪的力量必定繼續施力，因此造成週期從一個極端回頭通過中點，然後繼續進一步地往另一端擺盪。

認識並接受這種可靠的模式很重要。細節會改變，像是擺動的時機、期間、速度和威力，還有更重要的是，它們發生的理由也會改變，這可能就是馬克・吐溫說到歷史不會重演的背後原因。但是基本的動態通常很相似。（51至52頁）

6

從中點開始，週期有很大的潛力對進一步的發展造成嚴重破壞，也就是說導致更大的偏差或過度。如果朝一個極端擺盪得愈高，盪回來的力量很可能更猛烈，而且很可能會產生更多損害，因為週期運行至極端時所激發的動作，已經證明不適合出現在週期的其他地方。

換句話說，隨著週期移動到離中點愈來愈遠，潛在的破壞力量會增加——隨著經濟和公司做得「太好」，而且股價漲得「太高」。**上漲之後接下來只會修正，而且多頭市場接下來是空頭市場，但是繁榮**

和泡沫之後接下來是傷害更大的蕭條、崩潰與恐慌。（52頁）

7

大多數人將週期視為一系列順著尋常序列發生的事件，即：上漲走勢之後是下跌走勢，最後又會展開新一波的上漲走勢。不過，若想充分了解週期，那樣的理解是不夠的。**我們不該單純將一個週期期限內發生的所有事件視為一個接一個的事件，更重要的是，我們應該將那些事件視為一個引發下一個的連鎖事件。**（54頁）

8

我所謂的週期並不完全是（有時根本沒有）源自於機械、科學或物理過程的運作，如果週期是源自於前述這幾種流程的運作，那麼，週期可能會遠比實際上更可靠且更好預測，但透過週期獲利的潛力可能就會低很多（那是因為最大的利潤來自優於他人的預測能力，而如果週期變得徹底可靠且好預測，就不可能有人會比別人更能辨識出各項事物的發展，換言之，不會有人比別人更有預測能力）。**有時候週期會（有時候不會）依循某種根本的原則運轉，但不同週期的很多差異，其實可歸因於人類在創造各種週期方面的作用力**。人類在這個過程中的的參與，使得情緒和心理誘發的種種人類傾向得以影響到各種週期現象。另外，在某些週期，機會或隨機性的影響也非常大，而人類的行為也是造成機會或隨機性的原因之一。人類是週期得以存在的重要理由之一，但（加上隨機性的影響）也是造成週期前後不一致且因此難以預測的原因。

透過各種型態的辨識來解釋人生種種狀況，進而歸納出成功的方程式，是一件複雜的工作，而那主要是因為我們的世界被隨機性圍繞，且活在這個世界裡的人在類似情況下的表現總是不一致（儘管他們很想要表現一致）使然。我們必須體認到，過往的事件多半受到上述種種事態影響，也必須理解未來的事件並非全然可預測，不過，這些認知都會讓人不愉快，因為那會讓人感覺人生不容易預料，較難以透過規則的制定來左右自己的人生，並因此缺乏安全感。**也因如此，一般人會尋找能讓各種事件變得可理解的解釋……最後常流於過度追求精確的解釋。**投資領域便是如此，生命中的其他領域也一樣。（64至65頁）

9

為什麼心理鐘擺很重要？其實我在這本書裡提到的週期強烈起伏，主要是因為心態的過度反應所造成與展現。

在景氣循環、金融週期和市場週期中，大多數的過度上漲，以及往往不可避免產生更大的下跌反應，都是心理鐘擺的擺盪所導致波動過大的結果。**因此，理解過度的波動並有所警惕，是避免受到週期性的極端事件傷害、並且希望從中獲利的最低要求。**

設定成長和增值的標準，在某種意義上是「正確」與「健康」的。如果參與者圍繞這些標準來發展自己的作為，而不是突然不切實際有更高的期望，以致鑄下最終變動減少的結果，那麼世界會成為一個更為穩定、更少動亂，而且錯誤更少的地方。可惜這不是事物的本質。（105至106頁）

10

一切都很明顯：投資人很少保持客觀、理性、中立和穩定的立場。首先，他們表現出高度樂觀、貪婪、承擔風險與輕易相信的態度，而且產生的行為導致資產價格上升、潛在獲利下降、風險增加。但是接著又由於某種原因，或許是達到臨界點，他們轉而悲觀、恐懼、風險趨避與多疑，而這導致資產價格下降、預期報酬上升、風險下降。值得注意的是，每一組現象往往會同時發生，而且為何會從一個現象擺盪到另一個現象，常常無法找到理由解釋。

這是其中一件瘋狂的事：在現實世界中，事情通常會在「非常好」和「不太好」之間波動。但是在投資界，投資人的感受往往會在「毫無瑕疵」到「毫無希望」間擺盪。鐘擺從一個極端急速擺盪到另一個極端，幾乎沒有時間停留在「快樂的中點」，而且很少在合理的範圍裡。先是拒絕認錯，然後是被迫接受。（115頁）

11

當鐘擺擺盪到最極端的位置時，相關的進程看起來會像是一個良性循環或惡性循環。當各項事件顯著偏向有利且心理一片樂觀，負面的發展通常會被忽略，人們會一面倒用有利的方式來解讀所有事物，而且多半會認為沒有任何事能導致情況急轉直下；然而，當各項事物已經連續幾個月或幾年朝有害的方向發展，且心理面極端悲觀，世人反而會遺忘「否極泰來」的道理。

能抗拒外部影響力、保持情緒平衡並採取理性行為的優秀投資人，能同時感知到正面和負面事件，並客觀權衡那些事件，冷靜加以分析。但在現實世界，陶醉與樂觀心態有時會導致多數投資人以偏離現實且過度正面的態度來看待各種事物，而有時候，沮喪與悲觀心態則會導致他們認為全世界都和他們作對，並以負面態度來解讀所有事件。拒絕上述表現是獲取優異投資成就的關鍵之一。

通常當其中一組極端狀態達到最頂點，那個事實會非常顯而易見，此時客觀觀察者會感覺投資人應該能輕易體察到那個事實所隱含的寓意。但當然，市場鐘擺之所以會從某個極端盪向另一個極端，是因為多數市場參與者的心理像羊群般同步朝某個方向移動，且對那個顯而易見的事實及其寓意視若無睹所致。（118至119頁）

12

我認為風險是投資的變動要素，這讓我得出結論：在任何時間點，投資人集體關注風險的方法，以及因此產生的行為，對塑造我們所處的投資環境有非常重大的影響。而且投資環境的狀態是決定我們在當時應該如何視風險做出反應的關鍵。評估在應對風險態度週期的哪個位置或許是這本書最重要的內容。（122至123頁）

13

景氣好會促使一般人變得過度樂觀、放棄應有的審慎，並接受高風險投資標的微薄的風險溢價。此外，由於此時一般人比較不悲觀、較不警戒，所以也傾向於對風險／報酬光譜上較安全那一端的資產興趣缺缺。這些要素的組合會促使風險資產的價格漲幅相對高於較安全的資產。**因此，在時機良好階段，投資人容易採取比時機惡劣階段更多的不明智投資行為，而這一點也不足為奇**。在時機良好階段，一般人會比較樂於從事高風險投資，即使此時較高的價格通常意味著未來的風險溢價比風險意識較高的時期微薄許多。在這種情況下，一旦負面事件發生，缺乏適當的風險溢價與犯錯餘地的事實，就會凸顯出那些投資行為的錯誤。

因此，當投資人感覺風險很低時，風險其實很高。而當風險達到最高時（也就是最需要風險補貼之際），風險補貼卻是最低的。所謂理性投資人都只是說說罷了！

我認為上述種種的重點是，投資風險的最大來源就是「相信世界上沒有風險」的信念。廣泛的風險承擔，或是投資人對風險的高忍受度，代表著市場即將下跌的最大前兆。不過，一般人鮮少在最需要領悟這個道理並進而需要轉趨謹慎的時候領悟到它。（131至133頁）

14

當投資人的風險趨避程度不足，他們就會推高價格，並因而會在頭部位置買進（受寬鬆貨幣展望的

慫恿，由於貨幣寬鬆，所以投資人看不出有任何風險）；相同的，在較不那麼樂觀的時間，投資人會壓低價格，並在底部位置賣出。投資人在這個時期的不愉快經驗，說服他們相信投資是不該介入的高風險領域（這和他們在一帆風順時所想的相反），並導致他們的風險趨避態度從不足轉為過度趨避。

此時的投資人會變得庸人自擾。先前勇於承擔風險的態度促使他們搶著在高價區購買超漲的資產，相同的，此時他們過度迴避風險的態度又導致他們成為在低點賣出的賣家，當然不是買家。（135至136頁）

15

在恐慌時期，人們會花全部的時間確認不會產生損失……正在他們擔心的時候，反而錯過絕佳的機會。

在極端負面心態的時代，誇大的風險趨避很可能導致價格達到盡可能的低點，不可能再出現更高的損失，因此損失的風險達到最小。就像我前面指出的，世界上最危險的事就是相信沒有風險存在。同樣地，在每個人都相信沒有希望的時候，最安全（而且獲利最多）的買進時機通常就會出現。（152至153頁）

16

如應對風險的態度從高點擺盪到低點，獲利或虧損的機會也會從高點擺盪到低點。當每件事都很順利，而且資產價格高漲時，投資人往往會認為未來是美好的，風險就像是他們的朋友，而且獲利很容易達成。每個人都有相同的感覺，意味著風險趨避並沒有包含在價格裡，因此它們是危險的。投資人就在應該增加風險趨避程度的時候，變得願意承擔風險。

而且當事件變糟時，投資人也有相同的狀況。他們認為市場就是會虧錢的地方，不惜一切代價要避開風險，而且虧損很可能會讓人沮喪。就像我在上一章最後描述的，在過度謹慎占上風下，（1）沒有人會接受任何樂觀結果攙雜其中的可能性，而且（2）他們同樣不贊同有個「壞到不像是真的」的假設會出現的可能性。

就像在高點會承擔無窮的風險，在低點時，風險是不存在的。這種消極的態度導致價格下跌到極不可能出現虧損，而且可能會帶來龐大的獲利。但是之前下跌的錐心之痛往往會增加風險趨避程度，而且就在價格（與風險）最低點時把投資人送出場外。（135至136頁）

17

身為市場參與者，最重要的一件事或許就是了解投資人如何看待與因應風險。總之，不節制的風險承擔態度是危險的來源之一；而過度規避風險的態度則會嚴重壓抑市場，但相對也將製造某些最佳買進

機會。

世人應對風險態度的搖擺或反覆無常既是某些週期所造成的結果，但也是導致其他週期變得更加劇烈的因素。而且這樣的情況不會改變，因為多數人的心理似乎天生就容易在情況一帆風順的時候變得更加樂觀、更願意忍受風險，並在情況惡化時變得更加憂慮並規避風險。**那代表很多人會在最應謹慎以對的時候變得最願意買進，並在最該積極前進的時刻變得最不願意進場**。卓越的投資人能看清這樣的人性缺陷，並努力從事反向操作。（155頁）

18

資金或信貸的可取得性是影響經濟體系、企業和市場的最根本力量。即使信貸循環不像本書討論的其他多數週期更為一般普羅大眾所熟知，我還是認為它非常重要且具有深遠的影響力。

當信貸窗口開放，就能輕易取得充足的融資，而當信貸窗口關閉，就難以取得融資，即便能取得，資金也非常稀少。最終來說，我們必須謹記在心的是，信貸窗口有可能瞬間大幅開放，也可能突然完全緊閉。關於這種週期，還有很多細節需要充分了解，包括引發這些週期性波動的導因及其影響，不過，重點在於謹記「信貸窗口有可能瞬間大幅開放，也可能突然完全緊閉」的事實。（158頁）

19

景氣繁榮時會擴大放款，進而出現不明智的放款行為，結果造成大量虧損，這又會讓放款機構停止放款，使得繁榮時期結束，如此持續循環。（162頁）

20

尋找市場極端情況的原因，通常需要將信貸循環倒回幾個月或幾年。**大多數狂飆的多頭市場是受到提供資金的意願高漲所慫恿，通常都很輕率。同樣的，大多數市場崩盤之前都是全面拒絕融資給特定公司、產業，或是所有想要借款的人。**（167頁）

21

處理信貸循環的關鍵在於認識到，當事情進展順利一段時間之後，信貸循環達到高峰，舉目所見都是好消息、風險趨避低、投資人汲汲營營獲利。這很容易使借款人輕易募資，而且造成買家和投資人競爭這樣的機會去提供資金。結果是出現低廉的融資、低信貸標準、不夠好的交易，以及不明智的信貸展延。當信貸窗口完全開放時，掌握優勢的是證券發行人，而不是放款人和投資人。這些事情的暗示很明顯，那就是要謹慎行事。

在信貸循環的另一個極端則完全相反。當事情發展不如人意、風險趨避意識加劇、而且投資人感到沮喪時，信貸循環就會達到最低點。在這種情況下，沒有人願意提供資金、信貸市場凍結、而且提出的商品沒人要。這時掌握優勢的人是資金提供者，而非證券發行者。

由於借錢困難，而且資金普遍不足，擁有並願意參與的人可以採用嚴格的標準、堅持穩健的貸款結構和保障條款，還能要求很高的預期報酬。正是這些條件提供優異投資人所需的安全邊際，當這些條件都具備時，投資人應該積極行動。

優異的投資並不是買進高品質的資產，而是在交易條件不錯、價格低廉、預期報酬豐厚，而且風險有限時買進。在信貸市場處於週期中不那麼亢奮、更為緊縮的時候，這些條件就要愈多。在信貸循環猛然關閉的階段，可能比其他單一因素提供更多便宜的投資標的。（178頁）

22

一項標的資產再怎麼有價值，它本身的優點也無法讓它強到無窮無盡地上漲。**但人類的情緒則不可避免會導致資產價格（即使是值得買進的資產）達到極端且無以為繼的水準：不是令人眼花撩亂的高點，就是過度悲觀的低點。**

總而言之，我呼籲所有人應該真心實意相信週期的必然性，而這代表明智的投資人的字典裡，不應該有諸如「永不」、「總是」、「永遠」、「不可能」、「將不會」與「必須」之類的字眼。（199頁）

23

大約四十五年前，即一九七〇年代初期，有人送我一樣此生（對當時的我而言）最棒的禮物之一：一個比我年長又比我明智的投資人告訴我「牛市的三個階段」概念：

- **第一階段，只有少數異常知覺敏銳的人相信情況將會好轉；**
- **第二階段，多數投資人了解到好轉的情況真的正在發生；以及**
- **第三階段，每個人都斷定情況將永遠不斷地變得愈來愈好。**

這個簡單的事實讓我大開眼界，進而開始思考投資人心理的極端，以及那些極端心理對市場週期的衝擊。一如許多偉大的語錄和箴言，上述簡短的文字裡蘊藏了極大的智慧。關鍵在於投資人態度的反覆無常以及態度在一整個週期當中的演變型態，以及那些態度如何導致失誤發生等。

在第一個階段，由於多數投資人看不到情況改善的可能性，並因此不懂得把握那些機會，所以證券價格幾乎沒有反映任何樂觀心態。通常第一階段是出現在價格因崩盤而受到重創之後，而導致價格重挫的那個下降趨勢也會使投資人心理嚴重受創，群眾紛紛逃離市場，並發誓永遠不再投資。

相反的，到最後一個階段，由於各項事件長期維持一帆風順的狀態，而這樣的順利發展也強烈反映在資產價格上，並進一步振奮市場情緒；於是，投資人認定情況將永遠不斷地改善，並基於這股樂觀心態，不斷追高價格。問題是，樹再怎麼長也不可能長到天上去，不過，在這個階段，投資人卻表現得好像樹會長到天際……並願意為了他們感知到的那個無限潛力而付出愈來愈高的價格。世界上最貴的東西之一，就是用高價購買一種事後才發現被高估的潛力。

根據以上所述，在第一階段投資（此時幾乎沒有人認為有樂觀的理由）的投資人，將能以物超所值的價格買到極具漲價潛力的資產。不過，在第三階段購買資產的人，則勢必會因為市場的過度樂觀而付出極高代價，並因此虧本。（211至212頁）

24

最值得一提的要點是，極度樂觀的心理、最多的可取得信用、最高的價格、最低的潛在報酬與最大的風險，都會在同一時間出現，而且通常這些極端現象會和最後一波猛爆性買盤同時發生。（222頁）

25

和因市場週期的上升趨勢而形成的「頭部」完全相反，到了週期底部位置，投資人心理盪到谷底，信用完全無法取得、最低的價格、最高的潛在報酬，以及最低的風險等會同時在最後一個樂觀主義者投降的底部位置出現。（224頁）

由於二〇〇七至二〇〇八年金融危機的低點出現時，籠統概化的說法偏向負面，這一部老是犯錯的機器遂開始反向運作。當時的市場上貪婪不復存在，只有恐懼；沒有樂觀，只有悲觀；沒有風險承擔，只有風險趨避；投資人沒有能力體察正面因素，一面倒地只看見負面因素；沒有意願以樂觀態度解讀各項事物，一味負面解讀；沒有能力想像好結果，只能想到負面結果。（258頁）

26

什麼是底部？就是週期抵達最低價格的那個時間點。**所以，底部可視為最後一個恐慌的持有人出場的那一天，或是賣方的支配力量相對強於買方力量的最後那一天。從底部開始，價格會反向上漲，因為此時已沒有任何持有人可「投降」並賣出，又或者此時買方買進意願已強於賣方的賣出意願了。**

當一個市場每下愈況，投資人可能常會聽到有人說：「我們才不要接從高空掉落的刀子。」換言之，「趨勢正往下發展，沒有任何方法可得知何時止跌，那麼為何要在底部確定浮現以前買進？」但我認為那種說法無非就是在傳達「我們很害怕，尤其害怕在尚未止跌前買進的行為會看起來很蠢——所以我們一定要等到底部確定出現，塵埃落定且不確定性消除後再買進」。不過，但願我已經透過本書傳達得非常清楚：等到塵埃落定，投資人的神經不再緊繃，物超所值的撿便宜機會就已一去不復返了。

通常在市場下跌期間，你才能買到最大量你想買的標的，因為此時賣方一個接一個投降，而不敢勇於承接從高空掉落的刀子的人，也膽怯地在場邊抱著互相取暖。一旦跌勢在底部位置達到最高潮，就定義來說，那代表還有資產要賣的賣方已經少之又少，而在後續的反彈過程中，主導權將重回買方手中。在這種情況下，賣方的力量將日益枯竭，而潛在買方則會面臨愈來愈多的競爭。（260至261頁）

27

等到下跌之後才退出市場，並因此未能參與到週期性反彈，絕對是投資的原罪。在週期的下跌階段體驗到的市值計價帳面虧損並不會致命，只要能堅持到市場回升階段，就可受益良多。而在底部位置藉由賣出的行為，將向下波動所造成的帳面虧損轉化成永久性損失，才是真正可怕的事。**所以，了解週期，並培養能順利度過各種週期的必要情緒與財務實力，是獲得投資成就的根本要素。**（263至264頁）

28

如果市場是一台自律甚嚴且完全根據企業基本面來計算價值的計算機，那麼，某一證券價格的波動，就不會過於偏離證券的發行者本身的當期盈餘及其未來盈餘展望。事實上，價格的波動通常理當比盈餘的波動幅度小，因為長期下來，每一季的盈餘變化經常會彼此抵銷並趨於均等，而且季盈餘的變化不盡然能反映企業長期潛力的變化。

但實際上，證券價格的波動幅度卻通常比盈餘波動幅度大。當然，箇中的理由多半和心理、情緒及非基本面要素有關。所以，價格的變動傾向於誇大並超出基本面的變化。（206頁）

事實正好和理論相反，金融實況與數字只是市場行為的起點之一；投資人只有在例外狀況下是理性的，理性並非常規；換言之，市場鮮少冷靜權衡金融數據，也顯少會在絲毫不情緒化的情況下決定價

格。（209頁）

29

投資人的目標是藉由資金的部署，以便透過未來的發展獲取利益。投資人希望在市場上漲階段投入較多資金，在下跌階段投入較少資金，並持有較多漲勢較凌厲或跌勢較溫和的部位，持有較少漲勢較弱或跌勢較慘重的部位。投資人的目標清楚明瞭，問題只在於要如何達成這個目標。

既然我們缺乏預見未來的能力，要如何針對未來的可能情況部署投資組合？我認為這個問題的答案主要是：了解市場目前位於週期的什麼位置，以及那個位置意味著未來市場將出現怎樣的波動。誠如我在《投資最重要的事》一書中所寫：「我們可能永遠都不知道未來會走向何處，但是先搞清楚我們目前的所在位置應該會比較好。」（229至230頁）

30

這一切的關鍵是什麼？答案是：了解心理的鐘擺和估值的週期目前擺盪到什麼位置；當心理面過度樂觀，投資人大方賦予資產過高估值，導致價格飆漲到高峰水準時，應拒絕買進，甚至賣出；而在心理面委靡不振，巨大賣壓製造了撿便宜的機會時，應勇於買進；因為在下跌的過程中，恐慌的投資人會放棄過往的估值標準，不顧一切地賣出，導致價格跌到低點。誠如約翰・坦伯頓爵士所言：「要做到在別

人心灰意冷地殺出時買進，並在別人貪婪搶購時賣出，需要具備最堅忍的精神，但也能獲得最大的報酬。」（232頁）

31

關於這部分，最根本的要素是**推理**，這是我最喜歡的字眼之一。

每個人都知道每天發生什麼事，因為媒體上會報導每天發生的大小事。不過，有多少人會努力去了解那些日常事件說明了怎樣的市場參與者心理和投資氛圍，並進而釐清應該如何應對？

簡單說，我們必須努力設法了解周遭大小事所象徵的寓意。當其他人義無反顧並信心滿滿地積極買進時，我們應該抱持高度審慎的態度；而當別人驚惶失措，以致不敢採取行動或甚至恐慌賣出，我們則應該轉趨積極。

心理和情緒要素對投資人的主要影響是，這些要素會說服投資人相信過去的估值標準已變得不重要，可以棄之不顧。**當投資人因賺錢而情緒高昂，很容易會隨便尋找各種能自圓其說的理由，辯解為何資產價格應該擺脫常態估值水準的束縛**。這類辯解通常會以「這次不一樣」之類的字眼作為開場白。一旦這種樂意自動擱置懷疑精神的不祥預兆出現，就必須謹慎以對。**相同的，當資產價格因崩盤走勢而大幅下跌，那通常是因為投資人假設過去支持資產價值的所有因素，未來都已不再值得信任**。（236至238頁）

32

在商業界，最危險的字眼莫過於「這次不一樣」，如果某件事物已達到過去理當被稱為「極端」的狀態，又有人說出這幾個字時（通常在這種狀態，會有很多人說出這樣的話），尤其需要謹慎以對。

當一般人說「這次不一樣」，意思通常是指過去形成週期的法則和流程已經暫時失效。問題是，以往的週期性金融行為並非自然或科學運作法則所造成。科學領域的因與果之間，存在一種可靠且可重複的關係，所以，我們大可信心滿滿地做出「如果a，就會產生b」的推斷。但金融圈和商業界雖有某些運作原則可循，最終的現實發展卻總是和科學的結果迥異。

箇中的原因在於我先前已一再重申的：人類的參與。人類的決策對經濟、商業和市場週期的影響至為巨大。事實上，經濟體系、商業和市場純粹就是由人與人之間的交易構成，而且人類的決策一點也不科學。

人類有感覺，所以，人類不會受神聖不可違背的原理約束。人類在制定經濟和投資決策時，總是難以徹底排除個人情緒和怪癖的影響。**這導致一般人總是會在錯誤的時間點變得陶醉，並在錯誤的時間點感到心灰意冷；在一帆風順時誇大上漲的潛力，並在諸事不順時誇大下跌的風險，因而才會將趨勢帶向週期的極端位置。**（318至319頁）

33

週期定位是根據你對根本週期的判斷而決定投資組合之風險立場的流程，而資產的選擇則是決定要加重或減少投資哪些市場、市場利基和特定證券或資產的流程。這兩者是投資組合的兩項主要工具。這樣的說明可能有點過度簡化，但我認為投資人的一切作為都屬於其中一個範疇。（274頁）

34

週期定位主要牽涉到積極和保守立場的抉擇：也就是提高或降低你對市場波動的曝險程度。

關於週期定位，成功的祕訣包括（1）仔細思考並分析市場目前所處的週期位置；（2）根據分析結果，提高積極度或防禦度；（3）讓事實證明你是正確的。這些事項可統稱為週期定位的「技巧」和「阿法值」。當然，（3）讓事實證明你是正確的——不是任何人可以完全掌控的事，尤其這個項目受隨機性的影響甚劇。所以，你並不是每一次都會被證明是正確的，即使是非常善於市場推理且頗有實力的投資人也不見得每次都會被證明是正確的。（277至280頁）

35

當市場位於週期的低檔區，賺錢的可能性會比平常高，虧損的可能性則比平常低；而當市場處於週

期的高檔區，就會發生相反的情況。根據你對市場的週期所在位置的判斷而採取的週期定位行動，說穿了，就是為做好因應未來各項事件的準備，而努力善加部署你的投資組合。儘管你根據邏輯推斷將發生的狀況經常未真的發生（這種事本來就很有可能，而且經常如此），但良好的週期定位決策還是可能讓你在市場傾向的判斷上，獲得更高的正確率，從而有機會獲得較好的績效。（280至281頁）

36

我個人認為，試圖根據對市場週期的了解來調整立場，以期改善長期投資成果的做法百分之百合理。**不過，請務必記得，這個做法的成效有其極限，也請務必了解這個做法需要使用什麼技巧，更要體察到這些技巧有多麼困難。**

重要的是，我希望提醒讀者留意一個顯而易見的事實，而不是留意每天的市場漲漲跌跌；這本書討論的清晰案例都和「一生只有一次」的那種週期性極端狀態（但近來那種極端現象似乎每十年就會發生一次）有關。我舉這些案例的原因是，首先，泡沫和崩盤的極端狀態——尤其是演變成極端狀態的過程——最能清楚闡述週期的實況，而透過那些討論，我們更能了解該如何回應週期的各種狀況。第二，我們應付的狀況愈極端，成功的可能性理當愈高。

就定義來說，在「超漲」和「超跌」這兩個極端之間，也就是週期處於「合理」水準的中間地帶時，價格和價值之間的關係並不像極端狀態下那麼明確。所以：

- 在中間地帶，我們很難經常性地區分出價值和價格的差別，也很難正確區分出這兩者的差別。
- 所以，在中間地帶，這兩者的差別可能帶來的利潤並不會像極端狀態下那麼高；而且我們不能期待藉由區分這兩者的差別，而可靠地獲得良好的結果。

偵察出極端狀態並利用那種狀態賺錢，才是我們真正夢寐以求的，而我相信透過那種方式，較篤定能賺錢——如果你有分析能力、有洞察力、經驗豐富（熟知歷史），且不流於情緒化。然而，那也代表你不該期望每天、每個月或甚至每年都能歸納出一些可獲利的推論。

致力於週期時機的掌握是合理的嗎？這個問題的答案單純取決於你的期待是什麼。如果你經常基於想釐清「明天將發生什麼事？」或「下個月將發生什麼事？」等，而試圖搞懂目前處於週期的什麼位置，你絕不可能成功。我將那種做法形容為「故作聰明」。沒有人有能力經常性且每次都正確地分辨出上述問題的答案，並藉此大幅提升投資成果，也沒有人知道透過週期定位而推斷出來的「可能」市場發展何時將會成真。

誠如彼得．伯恩斯坦所言：「我們不可能知道未來將是什麼模樣。不過，知道『犯錯在所難免且正常，不是什麼可怕的悲劇，不是嚴重的推理失誤，甚至在多數情況下也稱不上倒楣』，一定有幫助。**當一項活動的結果取決於不可知的未來，判斷錯誤就在所難免……**」（293至297頁）

37

一般人流於不節制的傾向永遠不可能改變。而由於那些不節制最終必須修正，週期也必然會發生。在過去，經濟體系和市場從來都不是維持直線發展，未來也不可能會如此。而那代表有能力了解週期的投資人終將找到獲利的機會。（323頁）

關於作者

霍華・馬克斯（Howard Marks）是橡樹資本（Oaktree Capital）聯席董事長兼共同創辦人，該公司管理的資產超過一千兩百億美元，是市場上最舉足輕重的投資管理公司之一。前一本著作《投資最重要的事》（*The Most Important Thing: Uncommon Sense for the Thoughtful Investor*）也是備受讚譽的重要暢銷書。《紐約時報》在二〇〇九年提到，「霍華・馬克斯是華盛頓當局最希望網羅來協助矯正美國羸弱的銀行業的金融家之一」；他經常上消費者新聞與商業頻道（ＣＮＢＣ）和彭博電視（Bloomberg TV）。

馬克斯擁有賓州大學華頓商學院（Wharton School）的經濟學士學位，主修金融，另外，他也是芝加哥大學的會計及行銷管理碩士（ＭＢＡ）。

想取得更多資訊，請造訪：http://www.masteringthemarketcycle.com

掌握市場週期

作者	霍華・馬克斯
譯者	蘇鵬元、陳儀
商周集團執行長	郭奕伶
視覺顧問	陳栩椿
商業周刊出版部	
總編輯	余幸娟
責任編輯	林　雲
封面設計	Bert design
內頁排版	邱介惠
圖片版權	©BERNARD SCHOENBAUM（圖7-1） ©BOB MANKOFF；WWW.BOBMANKOFF.COM（圖7-2）
出版發行	城邦文化事業股份有限公司-商業周刊
地址	115020 台北市南港區昆陽街16號6樓 電話：(02)2505-6789 傳真：(02)2503-6399
讀者服務專線	(02)2510-8888
商周集團網站服務信箱	mailbox@bwnet.com.tw
劃撥帳號	50003033
戶名	英屬蓋曼群島商家庭傳媒股份有限公司城邦分公司
網站	www.businessweekly.com.tw
香港發行所	城邦（香港）出版集團有限公司 香港灣仔駱克道193號東超商業中心1樓 電話：(852)25086231 傳真：(852)25789337 E-mail：hkcite@biznetvigator.com
製版印刷	中原造像股份有限公司
總經銷	聯合發行股份有限公司 電話：（02）2917-8022
初版 1 刷	2019年1月
初版 61.5 刷	2024年8月
定價	450元
ISBN	978-986-7778-47-5（平裝）

MASTERING THE MARKET CYCLE by Howard Marks

國家圖書館出版品預行編目資料

掌握市場週期 / 霍華.馬克斯(Howard Marks)著 ; 蘇鵬元, 陳儀譯.
-- 初版. -- 臺北市 : 城邦商業周刊, 2019.01
面；　公分
譯自 : Mastering the market cycle : getting the odds on your side

ISBN 978-986-7778-47-5(平裝)

1.個人理財 2.投資

563　　107023148